Traite du café et du cacao et criminalité en Côte d'Ivoire

Afrique : politiques publiques, sécurité, défense

Collection dirigée par Dominique BANGOURA

Cette collection a pour objet de publier des analyses qui portent sur l'ensemble des politiques publiques en Afrique : politiques sociales, sécuritaires, étrangères, de défense etc. ayant vocation à assurer la paix civile, la paix entre les Etats et le développement sur le continent. Elle donne un éclairage nouveau sur les acteurs internes, régionaux, internationaux, non-gouvernementaux et transnationaux intervenant dans ces domaines, sur les rivalités en jeu, les intérêts contradictoires et les menaces, sur les crises politiques et les conflits armés. Enfin, elle identifie les importants défis à relever et les alternatives possibles.

Déjà parus

LOUA Zaoro Hyacinthe, *Guinée. La réforme scolaire de 1968. Un grand rêve brisé ?*, 2016.
DIARRA Lassina, *La CEDEAO face au terrorisme transnational. Mécanismes et stratégies de lutte*, 2016.
GALLON Kémonthé Marius-Jonas, *Les migrants environnementaux en Côte d'Ivoire. Quels droits, quelles protections ?* 2016.
YEO Wozanhou Benjamin, *La modernisation de l'administration publique en Côte d'Ivoire. Politiques de réforme de la fonction publique (1957-2015)*, 2016.
OGUI COSSI Gaston, *Cohabitation interculturelle au Bénin, Poids des préjugés ethniques et quête de la paix*, 2014.
Alfred BABO*, L'« étranger » en Côte d'Ivoire, Crises et controverses autour d'une catégorie sociale,* 2013.
Ibrahima BAH, *Les transitions politiques en Guinée de son indépendance à 2010,* 2013.

Alexandre Apalo TOURÉ

Traite du café et du cacao et criminalité en Côte d'Ivoire

Préface de Dominique Bangoura

L'Harmattan

5-7, rue de l'Ecole-Polytechnique, 75005 Paris

http://www.editions-harmattan.fr

ISBN : 978-2-343-11258-9
EAN : 9782343112589

A ma défunte mère OUATTARA PEDJAYO,

A mon père TOURE KALPI,

Vous m'avez éduqué, enseigné, béni et oint de la sève du courage.
Trouvez, à travers l'énergie physique et intellectuelle
Que j'ai consentie pour réaliser cette œuvre,
L'expression de mon hommage et de ma reconnaissance filiale.

TOURE ALEXANDRE APALO

REMERCIEMENTS

Cet ouvrage est issu d'une thèse de doctorat en sociologie.

A travers leurs conseils et soutiens, plusieurs personnes ont, à divers niveaux, contribué à son accomplissement.

Je tiens en tout premier lieu, à remercier le professeur Alain Sissoko, mon directeur de thèse qui, au-delà des connaissances scientifiques, m'a permis d'intérioriser un esprit plus critique et une rigueur universitaire dont je me suis employé à faire usage.

J'associe à cet hommage le professeur Koudou Opadou, codirecteur de ma thèse, pour ses orientations et conseils avisés.

Je remercie, en outre, les professeurs, docteurs et doctorants qui, de par un avis ou une idée, ont suscité en moi un appoint d'encouragement, de compréhension ou une nouvelle lisibilité.

A tous ceux qui, sans partager la sphère universitaire avec moi, ont facilité l'aboutissement de ce travail, j'adresse mes infinis remerciements.

Enfin, je remercie incommensurablement le professeur Dominique Bangoura qui, après m'avoir encouragé à publier cette thèse à la suite du jury, a favorisé les conditions de la réalisation de cet ouvrage.

PREFACE DE DOMINIQUE BANGOURA

De nos jours, la Côte d'Ivoire est le premier producteur mondial de cacao (et le deuxième producteur mondial d'anacarde, derrière l'Inde). Elle fut également le troisième producteur mondial de café dans les années 1990. En 2013, le secteur agricole en général représente 22,3% du PIB du pays et 47% des exportations globales (56% en 2012). L'agriculture occupe 46% de la population active et procure une source de revenus pour les deux tiers d'une population à 50,3% rurale (recensement de 2014). Les revenus provenant des deux filières que sont le cacao et le café couvrent plus de 40% des recettes d'exportation.

La Côte d'Ivoire est la deuxième économie de la Communauté économique des Etats de l'Afrique de l'Ouest (CEDEAO) après le Nigeria et la première puissance économique de l'Union économique et monétaire de l'Afrique de l'Ouest (UEMOA). Selon une étude comparée intitulée *Les politiques agricoles à travers le monde* publiée par le ministère français de l'Agriculture, de l'Agroalimentaire et de la Forêt, « la Côte d'Ivoire réalise 65% des exportations agricoles de l'UEMOA et 33% de la CEDEAO (2013) ». Cela signifie que l'agriculture constitue le socle de l'économie ivoirienne et que ce pays est une référence pour la région dans ce domaine.

Ce phénomène n'est d'ailleurs pas récent ; il remonte à l'indépendance et au choix du Président Félix Houphouët-Boigny de faire de son pays un grand pays agricole. Selon Alexandre Apalo Touré, *c'est à la faveur du boom du café et du cacao que la Côte d'Ivoire a connu sa période de prospérité, de 1960 à 1980. Le taux de croissance de son produit intérieur brut est de 10,2% entre 1960 et 1965 et de 7,2% entre 1965 et 1975. Comparé à ceux de l'Afrique subsaharienne et des pays riches occidentaux (respectivement de 4% et 6% entre 1970 et 1975), le taux de croissance de la Côte d'Ivoire (6,8% par an) était plus élevé. La performance si remarquable de cette période est à l'origine de ce que l'on a dénommé « le miracle ivoirien ».* Pour accéder à ces résultats, la Côte d'Ivoire a accueilli de nombreux travailleurs en provenance des pays voisins.

La Côte d'Ivoire est depuis plus de vingt ans le premier producteur mondial de cacao devant le Ghana, avec des récoltes record en 2014 représentant 40% de la production mondiale. Elle veille à améliorer la productivité, la qualité et la durabilité de cette filière. Le café, qui a connu une baisse de la production depuis une dizaine d'années, progresse à nouveau. Le café et le cacao sont l'objet de réformes de la part du Gouvernement.

Le secteur du café-cacao est un vaste domaine qui concerne non seulement les planteurs et ouvriers, les coopératives, les pisteurs mais aussi les acheteurs, les transporteurs, les exportateurs et de très nombreux intermédiaires. Selon l'auteur, les revenus du café-cacao font vivre directement un million de producteurs et indirectement plus de huit millions de personnes.

Dès lors, la traite du café-cacao, qui est la période durant laquelle le café-cacao se cultive, se cueille, se traite, se vend, s'achète et se transporte est une période vitale pour la vie socioéconomique de la Côte d'Ivoire. C'est une période d'intenses activités, de relations sociales complexes. Elle s'étale sur de nombreux mois de l'année.

L'ouvrage du Docteur et Général Alexandre Apalo Touré présente un double intérêt majeur, scientifique et national. En tant que Docteur en Criminologie, il effectue un travail théorique et pratique d'une grande ampleur afin tout d'abord, d'identifier les éléments constitutifs de la traite, les phases de pré-récolte, récolte et post-récolte. Puis, il analyse le phénomène de la criminalité qui se développe plus particulièrement à ces moments en raison de la circulation de fortes sommes d'argent. Enfin, il tente de détecter les causes de cette criminalité (du point de vue interne à ce domaine de production et du point de vue externe, commercial, structurel et global, lié en partie à des enjeux internationaux) et décrit les impacts aux plans individuel, social, économique et juridique.

Cet ouvrage est très documenté sur la traite et sur la criminalité en période de traite. Deux points ont, plus que d'autres, attiré mon attention : le premier concerne les auteurs d'actes criminels et le second est relatif à l'approche comparée de la criminalité dans les deux régions retenues par l'auteur que sont l'Indénié-Djuablin et le Nawa. Le lecteur non averti peut en effet être surpris par le fait que les criminels ne sont pas seulement des bandits occasionnels ou des commerçants peu scrupuleux, prêts à tout pour s'enrichir au détriment des paysans. L'ouvrage précise que la gamme des auteurs de crimes recouvre toute une panoplie d'individus allant des producteurs, manœuvres aux acheteurs et intermédiaires, forces de défense et de sécurité, forces de sécurité privées, autorités traditionnelles, administrateurs, opérateurs économiques.

Ce qui frappe, c'est que même des producteurs ou leurs proches peuvent être impliqués dans cette criminalité et c'est là que toute la finesse de l'analyse faite par le Docteur Alexandre Apalo Touré en tant que spécialiste de sociologie criminelle, excelle. De même, la typologie des crimes contre les personnes et les biens dressée par l'auteur montre que les formes de criminalité et les moyens utilisés dépassent l'imagination.

L'autre point qui a captivé mon attention porte sur les différences qui existent entre la criminalité dans l'Indénié-Djuabin et dans le Nawa, deux régions appartenant à l'ancienne et à la nouvelle « boucle du cacao ». Les enquêtes de terrain de l'auteur indiquent que *la criminalité est violente dans le Nawa et astucieuse dans l'Indénié-Djuablin.* Là encore, le Docteur Touré décortique et explique cette situation du point de vue sociologique.

L'intérêt national de cette publication réside dans le fait que l'auteur, officier supérieur de Gendarmerie au moment où il mène ses recherches, est préoccupé par l'insécurité consécutive à la criminalité liée à la traite. Il connaît ces problèmes non seulement pour les avoir observés depuis des années dans sa famille, mais aussi et surtout pour les avoir affrontés sur le plan professionnel dans le cadre de ses fonctions dans l'Est et l'Ouest du pays.

Ce qui interpelle à la lecture de cet ouvrage, c'est l'importance de l'exportation illicite du cacao vers le Ghana tout le long de la frontière Est de la Côte d'Ivoire et également vers le Liberia à l'Ouest. Or, les ressources du café-cacao sont tellement importantes pour la nation qu'elles nécessitent d'être protégées. Le dispositif prévu par l'Etat est insuffisant. Les forces de police et de gendarmerie déployées sur place sont souvent débordées ou inefficaces. Elles présentent des faiblesses, des limites, des dysfonctionnements ; plus inquiétant, certains de ces éléments sont corrompus et font preuve de comportements contraires aux intérêts nationaux.

C'est ainsi qu'avant de conclure, le Docteur et Général Alexandre Apalo Touré consacre une partie de sa réflexion à faire des propositions, à chercher des solutions pour prévenir et remédier à la criminalité et à l'insécurité en période de traite du café-cacao dans son pays. Cette publication permettra sans nul doute de porter ce phénomène à la connaissance des hauts décideurs politiques et des responsables de la sécurité de la Côte d'Ivoire dont le Général fait partie, de mieux l'appréhender du point de vue sociologique, économique et du point de vue de la sécurité nationale.

Fait à Abidjan, le 13 janvier 2017

Dominique BANGOURA
Professeur au Centre d'Etudes Diplomatiques et Stratégiques (CEDS), Paris ;
à l'Institut d'Etudes Stratégiques et de Défense (IESD) et à l'Université Félix Houphouët-Boigny, Abidjan.

LISTE DES SIGLES ET ABREVIATIONS

AFRECO : Africaine d'Echanges Commerciaux
AIP : Agence Ivoirienne de Presse
ARCC : Autorité de Régulation du Café et du Cacao
ARS : Autorité à l'Aménagement de la Région du Sud-Ouest
AVB : Aménagement de la Vallée du Bandama
BCC : Bourse du Café et du Cacao
BNETD : Bureau National d'Etudes Techniques et de Développement
CAF : Coût, Assurance, Frêt
CAISTAB : Caisse de Stabilisation
CDC : Centre de Contrôle des Maladies
CDS : Comités Départementaux de Suivi
CEDEAO : Communauté Economique des Etats de l'Afrique de l'Ouest
CERAP : Centre de Recherche et d'Action pour la Paix
CIRES : Centre de Recherche Economique et Sociale
CNRA : Centre National de Recherche Agronomique
COOPEX : Coopérative Exportatrice
CSPCC : Caisse de Stabilisation des Prix du Café et du Cacao
CSSPPA : Caisse de Stabilisation et de Soutien des Prix des Productions Agricoles
CTAIL : Cellule Technique d'Appui aux Initiatives Locales
DEA : Diplôme d'Etudes Approfondies
DSRP : Document Stratégique de Réduction de la Pauvreté
DUS : Droit Unique de Sortie
ECOPAM : Entreprise Coopérative des Agriculteurs de Méagui
ENS : Ecole Normale Supérieure
EURO : Unité monétaire des pays de l'Union Européenne
FANCI : Forces Armées Nationales de Côte d'Ivoire
FDPCC : Fonds de Développement des Producteurs du Café et du Cacao
FDS : Forces de Défense et de Sécurité
FGCCC : Fonds de Garantie des Coopératives Café-Cacao
FRC : Fonds de Régulation du Café Cacao
GF : Good Fermented
GIE : Groupement d'Intérêt Economique
GII : Grade II
GMT : Temps Moyen de Greenwich
GTZ : Gesellschaft für Technische Zusammenarbeit
GVC : Groupement à Vocation Coopérative

HIMO : Haute Intensité de Main d'Œuvre
IDH : Indice de Développement Humain
IFCE : Institut Financier de Crédit et d'Epargne
IPH : Indicateur de Pauvreté Humaine
ISO : Organisation Internationale de normalisation (International Organization for Standardization)
NSI : Nouvelle Scierie Ivoirienne
OHADA : Organisation pour l'Harmonisation Africaine du Droit des Affaires
OIT : Organisation Internationale du Travail
OPA : Organisation Professionnelle Agricole
PA : Pistolet Automatique
PAA : Port-Autonome d'Abidjan
PASP : Port-Autonome de San-Pedro
PMEX : Petites et Moyennes Entreprises Exportatrices
PPSSTE : Projet Pilote du Système de Suivi du Travail des Enfants
PTAC : Poids Total à Charge
RGPH : Recensement Général de la Population et de l'Habitat
SIAMO : Syndicat Interprofessionnel d'Acheminement de la Main d'Œuvre
SG : Sous-garde
UFR : Unité de Formation et de Recherche
PPSSTE : Projet Pilote du Système de Suivi du Travail des Enfants
SACO : Service d'Analyse et de Conseil aux Organismes
MBS : Mainland Best Security
SOPRES : Société Privée de Sécurité

Carte n° 1 : La Côte d'Ivoire situant les régions de l'Indénié-Djuablin et du Nawa

Source : CNTIG, Institut Géographique de Côte d'Ivoire

SOMMAIRE

INTRODUCTION GENERALE

Fils de paysan planteur de café-cacao à Wadjè, campement situé dans la sous-préfecture de Zuénoula, j'ai été marqué par le sentiment d'insécurité exprimé par mes parents et leur entourage à chaque période de récolte et de vente des produits suscités.

En effet, lors des traites du café-cacao, les cas de vol, d'abus de confiance et d'agression avec ou sans armes se multipliaient et mon père, qui assumait des responsabilités de Chef de communauté, était très souvent interpellé sans qu'il ne puisse faire grand-chose.

Devenu gendarme, je me suis intéressé à ce phénomène et j'ai constaté que la psychose liée à la criminalité en période de traite prenait de l'ampleur dans cette zone rurale. J'ai alors trouvé nécessaire, en dépit de la formation professionnelle reçue dans de grandes écoles militaires, de me forger un parcours universitaire, seul gage pouvant me permettre de concevoir des stratégies efficaces alliant démarche scientifique et pragmatisme pour répondre aux questions sécuritaires relatives à mon domaine de travail.

Il faut aussi dire qu'au moment du choix de ce sujet, j'étais, au plan professionnel, Commandant de la compagnie de Gendarmerie d'Abengourou, qui couvrait la région de l'Indénié-Djuablin dont la sécurisation m'incombait au premier chef. L'analyse des données obtenues sur la criminalité, dans le cadre de ma fonction, m'a permis de constater l'accentuation du phénomène criminel dans les différentes périodes de traite du café-cacao. Les méthodes professionnelles dont j'ai fait usage ne m'ont pas toujours permis de produire des résultats à la hauteur de mes attentes, autrement dit, de réduire considérablement ou d'interrompre la progression de la criminalité.

L'étude de la criminalité en période de traite dans l'Indénié-Djuablin et dans le Nawa présentait donc pour moi un double intérêt : approfondir mes connaissances théoriques en la matière et améliorer mes résultats sur le terrain.

Par ailleurs, ma prise de fonction en fin d'année 2006 à Daloa, ville carrefour de la Côte d'Ivoire, m'a permis de me rendre à l'évidence que le phénomène de criminalité en période de traite, tel que décrit par mes services d'alors à la compagnie d'Abengourou, était là aussi monnaie courante mais avec des spécificités, notamment dans la région du Nawa.

Ma responsabilité de garantir la sécurité des biens et des personnes étant engagée, établir la suprématie et l'efficacité de mes unités sur ce phénomène, a constitué, pour moi, un défi à relever aux niveaux théorique et pratique.

Dès son accession à la souveraineté nationale, la Côte d'Ivoire a axé son économie sur l'exploitation puis l'exportation des matières premières agricoles.

Selon Allah[1], c'est à partir de 1888, que les gouverneurs coloniaux Verdier et Brétignières ont introduit le cacao en Côte d'Ivoire, précisément à Aboisso, dans le Sud-Est. Progressivement, la culture de cette plante s'est développée et s'est établie à l'Est et au Centre-Est du pays. Ces zones sont devenues alors ce que l'on a appelé « la boucle du cacao ». Les principales villes de cette boucle sont : Bongouanou, Daoukro, Dimbokro, Bocanda. Mais à cause du vieillissement du verger, l'appauvrissement des sols et les maladies (*Swollen Shoot*, pourriture brune des cabosses et pourridiés), la production cacaoyère va baisser considérablement dans cet espace. Certains agriculteurs vont alors se tourner vers les massifs forestiers abondants et disponibles de l'Ouest, particulièrement, au Sud-Ouest. Ce qui va provoquer un impressionnant flux migratoire de nationaux et de ressortissants des pays limitrophes, principalement de Burkinabé. La boucle du cacao se situe désormais dans le Sud-Ouest, dans la région du Nawa.

Le cacao occupe une place prépondérante dans l'économie nationale au point où Mbougueng[2] mentionne que tous les majors mondiaux de l'industrie cacaoyère et chocolatière sont présents en Côte d'Ivoire. Cette culture représente, à elle seule, plus du tiers des recettes d'exportation, c'est-à-dire 40% des recettes avec le café. Le cacao fait vivre directement près d'un million de planteurs et indirectement plus de 8 millions de personnes, soit le tiers de la population nationale.

La production du cacao s'est développée considérablement depuis la période de l'indépendance de la Côte d'Ivoire. D'un volume de 85 000 tonnes en 1961, elle s'est progressivement accrue pour atteindre 830 000 tonnes en 1994 et 1 400 000 tonnes en 2012 (Mbougueng[3], Ruf[4]).

D'après le CIRES[5], cette augmentation de la production a été possible grâce à une organisation de la filière qui a connu nombre de mutations depuis 1960. Elle est passée d'une gestion centralisée avec un rôle prééminent de l'État, à un régime libéralisé à partir de 1999-2000. Mais la libéralisation de la filière n'a pas donné les résultats escomptés (CIRES, 2012 : 6). La majeure partie de cette production est encore exportée sous forme de fèves brutes. Le taux de transformation sur place en produits semi-finis reste modeste. Il a longtemps été d'environ 20%, avant d'atteindre 33%

---

[1] ALLAH Isidore S., *Café-cacao, pour une refondation de la filière,* Côte d'Ivoire, Editions du cacao (UCCI), 2006.

[2] MBOUGUENG Valentin, « Côte d'Ivoire : le vrai prix du cacao », in *Jeune Afrique* n° 1969, 1998.

[3] Op. cit. p. 14.

[4] RUF François, *Booms et crises du cacao. Les vertiges de l'or brun,* Ministère de la Coopération, Paris, CIRAD-SAR et Karthala, 1995.

[5] CIRES, *Commercialisation du café-cacao en Côte d'Ivoire*, 2012, p. 6.

en 2010. Cette année-là, la Côte d'Ivoire a ravi aux Pays-Bas la place de leader mondial de l'industrie de première transformation de cacao en beurre pour la fabrication du chocolat et en poudre pour la préparation de boissons chocolatées et la biscuiterie. Cinq usines dominent la transformation industrielle locale du cacao ivoirien : Saco, Unicao, Cargill, Cocoa Sa et Cémoi (Mbougueng, 1998 : 6).

C'est à la faveur du boom du café et du cacao que la Côte d'Ivoire a connu sa période de prospérité, de 1960 à 1980. Le taux de croissance de son produit intérieur brut est de 10,2% entre 1960 et 1965 et de 7,2% entre 1965 et 1975. Comparé à ceux de l'Afrique subsaharienne et des pays riches occidentaux (respectivement de 4% et 6% entre 1970 et 1975), le taux de croissance de la Côte d'Ivoire (6,8% par an) était plus élevé. La performance si remarquable de cette période est à l'origine de ce que l'on a dénommé « le miracle ivoirien ».

Dans le même temps, le flux migratoire augmentait. La population africaine étrangère qui était de l'ordre de 100.000 personnes en 1950, représentant moins de 5% de la population totale, atteint le chiffre de 950.000 en 1965, soit près du quart de la population du pays. En 1975, on dénombre 1.474.469 étrangers constituant 24% de la population totale ; 898.667 de ces individus sont nés dans les pays limitrophes : 548.242 au Burkina Faso et 235.683 au Ghana.

La proportion des étrangers en Côte d'Ivoire a connu une progression constante pour atteindre le tiers de la population totale du pays en 1988. Selon le recensement de la population de 1998, on a au total 3 039 079 étrangers ; 2 675 389 d'entre eux sont issus des pays limitrophes et se répartissent comme suit : 1 564 650 Burkinabés, 167 683 Ghanéens, 225 845 Guinéens, 712.500 Maliens et 4.711 Libériens.

Plusieurs facteurs expliquent cet important flux migratoire : d'abord, les travaux d'ouverture du Canal de Vridi ; ensuite, la construction du Port d'Abidjan ; enfin, la création des plantations de café et de cacao. Ces facteurs ont provoqué d'énormes besoins en main-d'œuvre. Aussi, pour combler ces attentes, l'arrivée massive des étrangers a-t-elle été encouragée par les gouvernants. De nombreux ressortissants des pays voisins ont alors immigré en Côte d'Ivoire en quête d'un mieux-être (Kimou)[6].

Mais à la fin des années 1970, les cours des matières premières agricoles chutent sur le marché international. Au même moment, surviennent les différentes crises du pétrole à l'échelle mondiale. La conjugaison de toutes ces situations va plonger le pays dans une récession économique. Cette situation a engendré la multiplication du nombre de chômeurs et de quartiers précaires dans les grandes agglomérations, la paupérisation et les conflits fonciers dans les milieux ruraux.

---

[6] Jean-Claude KIMOU, *Politique publique de dissuasion de la criminalité en Côte d'Ivoire*, Université de Cocody, Abidjan, 2006.

Ce contexte inattendu va créer des tensions sociopolitiques qui s'accentuent jusqu'à un coup d'État militaire en 1999. Le pays entre ainsi dans un tournant d'instabilité qui va durer une dizaine d'années. Ces remous sécuritaires et militaires successifs exacerbent les difficultés socioéconomiques des populations. Par exemple, d'après le FMI[7], un Ivoirien sur deux est pauvre contre un sur dix en 1985. Le nombre de pauvres a été multiplié par 10 en l'espace d'une génération. La pauvreté a ainsi connu une hausse tendancielle passant de 10% en 1985 à 36,8% en 1995 et à 33,6% en 1998, avant de remonter à 38,4% en 2002, puis à 48,9% en 2008.

En outre, la pauvreté est plus accentuée en milieu rural qu'en milieu urbain. Le taux de pauvreté est passé de 49% en 2002 à 62,45% en 2008 en milieu rural contre 24,5% et 29,45% en milieu urbain. La progression de la pauvreté est plus importante dans la ville d'Abidjan, avec environ 50% en plus que dans les autres villes qui enregistrent un peu moins de 20% de hausse. La pauvreté a été mesurée à travers sa dimension monétaire qui s'appuie sur l'indicateur de bien-être et le seuil de pauvreté. Selon cette démarche, on identifie comme pauvre en 2008 toute personne qui a une dépense de consommation inférieure à 661 FCFA par jour, soit 241.145 FCFA par an. Cette situation délétère va se corréler avec le phénomène de la criminalité.

Pour Kimou[8] : *la criminalité est une "industrie" en pleine croissance en Côte d'Ivoire au cours de cette dernière décennie.* Pour étayer ce constat, il affirme que le taux national de criminalité est passé de 5 pour 100.000 habitants en 1990 à 28 pour 100.000 habitants en 1994, puis à 18 pour 100.000 habitants en 1998. Cette montée de la criminalité est plus accentuée dans les grandes villes qui sont en réalité les grands pôles de développement économique du pays.

La région du Sud est la plus touchée, principalement le district d'Abidjan qui enregistre environ 40% de l'ensemble des crimes commis sur le territoire national. A Abidjan, le taux de criminalité est passé de 98 pour 100.000 habitants à 151 pour 100.000 habitants entre 1999 et 2000, atteignant même 178 pour 100.000 habitants en 2001. Cette tendance couvre aussi bien les crimes contre les biens – tels que les larcins et les vols de voiture – que les crimes violents, c'est-à-dire les cambriolages, les hold-up, les homicides, les vols à main armée et les délits liés à la drogue. Au total, les crimes contre la propriété représentent plus de 76% des décisions de justice dont 80% sont d'origine violente (Kimou)[9].

---

[7] Fonds Monétaire International, *Rapport d'étape sur la stratégie de réduction de la pauvreté,* Côte d'Ivoire 2009.

[8] Ibid. p. 15.

[9] Ibid, p. 15.

Selon le FMI[10], du fait de la crise militaro-politique que le pays a connue, la situation sécuritaire s'est dégradée avec l'accroissement du grand banditisme et de la criminalité, la prolifération et la circulation des armes légères, la non-maîtrise des mouvements de populations et des biens aux frontières, l'usage des drogues et stupéfiants. Ainsi, de 2003 à 2008, le volume des infractions s'est accru de 12%. Au premier semestre de 2008, la police nationale a relevé au total 62.424 infractions à la loi pénale ; 75% de ces infractions ont été enregistrées dans le district d'Abidjan.

Dans la même période, d'après l'Office des Nations Unies contre la Drogue et le Crime (ONUDC) en Côte d'Ivoire, 10.801 homicides volontaires ont été commis, soit un taux de 56,9 pour 100.000 habitants. Ce taux fait que le pays occupe le troisième rang mondial en la matière. Il est précédé du Honduras qui a un taux de 82,1 et du Salvador, de 66 tués sur 100.000 individus. Dans ce domaine, la Côte d'Ivoire est suivie de la Jamaïque qui a un taux de 52,1 homicides et du Venezuela où on compte 49 tués pour 100.000 habitants.

Selon les statistiques de la Plate-forme de lutte contre la cybercriminalité du Ministère de l'Intérieur, en 2009, sur 980 dénonciations, 76 personnes ont été suspectées d'escroquerie via Internet parmi lesquelles 37 ont été déférées devant le parquet d'Abidjan et condamnées. En 2010, ce sont 68 personnes qui ont été déférées devant le parquet et condamnées sur 1.766 dénonciations enregistrées. Ces délinquants, à 59% Ivoiriens, ont escroqué la somme de 14 milliards de francs CFA à leurs victimes, généralement des Européens (Afriquinfos[11], 2013).

Initialement, alors qu'elle était l'apanage des grandes villes dont en particulier Abidjan, la criminalité va gagner progressivement le milieu rural. Ainsi, la presse se fera régulièrement l'écho des braquages dans les petites villes. Aux environs des années 1990, les coupeurs de route vont créer l'insécurité sur les voies reliant les différentes agglomérations.

Face aux difficultés qu'éprouve l'État pour combattre ce phénomène, des polices privées vont progressivement se constituer. Les Dozos, chasseurs mystiques initialement recrutés pour leur témérité, vont se muer en agents de sécurité.

Dans les villes, sur les voies, aux entrées de domiciles, on les retrouve partout. De même, de multiples sociétés de gardiennage (comme VIGASSISTANCE, MBS, BIP, 911, SOPRES SECURITY, GCS) vont être créées bénéficiant de statut souvent officiel. Malgré leur caractère privé, elles connaîtront des fortunes diverses. Certaines se développeront correctement tandis que d'autres disparaîtront simplement.

---

[10] Ibid, p. 15.

[11] http://www.afriquinfos.com.

Cependant, les zones rurales se criminalisent de plus en plus. Le processus de l'insécurité en zone rurale, particulièrement là où l'on rencontre de grands commerçants, planteurs et acheteurs de produits, s'accélère.

Ainsi, les régions de l'Indénié-Djuablin et du Nawa qui, appartiennent respectivement à l'ancienne et à la nouvelle boucle du cacao seront particulièrement marquées par cette insécurité grandissante. Elles gagneront la réputation de lieu de violences multiples pour le Nawa et de milieu de nombreux réseaux d'exportations frauduleuses du cacao, pour l'Indénié-Djuablin. Durant les périodes de traite, ces zones sont durement touchées par une forte densité de crimes et délits.

En effet, la traite du café-cacao est une période faite d'échanges commerciaux et d'opportunités criminelles du fait principalement de la circulation d'importantes devises. Ce moment est autant favorable pour les acteurs sociaux qui font des affaires souvent très fructueuses que pour les délinquants qui multiplient les soustractions frauduleuses de biens généralement accompagnés de violence. La traite du café-cacao serait donc une période de grande criminalité.

La criminalité en période de traite du café-cacao est un phénomène récurrent qui procède de fondements très complexes, de sorte que les stratégies et les moyens de lutte mis en place par les institutions de défense sociale (Gendarmerie, Police, etc.) sont d'une efficacité limitée.

Le présent ouvrage, issu de ma thèse unique de Doctorat, qui a pour thème : « La criminalité liée à la traite du café cacao en Côte d'Ivoire. » vise à faire la lumière sur ce phénomène dans les régions suscitées, à élucider le lien entre les victimes et le développement de ce type de criminalité. Il s'agit de déterminer son ampleur, de l'expliquer aux fins d'une meilleure compréhension. Les types de criminalité des régions étudiées sont comparés : les implications des acteurs et les mécanismes de lutte sont étudiés. Le lecteur est amené à une plus grande connaissance du phénomène en vue de sa résolution.

Ce travail apparaît comme une contribution à la lutte contre le phénomène de la criminalité de traite du café-cacao dans les zones d'investigation. Il devrait être un apport pour la mise en place d'une politique criminelle susceptible de lutter plus efficacement contre ce phénomène, de favoriser au sein des populations une quiétude, dans une perspective de développement économique et social.

L'étude se subdivise en trois parties : d'abord, quelques considérations théoriques, ensuite la présentation des régions de l'Indénié-Djuablin et du Nawa et qui sera suivie de l'exposé des manifestations et des facteurs explicatifs de cette criminalité ; enfin, les impacts du phénomène et les perspectives.

PREMIERE PARTIE :

CONSIDERATIONS THEORIQUES.

REGIONS DE L'INDENIE-DJUABLIN ET DU NAWA

INTRODUCTION

L'objectif de cette partie est de faire comprendre aux lecteurs les contextes sémantiques, géographiques et historiques de cette étude, afin de cerner les approches utilisées pour acquérir et analyser les informations.

Ainsi, le premier chapitre traite des considérations théoriques, le deuxième met en relief les régions de l'Indénié-Djuablin et du Nawa tandis que le troisième chapitre présente les populations d'enquête.

CHAPITRE I : CONSIDERATIONS THEORIQUES

Pour l'ensemble du cadre conceptuel, le lecteur pourra se référer à ma thèse de doctorat en sociologie : « La criminalité liée à la traite du café-cacao en Côte d'Ivoire ». J'ai choisi de ne définir ici que quelques concepts qui sous-tendent l'étude présentée dans cet ouvrage.

1.1. Cadre conceptuel

Les concepts explicites relèvent du sujet dans le but d'une meilleure orientation du lecteur. Quant aux concepts implicites, ce sont des mots ou expressions liés indirectement à l'objet de cette étude qui nécessitent cependant une explication afin d'une précision contextuelle.

1.2. Concepts explicites

1.2.1. Criminalité

De façon générale, la criminalité s'appréhende sous différentes approches. Selon les juristes, elle s'entend comme l'ensemble des infractions à la loi pénale commises pendant une période de référence, dans un pays déterminé. C'est aussi l'avis de Picca[12] qui l'attribue à *un ensemble variable d'actes commis en violation des prescriptions de la loi, dont une partie est connue par la statistique et une autre est non découverte.* Frechette et Leblanc[13] ajoutent à cette définition la notion de sanction. Selon ces auteurs, la criminalité est : *l'ensemble des infractions commises, dénoncées, poursuivies et sanctionnées d'une peine [...] des actes dont la détection, par les agents de régulation sociale, peut se traduire par une sanction formelle pour la personne qui les commet.* Cette dimension juridique fait une distinction entre criminalité cachée et criminalité officielle.

Selon Bailes[14], on distingue la criminalité légale, la criminalité apparente, et la criminalité réelle. La première est l'ensemble des infractions sanctionnées par les juridictions pénales, c'est-à-dire effectivement punies conformément à la loi. La criminalité apparente, quant à elle, est l'ensemble des faits apparemment constitutifs d'infractions connues des autorités publiques. En ce qui concerne la criminalité réelle, c'est l'ensemble des

---

[12] PICCA Georges, *La Criminologie,* Paris, PUF, 2009 p. 11.

[13] FRECHETTE Marcel, LEBLANC M., *Délinquance et délinquants,* Chicoutimi, Gaétan Morin, 1987.

[14] BAILES Matthew, *« Pulsars: Problems and Progress",* Johnston S., San Francisco 1996.

infractions effectivement commises dans une population donnée et donc dans l'idéal susceptibles d'être sanctionnées par une peine. L'auteur, par une évaluation, inclut à ces types de criminalités les infractions demeurées inconnues.

Au regard de ce qui précède, il faut reconnaître que l'approche juridique de la criminalité semble négliger l'aspect culturel du crime lié au temps et à l'espace. Cette perspective est pourtant abordée par Durkheim[15] dans son ouvrage intitulé *Le suicide*. Pour cet auteur, un acte est jugé criminel relativement à une culture et à une époque particulière et non en soi.

Il est donc lié à la société et découle, par conséquent, du fonctionnement régulier de celle-ci. Ainsi, la criminalité constitue l'ensemble des actes réprimés et sanctionnés par le cadre institutionnel, par les autorités publiques ou par les membres de la société dans laquelle ils sont commis (Vaillant)[16]. Elle est fonction des idées morales, ces dernières étant considérées comme des manifestations d'une conscience collective, elle-même fonction des transformations économiques et sociales (Szabo)[17]. A ce propos, Durkheim précise : *qu'il n'y a pas de sociétés connues, où, sous des formes différentes, ne s'observe une criminalité plus ou moins développée. Il n'y a pas de peuple dont la morale ne soit quotidiennement violée. Nous devons dire que le crime est nécessaire, qu'il ne peut pas ne pas être, que les conditions fondamentales de l'organisation sociale, telles qu'elles sont connues, l'impliquent logiquement.*

L'idée de la criminalité comme processus socioculturel inhérent à chaque société est aussi partagée par Sutherland[18]. Selon lui, les mêmes processus de base de la socialisation qui caractérisent l'intégration des personnalités dans une culture, président à la formation de la personnalité criminelle.

Cette opposition de vues entre juristes et sociologues découle de la notion même de crime. En effet, le crime a un caractère légal en droit et entraîne une sanction pénale. De ce point de vue, certains actes n'ayant pas été définis comme des infractions par la loi peuvent susciter la réprobation du groupe social sans toutefois faire l'objet de poursuites judiciaires, Par contre, un comportement peut être socialement admis, valorisé ou toléré, alors qu'il est interdit par la loi.

---

[15] DURKHEIM Emile, *Le suicide,* Paris, PUF, 1897.

[16] VAILLANT Gérard Nicolas, *Des comportements criminels et de leur dissuasion : une analyse économique de la violence et de la ruse. Aspects théoriques et modélisation criminométrique à partir de données de panel françaises,* Reims, Université de Reims Champagne-Ardenne, 2004.

[17] SZABO Denis, « Les délits politiques et leurs modes de répression législative », in Jean-Louis BEAUDOIN, Jacques FORTIN et Denis SZABO, *Terrorisme et justice. Entre la liberté et l'ordre : le crime politique*, Première partie, Canada, Les Editions du jour, 1970, p. 15-17.

[18] SUTHERLAND Edwin, *« Le voleur professionnel »,* in *Déviance et criminalité,* 1970, pp. 308-330.

Du point de vue sociologique, un acte est criminel lorsqu'il offense les états forts et définis de la conscience collective (Durkheim)[19]. C'est donc, selon Doyon et Bussières[20] une conduite allant à l'encontre de celles acceptées par la société. Cela signifie que ce ne sont pas les caractères objectifs de l'acte qui en font un crime, mais plutôt le jugement de la société. Durkheim dira à ce propos : *Nous ne réprouvons pas un acte parce qu'il est criminel, mais il est criminel parce que nous le réprouvons* (Durkheim[21], cité par Szabo, 1970).

Les conceptions juridiques et sociologiques sont prises en compte dans la définition que propose la criminologie. Selon cette science, la criminalité englobe à la fois les crimes, délits, contraventions, déviances, les marginalités et inadaptations sociales (Koudou)[22]. Il s'agit des actes qualifiés selon leurs auteurs, leur fréquence et leur nature, commis dans un groupe social à une époque donnée, qu'ils soient sanctionnés par les juridictions pénales ou non, connus ou inconnus des autorités publiques.

Dans cette perspective, certaines infractions comme les crimes économiques et en col blanc ont retenu l'attention des chercheurs, pour leur particularité liée à la qualité de leurs auteurs et aux circonstances de leurs commissions. Pour Queloz[23], ces infractions dépendent du contexte de la vie économique et requièrent l'usage de procédés astucieux ou technologiques modernes et de connaissances propres aux acteurs du monde économique. Le criminel exploite donc les lacunes du système économique par l'entremise d'entreprises légitimes dans un contexte d'activités légales (Fonsang, 2011 : 56) [24] ou commet un abus de confiance. Le crime en col blanc est, quant à lui, lié au statut social ou professionnel de son auteur, un délit commis dans le cadre de son métier par une personne de statut social élevé (Aebi)[25].

Pour Giang Ly et Killias[26], en évoquant cette idée de "white collar crime", Sutherland cherchait à contredire les théories et recherches qui tentaient toujours de rattacher les causes du crime à la personnalité, à la pathologie du délinquant ou à la pauvreté et au besoin. Cette définition a été

---

[19] Op.cit. p. 20.

[20] DOYON Brigitte, BUSSIERES Martin, *Recherche sur la criminalité et la délinquance: une distinction selon le sexe*, Laval, Université Laval, 1999, p. 8.

[21] Op.cit. p. 2.

[22] KOUDOU Opadou, « Insécurité urbaine, analyse criminologique et prévention situationnelle intégrée » *In Revue africaine de Criminologie,* Vol.III, n° 2, 2009, pp. 68-79.

[23] QUELOZ Nicolas, « Criminalité économique et criminalité organisée », in *Mafias, banques, paradis fiscaux : la mondialisation du crime,* L'Economie Politique, n°015, 2002, pp. 56-67.

[24] FONSANG, op. cit, 2011, p. 56.

[25] MARCELO Fernando, *Comment mesurer la délinquance ?* Paris, Armand Colin, 2006, p. 56.

[26] GIANG LY Isenring, KILLIAS Martin Christophe, *L'étude de la délinquance économique dans les entreprises suisses par l'approche situationnelle en vue d'une meilleure prévention,* n°1, 2005, pp. 3-24.

largement critiquée tant parce qu'elle laisse de côté les délits économiques commis par les classes moyennes, dont certains cas de corruption d'agents de police, que parce qu'elle rend difficile la distinction entre la délinquance en col blanc et le crime organisé.

Pour ces auteurs, ce concept devrait décrire toute forme de délinquance commise dans le cadre du travail et par des employés occupant des postes de niveaux hiérarchiques différents. Cette définition semble assez large car, sur cette base, toutes les déviances commises par les agents des services de sécurité et de justice, des structures impliquées dans la commercialisation du cacao, et ayant un lien avec la criminalité en période de traite devraient être considérées comme des crimes en col blanc. Pour Rico[27], cette infraction implique la violation par le délinquant de la confiance placée en lui dans la gestion d'un bien public.

La criminalité sera considérée à partir du critère de violation de la loi qui présente l'avantage de prendre en compte toutes sortes d'infractions, indépendamment des réactions qu'elles suscitent de la part de l'entourage du délinquant. Cette approche paraît cependant restrictive dans la mesure où elle n'intègre que l'aspect juridique. Dans le cadre de ce travail qui est celui de la sociologie criminelle, la criminalité est une combinaison de faits sociaux. Il s'agit d'identifier ces faits sociaux à travers les systèmes de relations ou opérations de construction, puis de passer des systèmes de relations aux faits sociaux par la reconstruction et en fournir une explication ou une compréhension des faits reprouvés par la société. Enfin, l'objectif est de rendre intelligible la structure et le fonctionnement d'un système de relations contextualisées.

C'est la raison pour laquelle la criminalité devra s'entendre comme étant l'ensemble des transgressions commises dans un milieu donné, en une période donnée. Cette définition me paraît plus adaptée à la compréhension de mon objet d'étude, dans la mesure où elle intègre à la fois les dimensions légales et socioculturelles. Ainsi, seront pris en compte les actes de transgressions violents et astucieux commis dans les zones de production.

1.2.2. Traite du café-cacao

La notion de traite s'apparente au trafic et s'entend comme le transport ou le déplacement d'un espace à un autre dans un but d'exploitation. On peut évoquer, conformément à cette définition, la traite des enfants, des femmes ou encore des blanches (Bruckert)[28]. La traite a été longtemps utilisée pour désigner la campagne d'achat, par les grandes compagnies européennes, de

---

[27] RICO José, « Notes introductives à l'étude de la criminalité des affaires », in *Criminologie,* vol.10, n°1, 1997, pp. 8-28.

[28] BRUCKERT Chris, PARENT Colette : http:www.rcmp-grc.gc.ca/pubs/ccaps-spcca/pdf/traffick-fra.pdf.

produits coloniaux, denrées agricoles et matières premières pour les exporter en Europe.

Au début du XXème siècle, le colonisateur avait organisé en Afrique occidentale française le commerce de traite qui concernait les différents produits locaux vendus à bas prix par les populations locales qui permettaient d'acheter les articles venus d'Europe (cotonnades, quincailleries, savons et parfumerie, lampes-tempêtes). La traite désignait donc la période où s'effectuaient ces différents échanges, comme c'est le cas pour le café et le cacao ou le coton. De nos jours, cette expression est plus usitée en économie et particulièrement dans le domaine de commercialisation du café-cacao. La traite est donc la période de commercialisation (de la récolte à la vente). Elle court, pour le café, de décembre à février et pour le cacao, d'octobre à janvier (grande traite) puis d'avril à juin (petite traite).

Au-delà des questions liées à la commercialisation périodique du café-cacao, la traite doit être observée, dans la perspective de la sociologie criminelle, en tant que fait social. Aussi, convient-il de comprendre ici les relations sociales comme un point de départ et un point d'arrivée de l'analyse de la traite. Il importe donc d'étudier les réalités sociales en tant que relations (Donati)[29]. A ce titre, la traite du café-cacao sera considérée dans un système de relations et non isolément. Son analyse se fera selon le contexte relationnel dont elle est issue et aussi par rapport au contexte relationnel qu'elle génère.

1.3. Concepts implicites

1.3.1. Anomie

Dans une première définition, Durkheim, cité par Aillet et al[30], conçoit l'anomie comme l'affaiblissement de la conscience collective, du fait de l'inexistence de la solidarité organique. C'est donc l'état d'une société caractérisée par une désintégration des normes qui règlent la conduite des hommes et assurent l'ordre social (Aillet, Le Queau et Olm)[31]. Une telle situation augmente l'insatisfaction des individus.

Dans une seconde acception, l'anomie est synonyme d'insuffisance ou de manque de régulation des désirs individuels par la société. L'auteur explique que, dans un tel contexte, les individus ne sachant comment borner leurs désirs se fixent des objectifs hors de portée et s'abandonnent à l'escalade du

[29] DONATI Pierpaolo, « La relation comme objet spécifique de la sociologie », *Revue du MAUSS*, vol. 2, n° 24, 2004, pp. 233-254.

[30] AILLET Véronique, LE QUEAU Pierre, OLM Christine, « De l'anomie à la déviance : réflexions sur le sens et la mesure du désordre social », *Cahier de recherche,* n°145, 2000, p. 82.

[31] Loc.cit. p. 23.

désir et de la passion (Boudon et Bourricaud)[32]. Finalement, leurs actes, n'étant plus réglés par des normes claires et contraignantes, entraînent une situation de désordre.

Selon Merton cité par Besnard[33], la situation d'anomie est liée aux attitudes contrastées par rapport aux buts et moyens socialement valorisés et il estime qu'elle apparaît lorsque les individus adoptent des attitudes contrastées par rapport aux buts et moyens socialement valorisés.

En effet, lorsque les moyens licites ne sont pas accessibles, les sociétaires peuvent être incités à contester les buts et les moyens proposés (Besnard)[34]. Ainsi, la société, qui peut proposer à ses membres certaines fins, sans leur donner les moyens de les réaliser, crée les conditions d'un ensemble de conduites déviantes.

Qu'elle soit définie par Durkheim ou par Merton, l'anomie produit un dérèglement social qui se manifeste à travers le laxisme des acteurs du contrôle, la faiblesse institutionnelle et la fragilité du lien social. Elle traduit donc un dérèglement des relations entre l'individu et la société en rapport avec les structures sociales mises en place qui définissent la production de la diversification comportementale des individus. Il s'agit des sociétés mal intégrées où tous les moyens sont bons pour atteindre les buts fixés (déviances, délinquance, délits, crimes, violences, corruption, etc.).

En définitive, l'anomie caractérise la situation dans laquelle se trouvent les individus, lorsque les règles sociales qui guident leurs conduites et leurs aspirations perdent leur pouvoir, sont incompatibles entre elles ou lorsque, minées par les changements sociaux, elles doivent céder la place à d'autres (Gbagbo)[35]. Elle peut donc se traduire par des tentatives maladroites d'ascension sociale, de satisfaction et d'adhésion aux nouvelles valeurs marchandes de la société.

Dans le cadre de ce travail, l'anomie est entendue comme le faible attachement aux règles établies, qui, en période de traite, entraîne une désorganisation du processus de commercialisation qui profite aux délinquants. Il s'agit, par exemple, du non-respect des prix bords-champs, de la fuite des produits vers le Ghana, de la violation des règles de création et de fonctionnement des coopératives. Ainsi, la criminalité apparaît comme une conséquence de la maximisation des profits, des opportunités et des pressions sociales.

---

[32] BOUDON Raymond, BOURRICAUD François, *Dictionnaire critique de la Sociologie*, Paris, PUF, 2004.
[33] BESNARD Philippe, *L'anomie, ses usages et ses fonctions dans la discipline sociologique depuis Durkheim*, Paris, PUF, 1987.
[34] Loc.cit.p. 24.
[35] GBAGBO Michel, *Réintégration sociale des personnes ayant souffert de maladie mentale à Abidjan*, Abidjan, PUCI, 2009, p. 19.

1.3.2. Déviance

Selon Dorvil et Mayer[36], le comportement déviant ne peut être considéré de manière abstraite, mais doit être relié aux normes qui sont socialement définies comme appropriées et moralement acceptables par les membres de la société. Ainsi, comme le souligne le Petit Robert (2012), la déviance est le caractère de ce qui dévie, ce qui s'écarte d'une norme c'est-à-dire l'ensemble des comportements qui échappent aux règles admises par la société. Le dictionnaire de sociologie ajoute qu'un tel comportement (individuel ou collectif) crée des dysfonctionnements et donne lieu à une sanction. Il correspond à une blessure de la conscience collective et se rencontre dans toutes les sociétés, quel que soit leur degré de développement[37].

Pour Cusson[38], la déviance est l'ensemble des conduites et des états que les membres d'un groupe jugent non conformes à leurs attentes, à leurs normes ou à leurs valeurs et qui, de ce fait, risquent de susciter de leur part réprobations et sanctions. Cet auteur considère donc comme déviantes *les actions et les manières d'être qui sont mal vues et sanctionnées par la plupart des membres d'un groupe.*

La perspective de la déviance qui met l'accent sur la non-conformité par rapport aux normes est partagée par Selosse[39].Pour lui, il s'agit de comportements problématiques, c'est-à-dire ceux qui posent problème à leurs auteurs et à autrui et questionnent le pouvoir normatif sur la signification de leur écart. Pour l'auteur, les conduites déviantes débordent des seuils de tolérance qu'elles questionnent et défient, transgressent les systèmes de règles et de valeurs et mettent à mal la cohésion ou l'unité d'un contexte conventionnel.

C'est aussi l'avis de Coslin[40]qui affirme que ces comportements s'identifient par leur caractère préjudiciel d'opposition au corps social, d'agression et de fuite.

Cependant, comme le soutiennent les interactionnistes, les normes sont relatives et les mêmes comportements font l'objet d'un jugement qui varie dans le temps et l'espace. Si certains actes sont de toute évidence de nature déviante, le caractère objectivement déviant peut paraître discutable pour d'autres comportements. Ainsi, affirmer qu'un comportement est déviant ne devrait pas tenir uniquement à la nature de ce comportement au sens strict mais aussi à la conception que l'on s'en fait. Une conception liée, entre autres, au contexte dans lequel il prend place, aux croyances et aux normes

---

[36] DORVIL Henri, MAYER Robert, *Problèmes sociaux : Théories et méthodologies,* Québec, Presses de l'Université du Québec, 2003, p. 70.

[37] FERREOL Gilles, *Dictionnaire de sociologie,* Paris, Armand Colin, 2002.

[38] CUSSON Maurice, « Déviance » in *Traité de sociologie*, Paris , PUF, 1992.

[39] SELOSSE Jacques, *Adolescence, violences et déviances : 1952-1995,* Pain, Matrice, 1997.

[40] COSLIN G. Pierre, *Les adolescents devant les déviances. Psychologie d'aujourd'hui,* Paris, PUF, 1996.

qui encadrent la façon dont les individus ou groupes appréhendent cet acte et les personnes susceptibles de l'avoir posé Dorvil et Mayer[41].

Durkheim[42] affirmait, à ce propos, que le crime n'est rien d'autre que ce que la société définit comme tel. Par conséquent, il faut rechercher dans la réaction sociale suscitée par un acte s'il est déviant, non conformiste ou criminel. De ce point de vue, la déviance n'est pas une « propriété inhérente » à certaines formes de comportements, mais une caractéristique conférée à celles-ci par les milieux au sein desquels elles sont produites.

Dans cette perspective, la déviance a une existence en tant que « réalité socialement construite » et non en tant que propriété inhérente à certains actes et aux personnes qui les posent, comme l'indique le propos de Becker : *Les groupes sociaux créent la déviance en instituant des normes dont la transgression constitue la déviance, en appliquant ces normes à certains individus et en les étiquetant comme des déviants. De ce point de vue, la déviance n'est pas une qualité de l'acte commis par une personne, mais plutôt une conséquence de l'application par les autres de normes et de sanctions à un transgresseur. Le déviant est celui auquel cette étiquette a été appliquée avec succès et le comportement déviant est celui auquel la collectivité attache cette étiquette*[43].

Ainsi, pour Becker, la déviance est le résultat d'un processus social lié à la façon dont les groupes définissent les normes, transforment un acte en transgression de celles-ci, jugent celui qui le commet comme déviant et enfin, lui assignent ce statut. En ce sens, les conduites sociales ne sont pas en soi déviantes mais le deviennent quand elles sont désignées comme telles, dans un contexte social donné.

A cette idée, suivant laquelle la déviance dépend essentiellement du système normatif en vigueur dans une société, s'ajoute celle défendue par la théorie de l'étiquetage qui affirme que, pour comprendre la déviance, il ne faut partir ni des individus, ni du comportement des individus, ni même des règles qui sont éventuellement transgressées, mais des situations dans lesquelles il peut advenir que soient désignés des déviants (Dorvil et Mayer)[44]. Dès lors, il ne suffit pas qu'une personne contrevienne aux normes pour qu'elle soit vue comme déviante, encore faut-il que son comportement soit transformé en infraction, suscite une réprobation et entraîne une réaction de la part d'autrui.

Pour les fonctionnalistes, la déviance apparaît comme une transgression des règles sociales qui s'expliquent par les dysfonctionnements de la société.

---

[41] DORVIL Henri, MAYER Robert, « Problèmes », Tome I : *Théories et méthodologies*, Québec, Presses de l'Université du Québec, 2003, p.35.
[42] DURKHEIM Emile, op.cit. p. 20.
[43] BECKER Howard, *Outsiders : Études de sociologie de la déviance,* traduit de l'anglais par BRIAND J-P et CHAPOULE J-M, Paris, Editions A-M. Métailié, 1985.
[44] DORVIL Henri, MAYER Robert, op.cit. p. 25

Selon l'un des tenants de cette affirmation, en l'occurrence Fillieule[45], la déviance est le résultat des tensions ou frustrations qui naissent des conflits entre les buts et les aspirations qu'une société propose aux individus et les moyens légitimes auxquelles ceux-ci ont accès pour les atteindre. Dans cette perceptive, ajoute Ouellet[46], les comportements déviants sont plus susceptibles de se reproduire lorsque des restrictions sont imposées aux aspirations sociales normales des personnes et que des possibilités d'apprentissage de comportements déviants par le biais de sous-cultures, par exemple, deviennent fréquentes. Il arrive également que la déviance soit la conséquence inattendue de normes nouvellement institutionnalisées.

Finalement, la définition proposée par Sissoko[47] paraît plus appropriée. La déviance recouvrirait l'ensemble des comportements inadaptés et reposerait sur une analyse globale des conduites antisociales ou asociales, les unes entrant dans la sphère du droit répressif, les autres restant hors d'atteinte de la sanction pénale, bien qu'elles suscitent réprobation. Ainsi, seront considérés comme actes déviants toutes transgressions des normes et règles admises pour réglementer le bon déroulement de la traite du café-cacao.

1.3.3. Marginalité

Barel[48] relève que la marginalité se réfère souvent aux appartenances multiples du marginal, cumulativement à la société globale et à ses sous-systèmes marginalisés. Le marginal est un hybride social qui nie le cloisonnement des rôles sociaux, qui participe de plusieurs systèmes sociaux, mais n'appartient totalement à aucun. D'où ses problèmes d'intégration, de projet, d'identité et aussi de rejet. L'idée de la diversité culturelle comme caractéristique du marginal émise par Barel[49] est aussi partagée par Sarget[50]. Toutefois, ce dernier analyse la marginalité en termes d'exclusion et d'attitudes peu ordinaires ou étranges.

En effet, selon l'auteur, la marginalisation est un phénomène d'exclusion des processus de reproduction et des systèmes socioculturels les plus importants d'une formation sociale donnée, et non une exclusion totale. La marginalité est ainsi un lieu d'expérimentation de nouveaux comportements

---

[45] FILLIEULE Renaud, *Sociologie de la délinquance*, Paris, PUF, 2001.

[46] OUELLET Patrice, *Matériaux pour une théorie générale des problèmes sociaux : Le développement régional réinterprété*, Montréal, Université de Montréal, 1998.

[47] SISSOKO Alain, GOH Denis, AGBADOU Jocelyne, *La traite et les pires formes de travail des enfants dans les plantations de café-cacao en Côte d'Ivoire. La situation dans les départements Abengourou et Oumé*, Abidjan, Litte-GTZ, 2005, p. 26.

[48] BAREL Yves , *La marginalité sociale*, Grenoble , PUF, 1979, p. 7.

[49] Loc.cit. p. 27.

[50] SARGE Marie-Noëlle, *Approche systémique de la marginalité sociale*, Communication au VIème Congrès de l'Union Européenne de Systémique, Paris, LADYSS, 2005.

sociaux et joue le rôle d'un prototype, orienté vers le changement et l'innovation. Elle témoigne de l'existence de stratégies paradoxales, de dédoublements ambigus. Pour Coslin[51], la marginalité se mesure par rapport à la réaction sociale, à la sanction que subit le marginal. Ainsi, comparativement à la déviance, la marginalité est un comportement plus ou moins toléré et subi par l'attente sociale.

La déviance apparaît dès lors que le comportement questionne les champs sociaux sur leurs significations, pose problème à son auteur et est réprouvé. Ainsi, ce serait le degré de prise de risque qui distingue la déviance de la marginalité. Je considère comme marginal tout individu qui, de façon volontaire ou involontaire, n'arrive pas à s'intégrer dans la société. Il s'agit donc d'un inadapté social qui n'a pas encore franchi la frontière de la déviance par l'accomplissement d'acte délictueux.

Dans le cadre de la criminalité liée à la traite, il faut comprendre comment des situations d'exclusion ou de mise à l'écart des processus de production peuvent conduire certains individus à sombrer dans la criminalité.

1.3.4. Contrôle social

Selon Cusson[52], la paternité du contrôle social peut être attribuée à Durkheim qui utilisait l'expression « contrainte sociale » pour mettre en relief le fait que la société impose son emprise à ses membres et les forces, qu'ils le veuillent ou non, à se soumettre aux règles du droit et de la morale. Pour l'auteur, le contrôle social appelé encore « régulation sociale » par les sociologues contemporains désigne l'ensemble des moyens par lesquels les membres d'une société s'imposent la conformité nécessaire à la vie en commun et tiennent en échec les pulsions criminelles de chaque individu.

Restreint au phénomène criminel, le contrôle social désigne l'ensemble des moyens spécifiquement utilisés par les hommes pour empêcher ou limiter le crime. Dans ce contexte, le contrôle social s'exerce quand, au moment de violer une loi, un individu rencontre une résistance d'origine sociale qui l'empêche d'agir ou, au moins, le fait hésiter.

Pour Hirschi (Queloz)[53], l'élément-clé de compréhension du contrôle social est l'analyse des liens sociaux conventionnels, considérés comme jouant un rôle essentiel de contrôle et d'inhibition de l'expression des motivations déviantes. Selon cet auteur, les individus commettent des actes délinquants parce que leur lien à la société s'est affaibli ou rompu, rendant inopérante l'action régulatrice du groupe social. Ce lien individu-société

---

[51] COSLIN Pierre G. , *Psychologie de l'adolescent,* Paris, Armand Colin, 2013.

[52] CUSSON Maurice, *Le contrôle social du crime,* Paris, PUF, 1983.

[53] QUELOZ Nicolas, « Lien social et conformation des individus. Examen critique » in : *Déviance et Société,* 1989, pp. 199-208.

serait constitué de quatre éléments : l'attachement à autrui qui incite l'adolescent à se conformer aux attentes légitimes de l'autre pour ne pas le heurter ; l'engagement dans des activités honnêtes qui le motive à éviter de commettre des délits, car les réactions qu'ils risqueraient de provoquer, pourraient nuire à ses projets ; l'implication qui est simplement le fait d'être occupé pendant ses loisirs et la croyance qui est la conviction qu'on doit obéir aux lois (Cusson)[54].

Pour cet auteur, la délinquance varie en proportion inverse de l'intégration des individus aux groupes sociaux (Cusson)[55], qui est le facteur qui rend possible l'influence régulatrice de la société sur un individu (Queloz)[56]. Cette conception du contrôle social de Hirschi a été critiquée par Durkheim qui considère que l'attachement aux groupes sociaux ne suffit pas pour susciter une conduite morale, mais plutôt que les représentants de la société démontrent leur fidélité aux valeurs qu'ils jugent essentielles. C'est aussi l'avis de Leblanc[57] qui a parlé, quant à lui, de la théorie intégrative de la régulation sociale, en considérant que des liens solides avec la société, associés à un développement psychique normal, rendent l'individu perméable à la contrainte sociale et l'immunisent ainsi contre la conduite délinquante.

Dans cette perspective, le contrôle social se présente comme l'ensemble des mécanismes sociaux de régulation des comportements d'individus et des groupes d'individus les rendant conformes aux normes et valeurs établies (Chantraine)[58]. Cette conception du contrôle social, qui met l'accent sur la contrainte extérieure, n'est pas partagée par tous les auteurs. Ainsi, par contrôle social, Crozier[59] entend *tous les moyens grâce auxquels une société, un ensemble social ou plutôt les hommes qui les composent en tant qu'ensemble collectif structuré réussissent à s'imposer à eux-mêmes le maintien d'un minimum de conformité et de comptabilité dans leurs conduites.*

En considérant que les hommes s'imposent à eux-mêmes la conformité, Crozier situe l'origine du contrôle social d'abord dans l'individu et ensuite dans le jeu de l'interaction entre les membres d'un même groupe. La soumission aux lois s'expliquerait alors par les motivations que les individus développent au cours de leurs relations avec autrui.

---

[54] CUSSON Maurice, *Délinquants pourquoi ?* Paris, Dalloz, 1987.
[55] Id., *Le contrôle social du crime,* Paris, PUF, 1983.
[56] Id., p. 28.
[57] LEBLANC Marc, *La rééducation évaluée.* Préface de Gilles Gendreau, Montréal, Éditions Hurtubise HMH, 1983.
[58] CHANTRAINE Gilles, *Par-delà les murs : Expériences et trajectoires en maison d'arrêt,* Paris, PUF/Le Monde, 2004.
[59] CROZIER Michel, « La transformation des modes de contrôle social et la crise des régulations traditionnelles », *La Revue Tocqueville,* vol. 2, n°1, 1980, pp 40-54.

En dernière analyse, le contrôle social reposerait donc, non sur l'influence du groupe sur ses membres, mais sur une structuration des relations interpersonnelles telle que la conformité devienne profitable ou valorisante pour ceux qui y sont impliqués.

Cette étude prendra en compte une complémentarité de ces deux conceptions, en considérant le contrôle social comme l'ensemble des mécanismes sociaux de régulation des comportements d'individus et des groupes d'individus les rendant conformes aux normes et valeurs établies. Ces mécanismes sociaux peuvent être informels quand ils relèvent des normes et conventions sociales ou formels lorsqu'ils découlent des règles et des normes juridiques.

Dans ce dernier cas, ils procèdent de l'activité d'agents et d'institutions spécifiques (justice, police, église, armée, ordres professionnels, entreprises), alors que, dans le premier, ils se manifestent par l'application de sanctions négatives ou positives allant de la sanction morale à la sanction juridique ou de l'attribution de médailles à la canonisation. Ils sont définis comme externes quand ils désignent les différents types de contraintes ou d'incitations que la société exerce sur les individus et internes, quand ils sont intériorisés par les individus eux-mêmes.

Le contrôle social informel procède du contact continu entre individus et groupes d'individus. Il s'exerce au quotidien sous la forme de normes sociales. Il se manifeste par l'application de sanctions positives exprimant l'approbation (sourire, récompense) ou négatives exprimant la réprobation (Loubet Del Bayle)[60] (mise à l'écart, punitions). La conformité aux normes et valeurs sociales favorise l'ordre social, c'est-à-dire la disposition des individus et des groupes les uns par rapport aux autres, leur rang et la place qui leur convient et renforce la cohésion sociale. Cusson[61] identifie diverses mesures de contrôle social à savoir : le traitement qui consiste à restaurer l'équilibre psychologique du délinquant et à répondre de façon individualisée à ses besoins et le contrôle moral de la délinquance qui repose sur l'hypothèse que la réprobation du crime exercera une influence sur la conduite des gens ; la dissuasion qui vise à soumettre les citoyens aux lois en leur inspirant une crainte salutaire ou en les rendant incapables de commettre les crimes et la stigmatisation pour ses effets neutralisants et intimidants.

Par rapport à la criminalité de traite de café-cacao, le contrôle social doit être entendu comme la réaction des institutions formelles (étatiques) et informelles (des différents groupes sociaux) pour essayer de circonscrire les transgressions en période de traite de café-cacao. L'analyse va permettre de spécifier les types de contrôles et déterminer leurs influences sur la criminalité.

---

[60] LOUBET DEL BAYLE Jean Louis, *Police et Politique : une approche sociologique*, Paris , L'Harmattan, 2006.

[61] CUSSON Maurice, *Le contrôle social du crime*, Paris, PUF, 1983.

1.3.5. Politique criminelle

La notion de politique criminelle a été utilisée pour la première fois par Feurbach sous le terme de « Kriminal Politik » à partir de 1803.

Pour cet auteur, le terme désigne *l'ensemble des procédés répressifs par lesquels l'Etat réagit contre le crime* comme le souligne Ancel[62]. La politique criminelle apparaît alors comme une approche juridique et suggère de traiter, non de ce qui est, mais de ce qui doit être, de ce qu'il est opportun de faire, comme le souligne Donnedieu[63]. Selon cet auteur, la politique criminelle se situe alors dans une approche préventive.

Elle renvoie donc à l'ensemble des procédés par lesquels le corps social organise les réponses au phénomène criminel, comme le souligne Delmas-Marty[64]. Si l'on se réfère à ces différents auteurs, la politique criminelle apparaît comme un ensemble de dispositions qu'une communauté, un groupe social adopte pour prévenir et réprimer le phénomène criminel en son sein. Cependant, pour Ancel[65], la politique criminelle devra se concevoir comme la réaction organisée et délibérée de la collectivité contre les activités délictueuses, déviantes ou antisociales. L'auteur met ici en évidence l'organisation du corps social pour réagir contre la criminalité aussi bien sur le plan juridique que social.

Cette vision est partagée voire même approfondie par Lazerges[66] pour qui la politique criminelle est une réflexion épistémologique sur le phénomène criminel, un décryptage du phénomène criminel et les moyens mis en œuvre pour appréhender les comportements de déviance et de délinquance. Elle apparaît aussi comme une stratégie juridique et sociale issue de choix idéologiques pour faire face de manière concrète aux difficultés liées à la prévention et à la répression de la criminalité. Lazerges, contrairement aux auteurs précédents, met un accent particulier sur la réflexion scientifique en vue de prendre des dispositions adaptées et insiste, par conséquent, sur les choix idéologiques en tant que système de pensée, dans la réponse du corps social au phénomène criminel.

Pour Koudou[67], la politique criminelle est essentiellement institutionnelle et s'entend comme l'ensemble des stratégies adoptées par un pays, dans le but de réduire ou supprimer l'expression des comportements criminels. Ici donc, c'est l'Etat qui organise la lutte contre la criminalité en tenant compte de ses objectifs et de sa vision.

---

[62] ANCEL Marc, *La défense sociale nouvelle*, Paris, Cujas, 1966, p. 391.

[63] DONNEDIEU H. de Vabres, *Précis de droit criminel*, Paris, Dalloz, 1953.

[64] DELMAS-MARTY Mireille, *Modèles et mouvements de politique criminelle*, Paris, Economica, 1983.

[65] Id., « Etude des sciences pénales et de la politique criminelle », in : *Etude de droit privé, de droit public et de droit comparé*, 1975.

[66] LAZERGES Christine, « La politique criminelle » *Que sais-je* ? n°2 356, 1987.

[67] Id., op. cit. p. 21.

Au terme de ces différentes approches du concept de la politique criminelle, on peut affirmer qu'il n'existe pas une définition du concept et que, par conséquent, il est difficile à cerner. Toujours est-il que la politique criminelle se présente comme un ensemble d'actions ou de stratégies qu'une communauté organisée, un Etat, met en place en vue de prévenir et dissuader d'éventuels criminels par rapport à un phénomène donné. Dans le cadre de ce travail, la politique criminelle doit se comprendre comme l'ensemble des stratégies, des textes de lois adoptés par la communauté ou l'Etat pour prévenir et réprimer la criminalité en période de traite de café-cacao.

1.3.6. Victime

En droit criminel français, sans autre précision, la victime est synonyme de partie lésée, de plaignant, de personne ayant subi un préjudice ou ayant personnellement souffert du dommage causé par l'infraction. Le mot « victime » est utilisé pour la première fois, semble-t-il, en 1970, dans le code de procédure pénale (Cario)[68]. C'est donc le critère légal de l'infraction qui institue en victime la personne atteinte dans son corps, son honneur ou ses biens.

Toutefois, selon Beristain[69], la première définition officielle au niveau international est faite en 1985 dans la résolution 40/34 de l'Assemblée générale des Nations Unies portant Déclaration des principes fondamentaux de justice relatifs aux victimes de la criminalité et aux victimes d'abus de pouvoir. Selon cette résolution citée par Cario[70] : *On entend par victimes de la criminalité des personnes qui, individuellement ou collectivement, ont subi un préjudice, notamment une atteinte à leur intégrité physique ou mentale, une souffrance morale, une perte matérielle, ou une atteinte grave à leurs droits fondamentaux, en raison d'actes ou d'omission qui ne constituent pas encore une violation de la législation pénale nationale, mais qui représentent des violations des normes internationalement reconnues en matière de droits de l'homme.*

L'auteur considère cette définition trop étroite car elle exclut les violences psychologiques comme le harcèlement conjugal, familial ou professionnel. Dans le même sens, selon Boulay[71], le Conseil de l'Union européenne définit la victime comme : *« La personne qui a subi un préjudice, y compris une atteinte à son intégrité physique ou mentale, une*

---

[68] CARIO Robert, « Les victimes et la médiation pénale en France » *Justice réparatrice et médiation pénale,* Montréal, L'Harmattan, 2003, pp.187-206.
[69] BERISTAIN Antonio, « La justice et l'assistance aux victimes », in : *R.I.C.P.T.* n° 3, 1987, pp. 331-341.
[70] CARIO Robert, « Victimologie », *De l'effraction du lien intersubjectif à la restauration sociale,* Paris, L'Harmattan, 2006.
[71] BOULAY Alain, *Victimes de l'image à la réalité,* Paris, L'Harmattan, 2003, p. 50.

souffrance morale ou une perte matérielle, directement causée par des actes ou des omissions qui enfreignent la législation pénale d'un Etat membre. »

Mendelssohn, l'un des fondateurs de la victimologie, ayant pris conscience de la souffrance de la victime, a focalisé ses analyses sur la nécessité de lui venir en aide, sans considérer la cause de sa souffrance. Il propose une définition scientifique large de la victime qui est : *une personne se situant individuellement ou faisant partie d'une collectivité, qui subirait les conséquences douloureuses déterminées par des facteurs de diverses origines : physiques, psychologiques, économiques, politiques et sociales mais aussi naturelles.* L'auteur estime que les victimes doivent être traitées en tant que telles, peu importe l'origine de leur souffrance (Houedjissin)[72].

C'est globalement la définition adoptée par les victimologues de la première société française de victimologie : *Une victime est un individu qui reconnaît avoir été atteint dans son intégrité personnelle par un agent causal externe ayant entraîné un dommage évident, identifié comme tel par la majorité du corps social.* C'est le sujet victimisé qui domine, peu importe l'origine de sa victimisation. Une telle définition n'exclut donc pas ceux qui s'estiment victimes, provoquant par là une lourde confusion entre victimisation réelle et sentiment d'insécurité.

Enfin, pour les victimologues, doit être considérée comme victime : *Toute personne en souffrance. De telles souffrances doivent être personnelles (que la victimisation soit directe ou indirecte); réelles (c'est-à-dire se traduire par des traumatismes psychiques ou psychologiques et/ou dommages matériels avérés), socialement reconnues comme inacceptables et de nature à justifier une prise en charge des personnes concernées, passant, selon les cas, par la nomination de l'acte ou de l'événement, par l'accompagnement psychologique et social de la victime et par son indemnisation* (Boulay)[73].

La définition victimologique ainsi retenue se cristallise sur les traumatismes et les souffrances de toutes origines, intensités et durées infligées, de manière totalement illégitime et injuste aux victimes, dans leur corps, leur dignité, leurs droits et leurs biens. Elle inclut les proches des victimes dont les souffrances sont consécutives à l'acte infractionnel (disparition d'un être cher, enfant témoin de violences familiales, manque à gagner, pertes matérielles diverses comme l'a souligné la Déclaration de l'ONU) peu importe que l'auteur soit ou non identifié, arrêté, poursuivi ou déclaré coupable, peu importe le lien de parenté éventuel avec l'auteur. Semblent ainsi privilégiées les personnes physiques, mais sans exclusive pour autant des atteintes aux personnes morales au premier rang desquelles se situent les atteintes à l'autorité de l'Etat démocratique, dont certaines

---

[72] HOUEDJISSIN Arnaud M., *Les victimes devant les juridictions pénales internationales,* Grenoble, Université de Grenoble, 2011.

[73] Op.cit, p.31.

manifestations sont gravement préjudiciables à l'ensemble des citoyens (terrorisme, blanchiment de produits d'origine criminelle).

Ainsi, le sens victimologique proposé exclut, par nature, les simples manquements à la discipline sociale, les incivilités et les insécurités mineures qui relèvent d'autres domaines et stratégies d'intervention et par conséquent encombrent excessivement le système de justice pénale. Elle invite à globaliser la prise en charge des victimes aujourd'hui encore trop morcelées par les multiples intervenants au procès pénal.

1.3.7. Victimisation et victimation

Selon le dictionnaire *Larousse*, une victimisation est « l'action de victimiser ». C'est le fait d'être considéré comme victime ou de considérer, désigner quelqu'un comme une victime d'un acte ou d'un phénomène donné (agression, terrorisme, catastrophe naturelle, racisme, rejet social). Ce terme est utilisé lorsque cette considération est jugée abusive. Par extension, le terme désigne la tendance à conférer aux victimes un statut social et une attention exagérée, proche de la sacralisation.

Pour Chollet[74], ce terme désigne le sentiment excessif et exagéré d'être une victime, une tendance coupable à s'enfermer dans une identité de victime. Ce passage de victime réelle à victime ressentie est très ténu et réside dans la simple façon d'observer les faits.

Cario[75] fait remarquer que, dans cette définition, c'est le sujet victimisé qui domine, peu importe l'origine de sa victimisation. L'auteur pense qu'une telle définition n'exclut pas ceux qui s'estiment victimes, provoquant par là une lourde confusion entre victimisation réelle et sentiment d'insécurité. Il ya là un risque de banalisation des victimisations au détriment des victimes d'authentiques actes criminels.

S'inscrivant dans le contexte particulier de la victimisation par les pairs, certains auteurs donnent une définition de la victimisation portée sur la nature des actes et l'intention de son auteur. C'est le cas de Namian et Grimard[76], pour qui la victimisation se caractérise par des gestes abusifs répétés posés par un ou plusieurs agresseurs à l'endroit d'une ou de plusieurs personnes. Elle peut prendre une forme manifeste caractérisée par des attaques visibles ou une forme relationnelle visant à exclure ou à isoler la victime.

---

[74] CHOLLET Mona, « La critique de la victimisation : une dévalorisation de revendications légitimes » *Les droits des victimes d'infraction,* Paris, La Documentation française, 2007, pp. 92-93.

[75] CARIO Robert, op.cit., p. 31.

[76] NAMIAN Dahlia, GRIMARD Carolyne, « Pourquoi parle-t-on de sérendipité aujourd'hui ? Conditions sociologiques et portée heuristique d'un néologisme barbare » in *Revue sociologie,* 2013.

Beaulieu[77] ajoute qu'il s'agit de comportements manifestés par une personne envers autrui risquant de causer du tort physique ou psychologique ou d'actions perpétrées par un auteur dans l'intention d'infliger des blessures ou souffrances physiques ou psychologiques à une victime. Ces comportements renvoient aussi à toute tentative intentionnelle de blesser ou d'infliger un malaise à une autre personne en recourant à la violence physique ou à des mots blessants, en la rejetant volontairement ou en répandant de fausses rumeurs à son sujet.

Ainsi, la victimisation par les pairs réfère essentiellement à un comportement agressif ou intentionnel dans le but de blesser autrui, manifesté de manière répétée et à long terme et survenant lors de relations interpersonnelles où règne un déséquilibre du pouvoir, ou de forces entre agresseur et victime (Beaulieu). Cette définition présente des aspects similaires à celle de Roland[78] cité par Pitre-Joyal[79] qui estime que la victimisation par les pairs se manifeste par l'oppression physique ou psychologique perdurant dans le temps, perpétrée par un individu ou un groupe et dirigée contre une personne qui ne peut se défendre.

Pour ces auteurs, la notion de victimisation par les pairs inclut divers éléments-clés comme l'attaque ou l'intimidation physique ou psychologique perpétrée avec l'intention de causer la peur, la détresse ou de faire mal à la victime ; l'asymétrie de pouvoir impliquant que l'agresseur détenant plus de pouvoir oppresse celui en détenant moins ; l'absence de provocation de la part de la victime et les incidents répétés entre les mêmes protagonistes sur une longue période de temps.

Toutefois, selon Guerin et Hennessy[80], cités par Pitre-Joyal[81], un comportement qui n'a pas été perpétré avec l'intention de causer du tort ou de faire souffrir peut néanmoins être considéré comme de la victimisation si la victime y a perçu une telle intention. De plus, toujours selon ces auteurs, un comportement agressif n'a pas à être perpétré à de multiples reprises pour être considéré comme de la victimisation, particulièrement lorsqu'un tel acte entraîne une peur continue de répétition chez la victime.

Selon Pitre-Joyal[82], les auteurs distinguent cinq types de victimisation à savoir : la victimisation directe qui porte sur des agressions perpétrées de façon ouverte, visible ou en confrontation ; la victimisation physique qui survient lorsque l'intégrité physique de la victime est atteinte ou menacée ; la

---

[77] BEAULIEU Julie, *Victimisation par les pairs à l'école et dépression à l'adolescence : une étude franco-québécoise*, Québec, Université Laval, 2007.

[78] ROLAND Eric, *Bullyin: The Scandinavian tradition* in: D. Lane, Trentham, 1989.

[79] PITRE-JOYAL Gabrielle L., *Victimisation par les pairs et idées suicidaires chez les adolescents : Rôle médiateur de la dépression et de l'estime de soi*, Québec, Université Laval, 2010.

[80] GUERIN Suzanne, HENNESSY Eilis, *Aggression and bullying*, Oxford, Paperback, 2002.

[81] Op. cit. p. 33

[82] Loc. cit. p. 33

victimisation verbale lorsque le statut de la victime est attaqué ou menacé à l'aide de mots ou de vocalisations.

La victimisation de type indirect comprend des comportements par lesquels l'agresseur tente d'infliger une souffrance à la victime, mais de façon à ce que cette intention soit camouflée. Une façon d'y arriver consiste à utiliser une tierce personne pour causer du tort à la victime de sorte que l'agresseur ne puisse pas être identifié.

La victimisation de type relationnel, qui peut parfois ressembler à celle de type indirect, regroupe tous les comportements entraînant la souffrance de la victime par le biais du tort (ou la menace de préjudice) causé aux relations sociales ou amicales, au sentiment d'appartenance ou à l'acceptation dans un groupe.

En définitive, la notion de victimisation présente le risque de prendre en compte toutes les personnes se sentant victimes, à savoir les victimes réelles et celles qui ont simplement le sentiment d'être victimisées. C'est pourquoi, dans ce travail, sera privilégiée la notion de victimation, plus restrictive, qui définit le fait de subir effectivement une atteinte matérielle, corporelle ou psychique (ainsi que d'en être conscient). Elle présente l'avantage de ne prendre en compte que les victimes authentiques d'actes criminels en période de traite de café-cacao, en excluant le sentiment d'insécurité ressenti.

Les enquêtes vont permettre d'interroger les acteurs directement sur les actes de violence ou les vols qu'ils ont subis et sur leur ressenti, une démarche à l'opposé de celle qui consiste à compter les plaintes enregistrées dans les commissariats ou les actions menées par les services de police.

1.3.8. Pauvreté

Selon le *Petit Robert*, pauvreté vient du latin paupertas, lui-même issu de pauper qui a le sens de pauvre. Il désigne l'état d'une personne qui manque de ressources matérielles. Ce mot a pour synonymes : besoin, dénuement, indigence, privation, etc.

Des individus sont dits pauvres lorsqu'ils disposent pour vivre de faibles ressources matérielles en matière de nourriture, d'accès à l'eau potable, de vêtements, de logement, de cadre de vie, d'éducation, etc. Mais il existe plusieurs catégories de pauvreté.

Dans son rapport intitulé "Vaincre la pauvreté humaine" (2000), le PNUD définit spécifiquement « l'extrême pauvreté », la « pauvreté générale » et la « pauvreté humaine ». Une personne vit dans la pauvreté extrême si elle ne dispose pas de revenus nécessaires pour satisfaire ses besoins alimentaires essentiels, habituellement définis sur la base de besoins caloriques minimaux. La pauvreté générale est l'état dans lequel se trouve une personne qui ne dispose pas de revenus suffisants pour satisfaire ses besoins essentiels

alimentaires et non alimentaires tels que l'habillement, l'énergie et le logement.
La pauvreté humaine quant à elle, est présentée comme l'absence des capacités humaines de base : analphabétisme, malnutrition, longévité réduite, mauvaise santé maternelle, maladie pouvant être évitée (Benicourt)[83].

On distingue également la pauvreté absolue de la pauvreté relative. La pauvreté absolue ou grande pauvreté désigne une situation dans laquelle les personnes ne disposent pas des biens de première nécessité qui assureraient leur survie. Par exemple, elles peuvent souffrir de famine, ne pas disposer d'eau propre, d'un véritable logement, de suffisamment de vêtements ou de médicaments et elles luttent pour rester en vie. C'est une situation courante surtout dans les pays en développement. Cependant, au sein de l'Union européenne, les personnes sans-abri et les populations Roms qui vivent dans des campements se trouvent, par exemple, dans cette catégorie de pauvreté.

En ce qui concerne la pauvreté relative, elle est la situation dans laquelle le mode de vie et le revenu de certaines personnes se situent tellement en-deçà du niveau général de vie dans le pays ou la région où ces personnes se trouvent, qu'elles luttent pour mener une vie normale et pour participer aux activités économiques, sociales et culturelles courantes. La gravité du problème varie d'un pays à un autre, en fonction du niveau de vie de la majorité des citoyens. Bien qu'elle ne soit pas aussi extrême que la pauvreté absolue, la pauvreté relative est toujours très grave et préjudiciable (Benicourt)[84]. De ces approches est issu le concept de seuil de pauvreté. Il désigne le revenu minimum en-deçà duquel, dans un pays donné, une personne est considérée comme pauvre, c'est-à-dire ne disposant pas d'un niveau de vie convenable.

Ainsi, selon l'Observatoire des inégalités (2012) en France, en 2010, un individu pouvait être considéré comme pauvre quand ses revenus mensuels étaient inférieurs à 803 ou 964 euros, en fonction de la définition de la pauvreté utilisée (seuil à 50% ou à 60% du niveau médian). Le revenu pris en compte est le revenu dit « disponible » après impôts et prestations sociales. Dans ce même ordre d'idées, en Côte d'Ivoire en 2008, était considéré comme pauvre celui qui n'avait pas 661 FCFA par jour (FMI)[85].

Amartya Sen, économiste indien, appréhende la pauvreté comme une impossibilité pour celui qui la subit de se réaliser lui-même selon ses propres fins. Il remet donc en cause la validité des seuils de revenus ou de besoins nutritionnels pour mesurer la pauvreté ou la malnutrition.

En effet, selon lui, la variabilité des besoins personnels et les différences de capacité de transformer une ressource financière ou alimentaire en bien-

---

[83] BENICOURT Emmanuelle, « Etudes rurales », in : *La pauvreté selon le PNUD et la Banque mondiale*, 2001, pp. 35-53.
[84]BENICOURT Emmanuelle, op. cit.
[85] Loc.cit. p 19.

être interdisent d'uniformiser une telle mesure. Il considère que dans le débat sur la pauvreté, trop d'attention a été accordée à l'insuffisance de revenus au détriment d'autres privations. C'est à partir de cette analyse qu'il a été amené à construire, avec le PNUD, un nouvel indicateur de la pauvreté : l'IDH.

L'Indice de développement humain prend en compte trois domaines de la vie. D'abord, il y a la santé de la population. Elle est évaluée par l'espérance de vie à la naissance. Ensuite, on a l'instruction. Elle est estimée grâce à la combinaison de deux indicateurs : le taux d'alphabétisation des adultes et le taux brut de scolarisation dans l'éducation primaire, secondaire et universitaire. Enfin, il y a le niveau de vie. Il s'évalue par le PIB par habitant selon de Muylder[86].

De cet indice on déduit l'IPH, qui mesure le niveau de la pauvreté au sein d'une société, en prenant en compte, au-delà des paramètres financiers, des enjeux complémentaires comme les inégalités d'accès à la santé, à l'emploi ou encore à l'éducation. L'IPH évalue le degré de pauvreté ou la proportion de la population vivant dans des conditions de dénuement extrême (Benicourt)[87].

Dans la revue *Sciences Humaines*, Molenat[88] rapporte que, pour le sociologue Deroche-Gurcel[89], en parlant d'indice, d'indicateur de la pauvreté, les économistes et les statisticiens ne donnent qu'une définition substantialiste du phénomène social de la pauvreté afin de pouvoir compter les pauvres, étudier leur façon de vivre et l'évolution de leur situation. Cette démarche apparaît insatisfaisante du point de vue sociologique. En effet, la sociologie se donne pour objet d'étudier les relations d'interdépendance entre les individus à l'intérieur d'une société considérée comme un tout.

La pauvreté est non seulement relative mais elle est aussi construite socialement. Ceci m'amène à considérer le caractère relatif du concept de la pauvreté. Est pauvre celui dont les moyens ne suffisent pas à atteindre ses fins. En effet, chaque milieu, chaque classe sociale a ses besoins typiques ; l'impossibilité de les satisfaire signifie la pauvreté. De ceci découle le fait banal que, dans toutes les civilisations développées, il y a des personnes qui sont pauvres dans leur classe et qui ne seraient pas pauvres dans une classe inférieure. La relativité de la pauvreté ne correspond pas à la relation entre les moyens individuels et les fins individuelles réelles mais aux fins liées au statut de l'individu.

La pauvreté pouvant exister dans toutes les couches sociales, celle-ci n'est souvent pas susceptible d'assistance. C'est pour cette raison que personne

[86] MUYLDER Régis de, http://www.atd-quartmonde.be/lodel/index.php?id=287.

[87] BENICOURT Emmanuelle, http://www.cairn.info/revue-etudes-rurales-2001-3-page-35.htm, op. cit, p. 50.

[88] MOLENAT Xavier, http:www.scienceshumaimes.com/les-pauvres-1908_fr_25715.html.

[89] DEROCHE-GURCEL Lilyan, *La Sociologie de Georg Simmel*, Paris, PUF, 2002.

n'est pauvre socialement avant d'avoir été assisté. Est pauvre celui qui reçoit l'assistance ou qui devrait la recevoir étant donné sa situation sociologique.

Selon Simmel[90], le fait que quelqu'un soit pauvre ne veut pas dire qu'il appartienne à la catégorie des pauvres. Il peut être un commerçant, un artiste ou un employé, mais il demeure dans la catégorie définie par une activité ou une position spécifique. Et il ajoute que ce n'est qu'à partir du moment où ils sont assistés (ou peut-être dès que leur situation globale aurait dû exiger assistance, bien qu'elle n'ait pas encore été donnée) qu'ils deviennent des membres caractérisés par la pauvreté. Ce groupe ne demeure pas uni par l'interaction de ses membres mais par l'attitude collective que la société, en tant que tout, adopte à leur égard.

Il précise que les pauvres, en tant que catégorie sociale, ne sont pas ceux qui souffrent de manques et de privations spécifiques mais ceux qui reçoivent assistance ou devraient la recevoir, selon les normes sociales. Par conséquent, la pauvreté ne peut pas être définie comme un état quantitatif en elle-même mais seulement par la réaction sociale qui résulte d'une situation spécifique.

Cette définition s'articule autour de deux idées essentielles. La première est que les pauvres ne sont pas en dehors de la société mais dans la société. La seconde est qu'ils sont de même intimement liés aux buts de celle-ci. Simmel prend l'exemple de l'étranger. L'important est de comprendre que la position particulière que les pauvres assistés occupent n'entrave pas leur intégration à l'Etat en tant que membre d'une unité politique totale. Les pauvres sont plus ou moins dans la situation de l'étranger qui se trouve pour ainsi dire matériellement en dehors du groupe dans lequel il réside. L'exclusion singulière à laquelle les pauvres sont assujettis par la communauté qui les assiste est caractéristique de la fonction qu'ils remplissent dans la société en tant que membre de celle-ci dans une position particulière.

L'intérêt sociologique du concept de pauvreté réside dans les formes institutionnelles que prend la pauvreté dans une société donnée à un moment spécifique de son histoire. Cette sociologie de la pauvreté est en réalité une sociologie du lien social.

Au regard de tout ce qui précède, la définition du mot pauvreté que je retiens se fonde sur l'approche sociologique. Ainsi, il s'agira de la condition de toute personne qui, estimant les ressources dont elle dispose insuffisantes, se marginaliserait ou commettrait des actes de déviance pour satisfaire ses besoins.

---

[90] SIMMEL Georg, *Les pauvres,* Paris , PUF, 1998.

CHAPITRE II : PRESENTATION DES REGIONS DE L'INDENIE-DJUABLIN ET DU NAWA

Le terrain de cette étude est constitué des régions de l'Indénié-Djuablin et du Nawa en Côte d'Ivoire. La présentation de chacune des deux régions fait ressortir en premier lieu la carte locale.

Les aspects organisationnels, sociopolitiques et administratifs sont suivis de ceux liés aux domaines socioculturel et économique.

2.1. La région de l'Indénié-Djuablin

Carte n° 2 : Région de l'Indénié-Djuablin

Source : CNTIG (2011), Institut Géographique de Côte d'Ivoire

2.1.1. Organisation sociopolitique et administrative

Située à 210 km d'Abidjan, l'Indénié-Djuablin regroupe les départements d'Agnibilekrou (Djuablin), de Bettié et d'Abengourou. Cette région compte quatorze (14) sous-préfectures dont neuf (9) dans l'Indenié (Abengourou, Ebilassokro, Niablé, Bettié, Diamarakro, Yakassé Feyassé, Aniassué, Amélékia, N'Zaranou) et cinq (5) dans le Djuablin (Agnibilekrou, Tanguelan, Damé, Duffrébo, Akoboissué). Elle est limitée au Nord par le département de Koun Fao, au Sud par celui d'Aboisso, à l'Ouest par ceux d'Adzopé et de Daoukro et à l'Est par le Ghana. Sa superficie est de 6.920 km^2, sa population est de 561.853 habitants. En tant qu'entité décentralisée, la région est administrée par le conseil général de l'Indénié-Djuablin, les autres localités par des mairies.

Au niveau sécuritaire, la région dispose d'un tribunal de première instance, d'une préfecture de police, d'une direction régionale des douanes, d'une compagnie et six (6) brigades de gendarmerie pour les quatorze (14) sous-préfectures[91]. Alors que le sentiment d'insécurité semble s'accroître du fait de l'augmentation des agressions contre les personnes, la tendance des statistiques policières de 2005 à 2007 indique une prédominance des infractions financières et économiques dont, en particulier, l'exportation frauduleuse du café et du cacao vers le Ghana.

Les affinités ethniques des deux côtés de la frontière ivoiro-ghanéenne favorisent des complicités délictuelles. En outre, la prédominance de la justice informelle dans la gestion des problèmes d'inadaptation et de dysfonctionnement sociaux pourrait m'orienter dans la compréhension et l'explication de la criminalité.

2.1.2. Organisation socioculturelle

La région regroupe les royaumes de l'Indénié (départements d'Abengourou et de Bettié) et du Djuablin (département d'Agnibilékrou).

Le royaume Indenié appartient au peuple Agni N'dénian, un sous- groupe akan, originaire du royaume Ashanti situé en Gold Coast (actuel Ghana), précisément de la région d'Agnuangnuan[92]. Leur migration en Côte d'Ivoire remonte au milieu du XVIIIème siècle et fait suite à un conflit entre leur royaume et celui du Denkyra. Les vagues successives d'immigrants comprenaient quatre sous-groupes : les Anikylé ou N'denian (détenteurs du trône royal dont le nom est prêté à l'ensemble du groupe), les Bettié, les Allangoua et Ahua.

---

[91] Décret n°2011-264 du 28 septembre 2011 portant détermination des circonscriptions électorales pour la législature 2011-2016 en République de Côte d'Ivoire, p. 7.

[92] Les archives du royaume de l'Indénié (Abengourou).

L'organisation sociale des Agni N'dénian est très hiérarchisée avec pour cellule de base la famille ou « Aboussouan » à la tête de laquelle se trouve un chef « Aboussouan Kpagni ». Viennent ensuite le village dirigé par le « Koulokpangni » puis la tribu commandée par le « Famien ». L'ensemble des tribus est sous l'autorité du roi appelé « Ehene ».

La structure politique des N'dénian est semblable à celle du peuple Ashanti, basée sur le principe dynastique. La transmission du pouvoir est héréditaire et non élective, avec une souveraineté du chef de la famille régnante sur les autres chefs. Par ailleurs, chaque sous-groupe possède une autonomie interne et ne paye pas de tribut au roi.

La cour royale, initialement à N'zaranou, est aujourd'hui à Abengourou. Ce transfert a été opéré à la suite de la déportation du roi Koassi Dihye I au Gabon par le colonisateur. Dix-sept (17) rois se sont succédé sur le trône des N'dénian. L'actuel est Nanan Boa Kouassi III, au pouvoir depuis 1997.

Situé dans le département d'Agnibilekrou qui en est le chef-lieu, le Djuablin est limité au Sud par le royaume Indénié (Abengourou), au Nord-Est par le peuple Agni-bona (Koun-Fao), à l'Ouest par le pays baoulé et à l'Est par le Ghana. Il est habité par les Agni Djuablin qui seraient venus de Dadièsso situé dans le Sud-Ouest de l'actuel Ghana, entre la deuxième moitié du XVIIème et le XVIIIème siècle. Après un conflit entre ce peuple et les Ashanti, ils arrivèrent à Assikasso, en Côte d'Ivoire vers 1697. L´ancêtre fondateur en est Brédou Assamandjè (Ahua, 2004:14).

Ainsi, le royaume Djuablin ou Diabè s'étend à la fois sur les territoires ivoirien et ghanéen, précisément dans les régions de Dadièsso et de Kofori Dua, en pays ashanti. Sa majesté Nanan Agnini Bilé II est le 13ème roi du royaume Djuablin Agni de Côte d'Ivoire.

L'organisation sociale et la structure politique des Agni Djuablin sont comme celles de leurs voisins Agni N'dénian, inspirées du modèle de leurs ancêtres Ashanti.

Dans le domaine politique, trois niveaux s'articulent avec pour chacun un rôle politique et social bien précis. Au sommet, il y a le roi et la cour royale qui siégeaient à Assikasso puis à Agnibilékrou à partir de 1880. La cour royale se définit comme l'ensemble des membres de la famille du roi, des porte-cannes royaux et autres dignitaires subalternes ainsi que les chefs des grandes familles de la capitale. Au second niveau, se trouvent les villages représentés par leurs chefs respectifs, les « Koulo kpangni » assistés au plus haut niveau de porte-cannes locaux, de dignitaires, des chefs des grandes familles villageoises, les « Aoulo Kpangni ». A la base de cette pyramide politique s'établit l'ensemble des administrés de la capitale et des villages du royaume (Sié)[93].

Les Agni Diabè, quoiqu'homogènes, présentent trois catégories sociales. Les "dihiè" ou hommes libres qui ne possèdent aucun parent esclave dans

---

[93] KOFFI Sie, *Les Agni-Diabè : Histoire et Société,* Paris, Université de Paris, 1976.

leur ascendance constituent les trois quarts (¾) de la population Diabè. Les "abrouwas", citoyens libres de deuxième classe sont d'un père esclave et d'une mère libre.

Quant aux "kangas", ils sont esclaves ou descendants d'esclaves. Les Agni Djuablin ont un système de travail communautaire dont le plus répandu est le "nzando" qui vise à renforcer les liens de solidarité entre les membres de la société. Il consiste, pour la communauté, à travailler en commun sur la plantation de chacun à tour de rôle, afin de mieux accomplir les lourds travaux de défrichement et d'abattage. Cependant, le fruit du travail de groupe n'est pas partagé entre les membres du "nzando", chacun reste propriétaire de ses gains. Si, sur le plan culturel, il existe des différences fondamentales entre les deux composantes de la région de l'Indénié-Djuablin, il en est autrement de l'organisation socioéconomique.

2.1.3. Organisation socioéconomique

L'Indenié-Djuablin est une zone économique frontalière, caractérisée par une activité agricole et surtout marchande reposant sur les échanges entre les peuples ivoiriens et ghanéens. Située en zone forestière, à cheval sur les climats baouléen et attiéen et arrosée par de nombreux cours d'eau, dont le fleuve Comoé, la région bénéficie de conditions naturelles et climatiques propices à l'agriculture. Toutefois, la pêche et l'élevage y sont pratiqués, mais à un niveau artisanal et donc très peu développés pour couvrir les besoins des populations. Le tissu industriel est fortement dominé par le secteur du bois avec trois unités de transformation : les scieries Sitranbois, Nouvelle Scierie Ivoirienne (NSI) installées à Abengourou et NSD'A à Agnibilekro.

Le secteur agricole est dominé par les autochtones, tandis que les Malinkés et étrangers tiennent les commerces et le transport. Deux cultures principales y sont produites : les cultures vivrières dont la banane, l'igname, le manioc, le taro, le riz et le maïs, destinées à la consommation des ménages et les cultures industrielles, dominées par le binôme café-cacao auquel s'ajoutent le palmier à huile et l'hévéa.

Notons que la culture café-cacaoyère introduite en Côte d'Ivoire en 1880 et 1888 s'est d'abord développée dans les régions de l'Est. Les premières plantations furent créées à Elima dans l'actuel département d'Aboisso et M'batto en 1895. Jusque dans les années 1970, l'économie de plantation en Côte d'Ivoire reposait quasiment sur le N'zi Comoé (Bongouanou, Daoukro, Dimbokro, Bocanda et M'bahiakro) et le Moyen Comoé (Abengourou et Agnibilekrou) (Serhan)[94]. En 2003, on dénombrait plus de 23.502

[94] SERHAN Nasser, « Le départ précipité des Libanais de Céchi (Côte d'Ivoire) » in *Xénophobie, difficultés économiques ou autres motifs*, 2003, pp. 431-451.

producteurs de café et de cacao dans toute la région, pour une superficie de 15.872 ha de café et 86.266 ha de cacao exploités, soit 7,88% des superficies nationales de ces deux produits (BNETD, 2003). La production cacaoyère s'élevait à 47.376 tonnes en 2006, 63.491 tonnes en 2007 et 50.749 tonnes en 2008. Sur l'ensemble des campagnes 2005-2009, la production totale de cacao de la région s'élevait à 236.691 tonnes.

Le développement de l'économie de plantation forestière a nécessité l'apport en travail d'une main-d'œuvre d'origine étrangère, laquelle a favorisé son expansion. En effet, en 1951, le Syndicat interprofessionnel d'acheminement de la main-d'œuvre (SIAMO) a été créé dans le but de recruter puis de diriger les travailleurs voltaïques vers la Côte-d'Ivoire. Les zones de plantation comme la boucle du cacao et ses environs, notamment le Moyen Comoé, étaient les destinations privilégiées. L'immigration dans l'Indénié-Djuablin était essentiellement une migration de travail qui concernait, en premier lieu, des originaires de pays à faibles possibilités économiques et subsidiairement des populations des savanes du Centre et du Nord de la Côte d'Ivoire.

Ces travailleurs émigraient dans la boucle du cacao, non seulement à la recherche d'un emploi de salarié agricole, mais aussi dans l'espoir de s'installer comme planteurs. Ce deuxième volet des motivations et la réussite économique (supposée ou réelle) de certains migrants ont accéléré le mouvement migratoire en direction de cette région (Affou et Tano)[95].

Tant que l'économie de plantation montrait de la vitalité, la boucle du cacao pouvait continuer à attirer les migrants. Mais dès que les conditions de production commencèrent à se dégrader, l'immigration cédait peu à peu le pas à l'émigration des autochtones.

En effet, le déclin de l'activité agricole inhérent à la faiblesse des moyens de production et à la forte consommation de main-d'œuvre et de forêt a entraîné la réorientation du mouvement des migrants étrangers vers les régions plus prospères telles que le Sud-Ouest ivoirien qui dispose encore de terres jusque-là sous-exploitées.

Cependant, depuis la crise du cacao, un vaste trafic transfrontalier vers le Ghana y prend des proportions inquiétantes (Kouamé)[96].

A défaut de statistiques précises, certains témoignages de personnes ressources donnent quelques indications sur cette fraude transfrontalière. Selon ADOU Edoukou Léon, ex-président des comités de surveillance et coordonnateur régional de l'Anaprocci, transitant par Abengourou, 100.000 tonnes de la production nationale et plus de 70% de la production de

---

[95] YAPI Affou, TANO Kouadio, « La boucle du cacao en Cote d'Ivoire : une situation migratoire inversée », in *Migrations, changements sociaux et développement*, 1991, pp. 307-315.

[96] KOUAME Justin, *Le trafic transfrontalier du cacao dans la région de l'Indénié : de la Côte d'Ivoire vers le Ghana*, Mémoire de DEA (non publié), 2005.

l'Indénié arrivent frauduleusement chaque année au Ghana (Bomo)[97]. En 2011, le préfet d'Abengourou faisait état de 50.000 tonnes de vente illicite au Ghana sur 80.000 tonnes de production régionale (Boneton)[98]. Cette région paraît idéale pour cerner la criminalité née de la commercialisation des produits, la porosité des frontières et les relations socioculturelles historiques.

2.2. La région du Nawa

Carte 3 : La région du Nawa

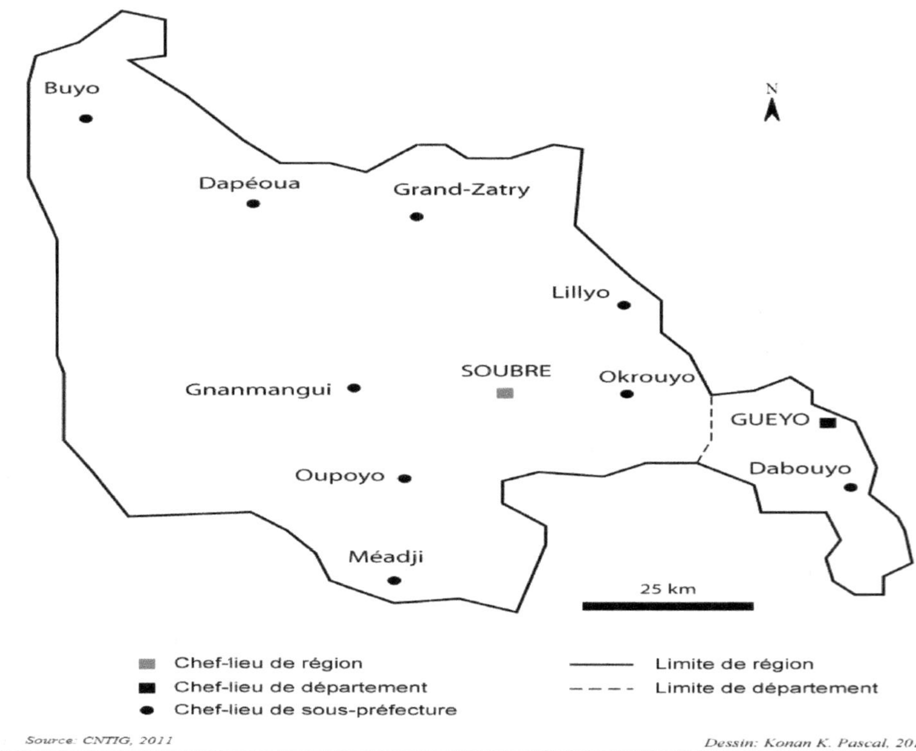

Source : CNTIG (2011), Institut Géographique de Côte d'Ivoire

---

[97] *L'expression* n°607 du 17/08/ 2011.
[98] *Notre Voie* n°4003 du 08/12/2011.

2.2.1. Organisation administrative

La région du Nawa comprend (4) départements : Soubré (chef-lieu de région), Guéyo, Grand-Zatry et Méagui, et 11 sous-préfectures (Soubré, Buyo, Dapéoua, Grand-Zattry, Méagui, Gnamangui, Oupoyo, Guéyo, Dabouyo, Liliyo et Okrouyo)[99] qui couvrent une superficie de 8.036 km². Sa population est estimée à 110.794 habitants (INS, 1998) composée de 362.619 autochtones, Bété (Soubré, Grand-Zattry, Okrouyo, Buyo), Bakwé (Méagui), Kouzié (Buyo) et allogènes, et de 265.993 étrangers. Les institutions judiciaires représentées sont le parquet, une brigade de gendarmerie et un commissariat de police. Les relations sociales sont influencées par le fonctionnement des partis politiques dont les plus influents sont le Front Populaire Ivoirien (FPI), le Rassemblement Des Républicains (RDR) et le Parti Démocratique de Côte d'Ivoire (PDCI).

2.2.2. Organisation socioculturelle

La région du Nawa appartient, d'un point de vue sociohistorique, au groupe Krou du Sud-Ouest de la Côte d'Ivoire. Traditionnellement, la région est occupée par les peuples Bété, Bakwé, Kouzié qui possèdent un fond culturel commun malgré quelques différences apparentes. Leurs patrimoines socioculturels sont caractérisés par une production artistique diversifiée, dominée par des danses et chants spécifiques à chaque événement (mariage, intronisation d'un chef de village, funérailles, etc.). Par ailleurs, d'autres valeurs et normes telles que le combat et le « Bagnon », expression de la puissance et de la beauté masculine, déterminent ces peuples.

Ces épreuves contribuent à améliorer la cohésion sociale en même temps qu'elles développent chez les individus un esprit de maturité et de responsabilité.

La société Krou est hiérarchisée et organisée en villages et en tribus. Le pouvoir politique repose sur la chefferie. Le chef est généralement un notable ou un cadre du village choisi selon des critères de compétences qui incluent la sagesse, la stabilité, l'intégrité, le charisme et la capacité à rassembler. Il se fait assister dans ses fonctions d'un conseil de notables comprenant des représentants de chaque famille (chef de village) et des chefs de chaque village (chef de canton). Le canton de Soubré est organisé en chefferies composées, pour chacune, d'un chef, de notables et d'un secrétaire général de la notabilité.

Ainsi, l'organisation sociopolitique des Bété, Bakwé, Kouzié et Godié est marquée par l'absence de pouvoir central, mais l'existence d'un système segmentaire des lignages règle les relations politiques entre les individus. La

[99] Décret n°2011-264 du 28 septembre 2011 portant détermination des circonscriptions électorales pour la législation 2011-2016.

parenté joue un rôle capital dans ce type de société. Il en va de même pour le mariage, en tant que créateur d'alliances (ORSTOM)[100].

Jadis seule autorité incontestée, l'aîné du lignage n'a plus la même influence à cause, certainement, de la marchandisation de toutes sortes de biens. Selon la coutume, l'organisation familiale y est, du point de vue successoral, patrilinéaire. Toutefois, les neveux utérins ont des privilèges que leur envie leur lignage paternel.

Enfin, dans ces différentes sociétés, les femmes exécutent les tâches ménagères et des activités spécifiques dont la culture du riz et le désherbage pour accompagner les hommes dans les durs travaux champêtres. Les hommes se chargent en sus de régler les problèmes administratifs, sécuritaires, juridiques et sociaux conformément à la coutume.

2.2.3. Organisation socioéconomique

Le Nawa est dans une zone forestière couverte par un climat de type attiéen, avec deux saisons sèches et deux saisons pluvieuses. Cependant, le tissu forestier qui couvrait la région est en voie de disparition du fait de sa surexploitation, faisant de plus en plus place aux grandes plantations de cacao, de café, de palmier à huile, d'hévéa et de grands espaces en jachère. L'activité économique dominante reste l'agriculture qui occupe la majorité de la population. Le développement des activités agricoles dans la région a favorisé l'arrivée en masse de groupes allochtones (Ivoiriens des autres régions) et étrangers (citoyens d'autres pays de l'Afrique de l'Ouest).

Le Nawa fait partie de la nouvelle boucle du cacao de Côte d'Ivoire qui regroupe, en plus, les départements de Tabou, San-Pedro et Sassandra. En termes de productivité cacaoyère, l'ex-région de Soubré (Soubré, Méagui, Grand-Zatry, Buyo) a fourni, au cours des campagnes 2007-2008 et 2009, respectivement 278.915 tonnes, 291.811 tonnes et 256.103 tonnes de cacao, soit près d'un quart de la production nationale avec 21,55%. Ce record lui permet d'occuper le premier rang national et lui confère le titre de la nouvelle boucle du cacao (Archives de la Direction départementale de l'Agriculture de Soubré, 2006).

Dans les années 1970, période du « miracle économique » de la Côte d'Ivoire, les allogènes se sont établis durablement dans le Sud-Ouest forestier pour exploiter les vastes massifs forestiers de la région. En 1998, l'essentiel des migrants nationaux de la région du Bas-Sassandra (Sud-Ouest) provient des régions de la Vallée du Bandama (21,8%) et du N'Zi-Comoé (20%), donc du pays Akan-Baoulé. Outre cette migration interne, une intense immigration internationale s'est développée.

---

[100] Office de la Recherche Scientifique et Technique d'Outre-Mer, « Les Krou de Côte d'Ivoire : Contribution au commentaire de la carte B2a, groupes culturels et ethniques » de l'Atlas de Côte d'Ivoire, Abidjan, Centre de Petit-Bassam, Sciences humaines, 1974.

En effet, un grand nombre de migrants ouest-africains (maliens, burkinabé, ghanéens, et guinéens) se sont installés dans le Sud-Ouest ivoirien (Soubré, Méagui, Tabou, Grabo, etc.) surtout au début des années 1970. Cette zone peu peuplée est très rapidement devenue un nouveau front pionnier agricole avec la création de plantations de café et de cacao. Cependant le sentiment d'insécurité semble s'y développer, ce qui suscite des interrogations. Les conflits fonciers opposant les autochtones aux allochtones et allogènes y sont de plus en plus fréquents (Babo, Droz)[101]. Selon l'AIP, depuis quelques années, des différends allant jusqu'aux conflits opposent régulièrement les autochtones aux populations migrantes. Ainsi, de 2004 à 2011, ce sont environ 230 paysans baoulé qui auraient été dépossédés de leurs jachères ou plantations par les autochtones Bété et Kouzié au profit des Burkinabé (Sawadogo)[102]. Les crimes de sang, vols à main armée, coups et blessures volontaires et trafics de tous genres sont en recrudescence en période de commercialisation des produits agricoles. Devant cette montée de la criminalité, la couverture sécuritaire semble insuffisante. Il n'existe que quatre (04) brigades de Gendarmerie nationale qui couvrent les onze (11) sous-préfectures que compte la localité[103].

Les cultures vivrières ne sont pas pour autant abandonnées. Les productions de la banane plantain, du taro, du manioc, du riz, du maïs et les maraîchers approvisionnent les différents marchés de la région et d'Abidjan, en grande partie. L'intensité des activités agricoles a aussi développé les secteurs du commerce et du transport. L'on dénombre d'importantes sociétés de transport interurbain implantées ainsi que des banques commerciales, des magasins de mini-marché, des boutiques et une forte prégnance du commerce ambulant. Cependant, l'essor industriel y est encore très timide, avec seulement une unité de bois, la société IGD à Yabayo dans la sous-préfecture de Soubré, et, pour le conditionnement du cacao, la société DELBAU dans la commune de Soubré.

J'analyserai l'évolution de la criminalité en période de traite de café cacao, dans cette région de l'intérieur du pays, à partir de sa situation géographique, des diversités socioculturelles et de la commercialisation des produits.

---

[101] BABO Alfred, DROZ Yvan, « Conflits fonciers. De l'ethnie à la nation : rapports interethniques et ivoirité », in *Cahier d'études africaines*, vol 48, n°192, 2008, pp. 741-764.

[102] SAWADOGO Elza Sandrine, « Conflit foncier à Soubré : Baoulé et Burkinabé veulent cohabiter dans la paix », *Fasozine*, Burkina Faso, Yallafrica, 2012.

[103] Décret n° 2011-264 du 28 septembre 2011 portant détermination des circonscriptions électorales pour la législature 2011-2016 en République de Côte d'Ivoire.

Tableau 1 : Tableau synoptique des régions de l'Indénié-Djuablin et du Nawa

Régions	Superficie km²	Habitants	S/P	Brigades	Producteurs
Indenié Djuablin	8 800	497 446	14	6	6 394
Nawa	8 036	628 592	11	4	1 080

Source : Données statistiques par région (BN)

Tableau 2 : Répartition de la production cacaoyère sur 5 ans

Régions	2004-2005	2005-2006	2006-2007	2007-2008	2008-2009	Moyenne
Nawa	218 610	329 359	278 915	291 811	256 103	274,959
Indénié	33 048	36 098	41 571	54 185	46 334	52,809
Djuablin	35 173	39 902	47 376	63 491	50 749	47,338

Source : Données statistiques de la région, BNETD.

CHAPITRE III : POPULATION D'ENQUETE ET AXE D'ETUDE

En choisissant les populations d'enquête, j'ai tenu compte des spécificités de chacune. Ainsi, les producteurs, les acheteurs de produits, les forces de l'ordre et de sécurité, les autorités locales et administratives ont été différemment interrogés pour atteindre les objectifs recherchés. Les méthodes comparatives et dialectiques ont été privilégiées pour des raisons pragmatiques.

De même, en termes de recueil des données, j'ai choisi la recherche documentaire, l'enquête-interrogation et l'observation. Enfin, les données ont été analysées suivants les méthodes quantitatives et qualitatives.

3.1. Population d'enquête

Dans le souci de diversifier et varier les données, j'ai interrogé le plus possible d'individus à travers différentes catégories socioprofessionnelles, notamment des producteurs, acheteurs de produits, forces de sécurité, autorités locales, administrateurs et autres acteurs de la filière.

Tableau 3 : Composition de la population d'enquête

CATEGORIES DE POPULATION	GROUPES CIBLES	EFFECTIFS		
Producteurs	Planteurs	102	31,48%	148 45,68%
	Manœuvres	32	9,87%	
	Coopératives	14	4,32%	
Acheteurs et intermédiaires	Acheteurs	36	11,11%	74 22,84%
	Pisteurs	24	7,40%	
	Marketeurs	14	4,32%	
Forces de défense et de sécurité	Policiers	6	1,85%	35 10,80%
	Gendarmes	12	3,70%	
	Agents des Eaux et Forêts	4	1,23%	
	Douaniers	9	2,77%	
	Militaires	4	1,23%	
Polices privées	Comités de lutte	7	2,16%	38 11,72%
	Dozos	9	2,77%	
	Miliciens	14	4,32%	
	Sociétés de gardiennage	8	2,47%	
Autorités locales	Préfets, sous-préfets	6	0,62%	17 4,01%
	Elus locaux	2	0,62%	
	Magistrats	2	0,62%	
	Rois, chefs de canton, chefs de village, chefs de communauté et coutumiers	7	2,16%	
Administrateurs	Ministère de l'Agriculture	3	0,92%	8 2,46%
	FDPCC	1	0,30%	
	FRC	1	0,30%	
	ARCC	1	0,30%	
	BCC	1	0,30%	
	FGCCC	1	0,30%	
Opérateurs économiques	Transporteurs	5	1,54%	8 2,46%
	Structures d'épargne et de crédits	3	0,92%	
TOTAL		328 100%		

Source : Données de l'enquête sur le terrain

Producteurs : la contribution des planteurs, manœuvres et coopératives qui constituent l'ensemble des producteurs, a porté sur les manifestations de la criminalité, les causes et les attentes en termes de politique de lutte. Les échanges ont permis de comprendre leur double rôle en tant que victimes et acteurs des agressions.

- **Acheteurs de produits** : la famille des acheteurs se compose de toutes les personnes physiques ou morales agréées par l'ARCC pour l'achat des produits bord-champ. Dans le cadre de leur activité, ils sont souvent porteurs d'importantes sommes d'argent. Leurs principaux interlocuteurs sur le terrain sont les pisteurs et les paysans. Ils m'ont renseigné sur les techniques de fraude et malversations dans leur milieu, les tracasseries policières et les violences dont ils sont victimes.

- **Forces de défense et de sécurité :** elles m'ont permis d'avoir des informations sur les statistiques, les moyens, les modes opératoires des délinquants et les politiques de lutte institutionnelle. Ces responsables et agents (police, gendarmerie, douanes, eaux et forêts, militaires) ont permis d'obtenir des données statistiques d'opinion et de fait en rapport avec mon objet d'étude. Ces acteurs ont mis un accent particulier sur les difficultés qu'ils rencontrent dans les stratégies de lutte.

- **Autorités locales :** ce sont les responsables administratifs (préfets, sous-préfets), politiques (élus locaux), judiciaires (magistrats) et coutumiers (rois, chefs de canton, chefs de village, chefs de communauté). Ils m'ont permis de saisir la réaction sociale, les modes de gestion des conflits et les difficultés rencontrées dans la lutte contre la criminalité de traite.

- **Administrateurs et autres acteurs de la filière** : il s'agit de structures gestionnaires de la filière (FDPCC, FRC, ARCC, BCC, FGCCC, etc.). La connaissance de leurs attributions et modes de fonctionnement a permis de situer les responsabilités de ces organes de régulation dans le développement de la criminalité de traite.
- L'analyse des mécanismes de fluctuation des prix et de la traçabilité du circuit de vente a exposé les insuffisances de la politique de réforme du café et du cacao. Des individus auteurs d'infractions ont aussi été interrogés afin de connaître les motivations, les modes opératoires et les stratégies d'évitement du contrôle institutionnel, ainsi que toute personne qui, sans appartenir à l'une des catégories précitées, détient pour des raisons techniques, géographiques ou historiques des informations essentielles.

Au total, la population d'enquête a été constituée à partir de personnes ou d'entités ressources, capables de me fournir des données de faits, d'opinions susceptibles de rendre compte du phénomène étudié.

3.2. Echantillon de la population

Au niveau de la sélection de l'échantillon d'enquête, ne disposant pas d'une liste complète des groupes retenus, j'ai constitué l'échantillon d'enquête de manière arbitraire. Il se compose de 328 individus. Il faut noter que l'enquête n'a pas seulement visé les ménages et les individus mais aussi des catégories socioprofessionnelles. Ces dernières ont été retenues parce que des études sur la criminalité ont montré qu'il y a, en général, une forte corrélation entre des catégories socioprofessionnelles et leur taux de victimisation.

3.3. Axe d'étude

La traite du café-cacao est la période de commercialisation de ces matières premières agricoles sur lesquelles repose l'économie ivoirienne. Elle se caractérise à la fois par la densité des activités économiques et la régularité des actes criminels. Naguère apanage des grandes agglomérations, la criminalité, par son ampleur, fait aujourd'hui croître le sentiment d'insécurité dans les milieux ruraux.

Ainsi, la traite du café-cacao offre de nombreuses opportunités qui favorisent la criminalité.

Cette période particulièrement marquée par la circulation de fortes sommes d'argent connaît une criminalité qui se distingue par son caractère astucieux ou violent selon la région.

3.4. Méthodes de recherche

Les méthodes comparative et dialectique ont retenu mon attention dans le cadre de cette étude. Celles-ci m'ont permis d'appréhender la dynamique du phénomène dans son contexte historique et d'identifier les ressemblances et différences au niveau des manifestations, des facteurs explicatifs, des tendances actuelles et des conséquences du phénomène. Une place centrale fut accordée aux points de vue et représentations des acteurs. Il s'agissait d'évaluer les contraintes liées à la lutte contre ce phénomène et d'envisager des solutions adéquates.

3.4.1. Méthode comparative

La méthode comparative se veut une stratégie de recherche qui transcende les clivages et les territoires constitués et permet un décloisonnement des champs du savoir. En incitant le chercheur à élargir son champ d'analyse, la comparaison s'avère souvent source d'étonnement et d'enrichissement, tout en lui permettant d'établir des relations de causalité ou de dégager des affinités entre les phénomènes étudiés (Vigour)[104].

Selon Rebotier[105], elle implique de discriminer, classer, ordonner, hiérarchiser, mesurer, évaluer. En visant une meilleure compréhension de la criminalité en période de traite, mon travail aurait été limité par le choix d'une zone unique d'étude, ancrée sur des spécificités régionales. J'ai alors étendu la recherche à deux régions, le Nawa (au Centre-Ouest) et l'Indénié-Djuablin (à l'Est de la Côte d'Ivoire) dans l'optique d'une analyse comparative, afin de relever les différences et les similitudes. Il s'agira de dégager des récurrences, de souligner des spécificités et singularités mais aussi d'entériner les distinctions et les ruptures entre les deux régions. Grâce à la description et à la classification, je vais élaborer les typologies par le constat des analogies et des différences.

Ces éléments mis en rapport ont permis de dégager les éléments constants, généraux et différentiels utiles pour une analyse scientifique pertinente.

Cependant, comme l'a souligné Collet[106], comparer des réalités sociales dans deux ou plusieurs contextes nationaux ne peut se réduire à mettre simplement en évidence les points communs et les dissemblances. Il fallait donc chercher à mieux connaître les mécanismes étudiés aussi bien dans une logique de comparaison descriptive que dans un but explicatif, avant de les généraliser. La comparaison des deux régions s'est ainsi avérée particulièrement pertinente, en raison des spécificités liées à la culture et la situation géographique de chaque zone qui expliquent le phénomène étudié.

En définitive, la méthode comparative dans l'étude de la criminalité de traite du café-cacao m'a permis de recueillir les ressemblances et les différences de la réalité criminelle entre zone frontalière et zone de production située à l'intérieur.

3.4.2. Méthode dialectique

Selon Engels, la dialectique *appréhende les choses et leurs reflets conceptuels essentiellement dans leur connexion, leur enchaînement, leur naissance et leur fin* (Mpala)[107].

---

[104] VIGOUR Cécile, *La comparaison dans les sciences sociales : pratiques et méthodes*, Paris, La Découverte, 2005.

[105] REBOTIER Julien, *La rencontre dans la comparaison : outils, approches et concepts*, Montréal, INRS-UCS, 2010.

[106] COLLET Beat, *Modes d'intégration nationale et mariage mixte en France et en Allemagne : à propos d'un processus de construction de comparaison internationale*, Paris, CNRS, 2003.

[107] MPALA Abbé L., *La dialectique comme méthode de recherche scientifique*, Lubumbashi, 2001.

C'est donc une méthode d'explication et de compréhension des phénomènes sociaux à partir de l'analyse des relations, contradictions et évolutions qu'il y a dans les phénomènes étudiés, sur la base de trois principes : d'abord, considérer qu'aucun phénomène ne peut être compris si on l'envisage isolément, en dehors des phénomènes environnants. De ce point de vue, la criminalité liée à la traite du café-cacao dans les régions du Nawa et de l'Indénié-Djuablin sera étudiée en tenant compte du contexte économique, juridique et socioculturel des zones, des relations de détermination réciproque qui existent entre les différents phénomènes.

En considérant que la criminalité de traite de café-cacao est conditionnée par les phénomènes qui l'environnent, je m'intéresserai à l'immigration dans les zones cacaoyères, à la fluctuation des prix bord-champ, à l'influence de la frontière Est, etc.

Ensuite, pour la dialectique, il faut partir d'une interprétation dynamique du phénomène étudié, le considérer comme un processus permanent de transformation, de mouvement et de changement pour mieux le comprendre. Je vais donc appréhender la criminalité de traite du café-cacao dans les régions du Nawa et de l'Indénié-Djuablin en tant que processus et procéder par une investigation rigoureuse qui tient compte des circonstances de son apparition, des changements progressifs et régressifs qu'elle subit et de ses ramifications.

Enfin, la dialectique recommande d'expliquer les contradictions qui naissent à partir des mouvements et changements que connaît le phénomène étudié. Cette démarche permet de comprendre les actions sociales et comportements problématiques qu'on ne parvient pas toujours à expliquer et corriger aisément (Zima)[108]. La démarche à ce niveau va consister à relever les incohérences des politiques de luttes ou des textes qui régissent les structures de régulation de la filière, les oppositions et ambivalences dans les discours officiels et les pratiques en cours, les complicités et les intérêts en jeu, le degré d'engagement des acteurs. De cette confrontation de points de vue proches ou contradictoires ressortiront des conclusions susceptibles de cerner au mieux mon objet d'étude.

3.5. Techniques de recueil de données

Les techniques, selon Grawitz[109], sont des *étapes d'opérations limitées ou liées à des éléments pratiques, concrets adaptés à un but spécifique*. J'ai opté dans mon travail pour la recherche documentaire, l'enquête-interrogation et l'observation.

---

[108] ZIMA Pierre, *Manuel de sociocritique : Logiques sociales,* Paris, L'Harmattan, 2000.
[109] GRAWITZ Madeleine, *Méthodes des sciences sociales,* Paris, Dalloz, 1986.

3.5.1. Recherche documentaire

J'ai consulté des travaux d'étudiants, des rapports de séminaires, d'ateliers d'institutions internationales, des articles de presse et des ouvrages généraux portant sur la criminalité en milieu rural ou le secteur agricole. Plusieurs centres de documentation d'institutions (l'Université de Cocody à Abidjan, le CERAP, la Gendarmerie, la Police nationale, l'Union européenne) et des services de communication de structures de régulation ou de développement du secteur agricole (BCC, ARCC, CNRA) ont été visités pour recueillir des informations et des données relatives au phénomène étudié. Les statistiques policières et judiciaires sur la réalité de la criminalité dans les deux zones ont également contribué à l'analyse. La recherche documentaire m'a permis d'éclairer la réalité du phénomène étudié à partir de données à la fois nombreuses et variées.

3.5.2. Enquêtes-interrogations

3.5.2.1. Entretien

La technique d'enquête a permis d'obtenir des données que les sources écrites ne pouvaient pas me fournir, notamment, les informations sur les représentations, opinions, attitudes et comportements. Je me suis servi de guides d'entretiens à questions fermées et ouvertes.

Ce mode de recueil d'informations est apparu approprié à l'étude de la criminalité en période de traite du fait des nombreux avantages qu'il offre aux enquêtés et au chercheur.

Les questions ouvertes ont l'avantage de permettre aux personnes interrogées de s'exprimer librement sans pression et de donner des informations diversifiées. Par contre, les questions ouvertes suggèrent des possibilités auxquelles le participant pourrait ne pas songer. Cela facilite le dépouillement et les comparaisons. En dehors des guides d'entretien, des interviews individuelles et des discussions de groupes ont été réalisées.

L'enquête s'est déroulée dans un climat de méfiance et de suspicion consécutif à la crise armée que traversait le pays. Pour rassurer les populations et créer les conditions d'une meilleure communication, des jeunes diplômés originaires de ces régions ont été associés à l'administration du questionnaire et aux différents échanges. Ces enquêteurs ont servi de guides et d'interprètes dans les localités, ce qui a permis d'être en phase avec les réalités culturelles locales lors des rencontres avec certaines populations analphabètes des localités.

Pour éviter des biais dans le recueil des données de chaque département, du fait des familiarités qui pourraient survenir, les enquêteurs étaient délégués par groupe de trois en dehors de leur localité d'origine. Face aux contraintes récurrentes de forte mobilité, de manque de temps et d'analphabétisme de certains enquêtés, l'entrevue semi-dirigée fut privilégiée en certains endroits pour atteindre à la fois l'explication, la compréhension et l'apprentissage du phénomène. Comme l'a souligné Savoie-Zajc[110]: *elle consiste en une interaction verbale animée de façon souple par le chercheur qui se laissera guider par le rythme et le contenu unique de l'échange dans le but d'aborder, sur un mode qui ressemble à celui de la conversation, les thèmes généraux qu'il souhaite explorer avec le participant à la recherche.*

Grâce à cette interaction, mes interlocuteurs ont pu décrire, de façon détaillée pour certains et nuancé, pour d'autres, leurs expériences selon leur rôle respectif, clarifier leurs intentions et motifs et partager leurs craintes. Il était nécessaire d'aller au contact des populations pour m'imprégner de toutes les péripéties en menant des séances d'explication en vue de rassurer les uns et les autres sur l'objectif scientifique de mon enquête. Les stratégies adoptées pour obtenir des informations utiles variaient d'une localité à une autre. Il fallait commencer les entretiens par les sujets qui avaient un centre d'intérêt pour les populations avant d'aboutir aux autres thèmes.

Dans le Nawa, les questions portant sur les coupeurs de route, les attentes des populations en matière de sécurité et la commercialisation de leurs produits ont été prioritaires. A Abengourou, Agnibilekrou et Bettié, ce sont plutôt les prix d'achat des produits, l'état des routes et le travail des enfants dans les plantations qui ont suscité de l'engouement. A partir de ces centres d'intérêt, les enquêtés ont été amenés progressivement à donner leurs opinions sur les autres aspects du processus de la criminalité de traite.

Par ailleurs, ma fonction de Commandant de compagnie de la Gendarmerie à Abengourou m'a permis d'être au fait de toutes les enquêtes judiciaires et d'obtenir les informations sur les auteurs, victimes et mobiles des crimes commis dans la région. Toutefois, pour éviter que certains sujets ne soient survolés ou même ignorés par les répondants, des entretiens individuels et de groupes ont été réalisés.

Les sujets étaient d'abord évoqués en présence d'autres enquêtés, puis le répondant était interrogé tout seul, loin du groupe et donc de toute influence extérieure, par crainte des représailles, sous le couvert de l'anonymat.

Cela permettait de déceler les similitudes, les divergences et les contradictions afin de faire les recoupements de façon objective.

Devant l'opposition de certains producteurs de voir leurs manœuvres (en majorité étrangers) interrogés, la médiation de leurs chefs de communauté a été nécessaire. C'est souvent au domicile de ces derniers ou dans leurs plantations que les entretiens ont été réalisés.

---

[110] SAVOIE-ZAJC Lorraine, « L'entrevue semi-dirigée », *in : Recherche sociale : de la problématique à la collecte des données,* 2010, pp. 293-316.

En définitive, ces techniques de recueil de données combinées ont permis aux différents enquêtés de rendre compte de leur expérience riche en données à exploiter. Celles-ci m'ont permis d'accéder aux fondements culturels sous-jacents de leurs actions et à des connaissances riches en détails et en descriptions. Les items des questionnaires se sont articulés autour de différentes variables en rapport avec le phénomène de la criminalité en période de traite de café-cacao.

Dans l'identification des enquêtés, j'ai cherché à connaître les individus, les groupes sociaux et les relations qu'ils entretiennent entre eux. Par exemple, pour les producteurs agricoles : nom, prénoms, âge, sexe, lieu d'habitation, production (tonnage de café, tonnage de cacao), revenu annuel moyen, types de relations entre Ivoiriens et Ghanéens dans la zone frontalière etc.

Au niveau du processus de commercialisation, il s'agissait de recueillir des données sur la réglementation de la commercialisation, le mode et les moyens de commercialisation, les difficultés liées à la commercialisation.

Concernant les problèmes sécuritaires, les informations recherchées portaient sur le rapport entre les moyens stratégiques de lutte et la réalité criminelle, sur le rôle des auteurs et des victimes dans l'évolution de la criminalité.

Au sujet des connaissances et perceptions, les questions ont été conçues de façon à pouvoir identifier les manifestations de la criminalité du point de vue des acteurs. Sont-ils témoins, informés et / ou victimes de cette criminalité? Selon quelle ampleur? Pour quelles conséquences?

Dans le volet des solutions et perspectives, il fut question de prendre des dispositions pour réduire significativement le phénomène.

3.5.2.2. Enquête de victimation

Plus détaillées que les statistiques policières, les enquêtes victimologiques ont l'avantage de donner un aperçu de la distribution temporelle et géographique de la victimation, des données sociodémographiques et des habitudes de vie des victimes (Pignoux)[111]. Elles contribuent à étudier les prédispositions de certaines personnes à devenir des victimes, leur statut psycho-social, leurs éventuelles relations avec les agresseurs ou leur simple qualité de cible, dans une perspective de criminologie économique (Wemmers)[112].

---

[111] PIGNOUX Nathalie, *La réparation des victimes d'infractions pénales,* Université de Pau et des pays de l'Adour, 2007.

[112] WEMMERS Jo Anne, *Introduction à la victimologie*, Montréal, PUM, 2003.

Selon Fattan[113], un portrait de la criminalité basé sur les résultats des enquêtes de victimation correspond plus à la réalité quant à la fréquence et à la distribution, qu'à un portrait basé uniquement sur les chiffres officiels. Dans les années 1970 aux Etats-Unis, ces enquêtes ont permis de déterminer le chiffre caché de la criminalité, par rapport au chiffre déclaré (plaintes), avant d'étudier les variables socioéconomiques, environnementales et culturelles des victimes, pour déterminer des facteurs de vulnérabilité, en vue faire de la prévention.

Je veux comparer les données recueillies par moyen d'enquêtes de victimation avec les statistiques officielles et faire une estimation approximative du "chiffre noir" pour certains types de délits commis pendant la traite du café-cacao.

Les investigations se sont évertuées, dans un premier temps, à identifier les catégories et les caractéristiques sociodémographiques des victimes, ensuite les comportements et circonstances qui ont conduit à leur victimation et les modes opératoires des délinquants, enfin, les impacts subis par les victimes et leurs réactions à la victimation. Par ailleurs, les enquêtes vont me situer sur l'ampleur du phénomène, de même que sur les avantages et inconvénients de la dénonciation (Zauberman)[114].

3.5.3. Observation

L'observation est utilisée dans des études qui portent sur le fonctionnement d'un milieu, les interactions et les pratiques (Lehalle)[115]. Il s'agit d'une technique de recueil de données qui vient compléter et contextualiser l'analyse documentaire et les entrevues réalisées. Elle offre, dans son déroulement, la possibilité de saisir des comportements et des événements sur le vif et donc de produire des données relativement spontanées.

De ce point de vue, elle consiste comme l'a souligné Grawitz[116], en la *construction d'un fait à l'aide de moyens d'investigation appropriés. Elle pourra être directe ou indirecte, qualitative ou quantitative, effectuée sur le terrain ou en laboratoire.*

Dans son contenu, l'observation permet bien souvent de comparer le discours et les pratiques, donc l'écart séparant ce qui est dit (dans les

---

[113] FATTAH Abdel, « La victimologie : entre les critiques épistémologiques et les attaques idéologiques », in *Déviance et société*, vol.5, n°1, 1981, pp. 71-92.

[114] ZAUBERMAN Renée, « Sources d'information sur les victimes et problèmes méthodologiques dans ce domaine » in *Recherches sur la victimisation*, Conseil de l'Europe, CESDIP, 1985, pp 21-66.

[115] LEHALLE Sandra, *Le contrôle social des établissements de détention: Les cas de la France et du Canada*, Thèse, (non publiée), Montréal, Université de Montréal, 2006, p. 73.

[116] GRAWITZ Madeleine, op.cit.

documents officiels ou lors des entrevues) et ce qui est observé sur le lieu d'enquête.

C'est à ce titre que Bachelard[117] la considère comme une technique toujours polémique qui *confirme ou infirme une thèse antérieure, un schéma préalable, un plan d'observation ; elle transcende l'immédiat ; elle reconstruit le réel après avoir reconstruit ses schémas.* Ce faisant, elle vient jouer le rôle de source de validation des données recueillies au moyen des autres techniques (Lehalle)[118].

J'ai opté pour une observation directe pour, comme le dit Laperrière[119], décrire de façon exhaustive les composantes objectives de notre objet d'étude et l'appréhender de façon complète, dense et significative. Cette méthode consiste à être le témoin des comportements sociaux d'individus dans les lieux mêmes de leurs activités ou de leur résidence, sans en modifier le déroulement ordinaire (Peretz)[120]. Il s'agit donc d'enregistrer les actions perceptibles dans leur contexte naturel aux fins d'analyses. Bien qu'étant en retrait, j'ai cherché à comprendre et à formaliser les comportements criminels éloignés de mes propres références et à faire apparaître leur logique interne (Pipard et Grane)[121].

Le recueil des données s'est effectué à l'aide d'une grille d'observation soumise à un processus de validation de contenu et mise à l'essai lors de la phase préparatoire à la collecte, ainsi que d'un enregistreur et de photographies. Elaborée en fonction des objectifs de recherche et des indicateurs, la grille a porté sur les grandes composantes et catégories d'éléments à observer *: le lieu, le temps, les acteurs en jeu, leurs objectifs, les actes posés, les moyens, les types de réactions.*

Les observations se sont déroulées en deux temps : une première phase d'observation générale, principalement descriptive, qui a consisté à connaître les cheminements, les pratiques quotidiennes, les lieux de rencontre ou encore les pratiques déviantes et de victimation, les lieux clés pour observer les comportements lors de l'étape suivante.

Une deuxième phase d'observation ciblée, inspirée de l'état des lieux créé par la première étape, pour se concentrer sur les lieux clés de la manifestation des actes criminels et produire une analyse en profondeur des comportements observés. Certaines réalités telles que l'état des pistes villageoises, les conditions de vente et de sécurisation des produits, les modes de vie, la réaction sociale à la criminalité ont été, par exemple,

---

[117] BACHELARD Gaston, *Le nouvel esprit scientifique*, Paris, PUF, 1991, p. 16.

[118] LEHALLE Sandra, *Le contrôle social des établissements de détention : le cas de la France et du Canada*, Montréal, Université de Montréal, 2006.

[119] LAPERRIERE Hélène, *Promenades montréalaises*, Québec, Fides, 2003.

[120] PERETZ Henry, *Les méthodes en sociologie : l'observation,* Paris , La Découverte, 2007.

[121] PIPARD Olivier, GRANE Jean, « L'expérience de l'observation en bureau d'étude » in *User, observer, programmer et fabriquer l'espace public*, Lausanne, Presses Polytechniques et Universitaires Romandes, 2001, pp. 135-147.

observées. J'ai été témoin des marchandages ou négociations de prix, d'exportations frauduleuses, de la complexité de la structure frontalière et des comportements humains s'y rattachant.

3.6. Méthodes d'analyse des données

3.6.1. Analyse qualitative

De manière générale, l'approche qualitative accorde une place centrale à l'acteur social qui vit la réalité sociale que veut appréhender le chercheur (Brassard)[122]. En procédant ainsi, la méthode qualitative s'avère sans aucun doute le mode de construction de la réalité permettant de connaître le vécu des individus, d'explorer la victimation et les opportunités criminelles qui se présentent aux acteurs. Elle a permis d'investiguer ou d'explorer la perspective des acteurs concernés par le phénomène.

Ces individus ont été étudiés dans leur contexte naturel et l'interprétation des phénomènes sociaux a été construite en fonction du sens donné par les acteurs (Ghiglione et Matalon)[123]. La phénoménologie et l'ethnographie apparaissent ici nécessaires pour une bonne analyse qualitative. Pour ce faire, j'ai opté pour les approche phénoménologique, ethnographique et l'analyse de contenu.

3.6.1.1. Analyse phénoménologique

Les partisans de cette méthode soutiennent que les phénomènes n'apparaissent pas aux acteurs sociaux, mais sont vécus par eux. Dans cette approche, c'est l'action et le sens que lui attribue l'acteur qui deviennent la base de la démarche scientifique (N'Da)[124].

J'ai, dès lors, porté mes observations sur les expériences vécues concrètement par les individus et décrites par ceux-ci en vue d'en dégager les caractères les plus significatifs (Bachelor et Joshi)[125]. Ainsi, l'interprétation que les populations ont donné des événements qu'ils vivent, leur opinion, attitude et vécu quotidien ont permis d'apprécier l'ampleur de la criminalité.

La méthode phénoménologique a favorisé ma compréhension des facteurs psychologiques, émotionnels, culturels et les complicités entre

---

[122] BRASSARD Renée, « Les coups de l'itinérance : une étude sur la victimisation criminelle du point de vue des itinérants », in *Les cahiers de recherches criminologiques,* n° 34, 2002.

[123] GHIGLIONE Rodolphe, MATALON Benjamin, *Les enquêtes sociologiques : théories et pratiques,* Paris , Armand Colin, 1978.

[124] N'DA Paul, *Méthodologie de la recherche : de la problématique à la discussion des résultats,* Abidjan, EDUCI, 2006, p. 68.

[125] BACHELOR Alexandra, JOSHI Purushottam, *La méthode phénoménologique de recherche en psychologie,* Québec, Les presses de l'Université Laval, 1986.

acteurs. Elle a surtout permis de déceler l'importance du sentiment d'insécurité, de percevoir l'acuité de la criminalité dans ces deux régions.

3.6.1.2. Analyse ethnographique

Il a été question d'expliquer la criminalité liée à la traite à partir de la culture et des habitudes sociales des peuples des zones étudiées. Cela a nécessité de ma part une immersion de longue durée dans ces différents groupes sociaux (Raulet-Croset)[126]. J'ai procédé à une observation rigoureuse des faits afin d'en déceler les proportions, les articulations et aussi le sens qu'ils véhiculent (Mauss)[127].

A partir des pratiques, des mythes et croyances ainsi que des règles d'interactions sociales constatés au sein de ces groupes sociaux, j'ai identifié les déterminants culturels susceptibles d'expliquer la criminalité de traite. Ainsi, l'étude du contexte socioculturel des peuples frontaliers ivoiriens et ghanéens a contribué à la compréhension des échanges commerciaux frauduleux qui ont cours dans cette région. Dans la région du Nawa, la connaissance des modes de gestion des conflits, des transactions sur le foncier rural et l'hétérogénéité ethnique ont favorisé ma compréhension de la criminalité de traite.

3.6.1.3. Analyse de contenu

Cette analyse regroupe l'ensemble des techniques d'exploitation et d'interprétation de données d'enquêtes. Elle prend la forme de l'analyse thématique qui repose sur l'idée que le discours exprime plus ou moins directement les pratiques, les opinions, les représentations des individus ou des groupes dans lesquels ils sont insérés. Son utilisation suppose deux démarches.

D'abord, le traitement du discours des populations d'enquêtes recueilli grâce aux entretiens. Dans ce cadre, j'ai retranscrit des discours dans un style semi-directif et direct dont l'analyse a servi de justificatif ou de soutien à des paramètres évalués ou exposés dans des tableaux.

Ensuite, pour chaque item, j'ai formulé des catégories en fonction des caractéristiques de la variable avant de quantifier le contenu selon le nombre de fois qui ont permis d'avoir des ordres de grandeurs.

Pour faciliter l'analyse dans chaque catégorie, des items ont été adaptés à des cadres de référence qui tiennent compte du champ lexicologique, sémantique et contextuel de ceux-ci.

---

[126] RAULET-CROSET Nathalie, « La méthode ethnographique appliquée aux ressources humaines » *Encyclopédie des ressources humaines*, Paris, Vuibert, 2003.

[127] MAUSS Marcel, *Manuel d'ethnographie*, Paris, Editions Sociales, 1926.

3.6.2. Analyse quantitative

Selon Marchand[128], l'analyse quantitative a pour objet la description et l'analyse des phénomènes sociaux au moyen de méthodes empruntées à la statistique, en les quantifiant, afin de déterminer le sens et la force unissant les différentes variables. Ainsi, comme procédé de traitement des données, j'ai fait usage des statistiques descriptives (tableaux, diagrammes, tris à plat, moyennes).

3.6.3. Difficultés rencontrées

Malgré toutes les dispositions prises, certains enquêtés ont refusé de se prêter à mes questions, de façon délibérée, ou par crainte de subir des représailles après mon départ. La tâche des enquêteurs délégués s'est avérée difficile à cause du climat de méfiance engendré par le contexte sociopolitique qui prévalait au moment de l'enquête.

En effet, dans les régions visitées, tout individu inconnu était suspecté d'être en mission de renseignement pour une cause militaire ou politique.

Dans certaines administrations, la mobilité des agents m'obligeait à laisser le questionnaire sous pli et à revenir plus tard. J'ai été, dans certaines localités, soumis aux rituels d'usage (offrande de boissons alcoolisées aux chefs), avant de pouvoir échanger avec la population. Enfin, à Abengourou, j'étais obligé de rester discret pour éviter que ma responsabilité n'influence les enquêtés.

La véritable difficulté s'est posée lorsque j'ai été affecté à Daloa dans le cadre de mes fonctions. Mes prévisions de recherche se sont trouvées compromises, me contraignant à élaborer un autre calendrier de travail. J'ai dû désormais effectuer le voyage sur Abengourou pour continuer mes enquêtes.

---

[128] MARCHAND Alain, « L'analyse quantitative des données hiérarchiques avec les modèles multi-niveaux », in *Problèmes sociaux : théories et méthodologies*, 2001, pp. 398-412.

CONCLUSION PARTIELLE

L'objectif général de l'étude est de connaître la criminalité en période de traite du café-cacao dans les régions de l'Indénié-Djuablin et du Nawa. Spécifiquement, je cherche à déterminer les causes de son ampleur, à identifier les déterminants des victimisations, à rechercher les facteurs explicatifs des spécificités criminelles et à connaître les limites du système sécuritaire face à ce phénomène.

L'étude s'inscrit dans la théorie écologique du crime, la théorie intégrative de Coleman, la théorie de l'effet du contrôle social et l'approche du rôle causal de la victime.

L'échantillon d'enquête est non probabiliste, constitué de manière arbitraire. Il comprend trois cent vingt-huit (328) personnes. Les méthodes de recherche employées sont la méthode comparative et la méthode dialectique.

Les données ont été recueillies à l'aide de la recherche documentaire, de l'entretien, du questionnaire et de l'observation. Ces données ont été analysées de manière qualitative et quantitative.

Comme difficultés rencontrées, on note le refus de certains enquêtés de répondre aux questions, la méfiance des populations étant due aux effets néfastes sur les liens sociaux de la crise militaro-socio-politique qui perdure depuis 1999.

DEUXIEME PARTIE :

PRESENTATION DE LA TRAITE ET MANIFESTATIONS DE LA CRIMINALITE

INTRODUCTION

L'organisation structurelle de la traite est constituée de plusieurs phases dont chacune se particularise par des caractéristiques plus ou moins distinctes. De même, les aspects de la criminalité diffèrent suivant des critères qui peuvent être liés au lieu, à l'auteur ou à la victime.
Cette deuxième partie met en lumière les aspects suscités à travers la présentation de la traite du café-cacao (chapitre IV) et les manifestations de la criminalité de la traite (chapitre V).

CHAPITRE IV : PRESENTATION DE LA TRAITE DU CAFE-CACAO

La traite du cacao connaît plusieurs étapes. D'abord, celles d'avant la cueillette dite pré-récolte et celles venant immédiatement après nommée post-récolte.
Ensuite, vient le processus de vente lui-même comprenant la commercialisation intérieure et l'exportation.
A chaque étape, intervient une catégorie d'acteurs ou initiés. Parmi ceux-ci, nous avons les producteurs, les pisteurs, les coopératives et les exportateurs.
La commercialisation du café-cacao est codifiée aussi bien au niveau de la qualité, des produits, de leur entretien que de leur vente et achat.
Pour se faire, il existe des agents contrôleurs qui veillent au respect des normes. Ce chapitre donne quelques détails sur l'ensemble du processus de commercialisation du café-cacao en Côte d'Ivoire.

4.1. Pré-récolte et post-récolte

4.1.1. Pré-récolte

Trois étapes principales marquent la phase dite de pré-récolte. D'abord, le désherbage régulier qui permet d'éliminer la concurrence minérale et hydrique due aux mauvaises herbes. Le cacaoyer dispose alors d'éléments nutritionnels suffisants pour son développement. Cette phase est suivie de l'élagage des branches indésirables ou la réduction de la prolifération des capsides (insectes). Enfin, la lutte phytosanitaire vise à protéger les plantes contre leurs ennemis naturels comme les mirides ou capsides et les champignons (pourriture brune des cabosses). Elle constitue un élément primordial pour obtenir un bon rendement en quantité et surtout en qualité. Une fois ces dispositions prises, le producteur attend la maturité des produits pour les récolter.

La période de pré-récolte est généralement marquée par un vaste mouvement migratoire vers les zones rurales et une intensification du travail agricole. Chaque exploitant mobilise sa force de travail (familiale ou embauchée) selon la taille de sa production pour tenir le délai de commercialisation. Dans les deux zones, la main-d'œuvre utilisée dans les plantations cacaoyères est majoritairement constituée des membres de la famille (le propriétaire, les femmes, les enfants etc.). Le recours au travail des enfants est spécifique à certaines tâches de la production cacaoyère, à savoir l'écabossage, la récolte et le séchage.

L'utilisation de travailleurs occasionnels se fait le plus souvent pour l'application des pesticides, ou lors des défrichages et des récoltes, et rarement pour la fermentation et le séchage du cacao effectués par les exploitants eux-mêmes. On constate toutefois dans les zones de l'Est quelques producteurs qui confient la fermentation et le séchage du cacao à des travailleurs à la tâche. Les producteurs ont également recours aux travailleurs salariés du fait de la pratique d'autres cultures pérennes, notamment le palmier à huile et l'hévéa, avec une importance observée au niveau de l'Indénié-Djuablin qui pratique des salaires plus bas que la région du Nawa.

Des engagements implicites qui ne prennent pas la forme de contrats sanctionnés par la loi sont également courants en cette période entre certains producteurs et opérateurs économiques. En effet, des paysans soumis à une forte contrainte de liquidité, en raison du caractère saisonnier de la production et de leur accès limité au crédit formel, se tournent vers les réseaux informels tels que les Libanais, les coopératives ou les acheteurs pour l'acquisition d'intrants ou d'équipements, en contrepartie de leur production future. Plusieurs usuriers posent ainsi des conditions contraignantes pour limiter les risques de perte en cas de non remboursement car, en plus de la difficulté de saisir la récolte le cas échéant, celle-ci ne présente pas une garantie suffisante pour un prêteur, dans la mesure où sa valeur varie avec les aléas climatiques et les cours mondiaux du produit.

Certaines sociétés d'achat, en revanche, favorisent quelques producteurs, de façon à déstructurer le mouvement coopératif qui réduit leur marge bénéficiaire. La firme peut jouer sur le classement des produits à l'achat, les délais de paiement, les délais d'enlèvement des produits ou de fourniture en intrants, de sorte que les paysans favorisés seront tentés de garder une relation privilégiée avec la firme plutôt que de s'associer à des groupements de producteurs. C'est dans ce contexte qu'intervient la récolte proprement dite consistant en la cueillette des cabosses mûres jaunâtres et en éliminant celles qui ont d'autres couleurs.

Les périodes de récolte courent de septembre à janvier pour la grande traite et d'avril à juin pour la petite. Le nombre de tours de cueillette relève de l'appréciation du producteur en fonction de la quantité de cabosses mûres.

4.1.2. Post-récolte

- **Ecabossage**

L'écabossage se fait dans les jours qui suivent la cueillette du cacao. Les fèves sont extraites des cabosses cassées et débarrassées de tout corps étranger. Selon la taille de la production, l'exploitant aura recours à la main-d'œuvre familiale ou salariée, aux membres de sa communauté ou de son groupe de travail. Ces derniers cas sont observés chez certains grands producteurs à Abengourou et à Méagui où l'écabossage donne lieu à de grandes rencontres festives dans les plantations.

- **Fermentation**

Les fèves sont entassées et enfermées sous des feuilles de bananier, dans des caisses de bois ou des bacs en plastique. Elles y restent une semaine et sont brassées une fois tous les deux à trois jours. Bien fermentées, débarrassées d'une bonne partie de leur jus, elles sont transportées au lieu de séchage. La fermentation a lieu dans les plantations en l'absence de surveillant chez 63,17% de producteurs et dans les campements pour 27,83%.

En effet, les producteurs de cacao se répartissent inégalement entre le village noyau et les campements. Le campement est un lieu de résidence connexe au village noyau où le paysan se retire soit temporairement, soit de façon permanente, pour ses activités agricoles. Les producteurs installés dans les campements sont relativement plus nombreux dans le Nawa que dans l'Indénié-Djuablin. Enfin, les produits sont fermentés au village dans 3,52% des cas et dans des magasins dans 5,48% des cas.

- **Séchage**

Etalées sur des claies, terrasses ou sur la terre battue, les fèves restent exposées au soleil pendant 7 à 10 jours. Elles sont remuées au moins trois (3) fois quotidiennement de sorte que leur humidité passe de 65 à 8% environ. Cette réduction de la teneur en eau bloque les réactions enzymatiques (reprise d'humidité) et favorise une meilleure conservation du cacao.

- **Stockage primaire**

En vue de la vente dite "bord-champ", le cacao est ensaché et stocké dans des sacs brousse chez le producteur ou au magasin de la coopérative locale. Il est quelquefois pré-pesé avant l'arrivée de l'acheteur ou du pisteur.

4.2. Commercialisation du café et du cacao

Le système de commercialisation (organisation, circuits, acteurs et contrôle) prend effet dans la politique de libéralisation de la filière café-cacao adoptée par l'Etat de Côte d'Ivoire depuis 2000. Il s'agit d'un mode de gestion qui marque la fin de quarante années d'un système de stabilisation et du débat du désengagement de l'Etat. Ce nouveau régime visait à rendre plus transparent et efficace le système de commercialisation interne et externe des produits afin d'accroître la part du prix payé au producteur dans le prix international (Bonjean et Chambas)[129].

4.2.1. Commercialisation intérieure

Réservé exclusivement aux pisteurs, acheteurs et coopératives, le commerce intérieur porte sur les achats bord-champ et ceux effectués dans les centres de groupage et centres de conditionnement. Cette procédure est interdite aux exportateurs identifiés comme de gros opérateurs.

Ainsi, avant la phase de transformation et d'exportation, les produits sont acheminés des champs vers les magasins acheteurs de la ville par les producteurs. Ces différents convois effectués d'octobre à juin sont qualifiés de traite puisqu'ils s'accompagnent, en règle générale, de transactions financières entre les parties.

Tableau 4 : Périodes de traite du café-cacao en Côte d'Ivoire

CULTURES	CYCLES DE LA TRAITE	
	PERIODES	MOIS
CACAO	Grande traite	Octobre – Janvier (OJ)
	Petite traite	Avril –Juin (A-J)
CAFE	Traite unique	Décembre –Février (D-F)

Source : Bourse du café et du cacao

Comme l'indique le tableau ci-dessus, la période de vente s'étend pour le cacao, du mois d'octobre à janvier (grande traite) et d'avril à juin (petite traite). Quant au café, la traite s'étend sur une période unique de décembre à février. La commercialisation est passée d'un système de stabilisation des prix à un système de libéralisation.

En 1960, l'Etat ivoirien a mis en place la CSSPPA ou Caistab chargée de la gestion de la filière café-cacao. Son objectif principal était la stabilisation des prix aux producteurs afin d'augmenter l'offre du café-cacao.

Pour ce faire, la caisse fixait les prix garantis, effectuait directement les ventes, autorisait et contrôlait les ventes des exportateurs et gérait les fonds de stabilisation (Kouamé)[130]. En clair, le système de stabilisation consistait à

[129] BONJEAN Araujo, CHAMBAS Gérard, *Impact du mode d'organisation des filières agroalimentaires sur la pauvreté : la filière cacao en Côte d'Ivoire*, Paris, Clermont-Ferrand, 2001.

[130] KOUAME Ben Euphrasie Houassa, « Gestion de la filière café-cacao en Côte d'Ivoire, bilan et perspectives », in *Les conditions économiques de l'indépendance à l'ère de la mondialisation : mythes et réalités en Afrique de l'Ouest,* 2011, pp. 112-140.

fixer un prix minimum d'achat bord-champ de référence, garanti en début de campagne, qu'il était obligatoire de payer sur l'ensemble du territoire. L'avantage remarquable de ce système transparaît dans l'intervention continue de l'Etat, notamment dans la surveillance d'un prix rémunérateur aux paysans. Pour ces derniers, le fait de savoir à quel prix ils allaient pouvoir vendre leur production leur a permis de s'enrichir et de faire croître leurs exploitations (Kouamé)[131]. Dans la pratique, plusieurs producteurs passaient par le biais des groupements à vocation de coopérative (GVC) pour commercialiser leurs produits. Ainsi, 30% de la récolte était commercialisée par les GVC et 70% par les traitants et intermédiaires du secteur privé.

Par ailleurs, tous les centres de collecte étaient chargés du contrôle de la qualité du cacao et les acheteurs devaient être agréés par le gouvernement. La force de la stabilisation fut son rôle d'intermédiaire de poids entre les producteurs et les négociants en vue de stabiliser les cours. La Caistab achetait les produits à un prix fixé à l'avance et les stockait pour les revendre ensuite, afin de lisser les cours (Boris)[132].

Cependant, la trop grande présence de la Caistab à tous les stades de la commercialisation, qui ne tenait pas compte de l'évolution des cours mondiaux, a freiné la dynamique du prix d'achat intérieur. Cette situation a constitué un préjudice à la rémunération des producteurs, maillons faibles de la chaîne du négoce. Après plusieurs réformes infructueuses, la Caistab été dissoute en 1998 pour une libéralisation complète de la filière qui a pris effet en 2000.

La libéralisation de la filière café-cacao est entrée dans sa phase active en 2000 par la création de structures de gestion et de régulation. La restructuration tendait à séparer les fonctions administrative, financière et commerciale et à mieux distinguer les opérations de développement, de régulation et de contrôle (Gourdon)[133]. L'objectif de ce système était de favoriser la spéculation dans le cadre de la commercialisation des matières premières par les opérateurs eux-mêmes, avec un retrait remarquable de l'interventionnisme étatique. Il visait surtout à assurer aux producteurs un revenu minimal et à obtenir un prix rémunérateur, compte tenu de l'évolution des cours mondiaux (Gourdon). Le cadre libéralisé présente donc des caractéristiques différentes du système précédent.

D'abord, les opérateurs négocient librement les prix en tenant compte de la loi de l'offre et de la demande. Il n'existe donc pas de prix garanti, mais un prix indicatif. Ensuite, les fluctuations du marché sont directement répercutées sur le producteur. Cela signifie que le prix d'achat fixé par la

[131] Id. p. 67.

[132] BORIS Jean-Pierre, *Commerce inéquitable : le roman noir des matières premières,* Paris, Hachette, 2005.

[133] GOURDON Alain, *Etude-diagnostic des organisations et des procédures de la filière café-cacao de Côte d'Ivoire,* Bruxelles, Cabinet ECO, 2006.

BCC intervient comme une variable de référence autour de laquelle gravite le prix d'achat réel que devront pratiquer les acheteurs sur le terrain. Dès lors, les producteurs sont libres de vendre leur marchandise à l'opérateur de leur choix qui leur propose un prix rémunérateur comparé à l'indicatif défini par les autorités de tutelle.

Ainsi, le producteur n'est pas un acteur passif, mais plutôt actif dans la défense de ses intérêts. Il intervient lui-même dans la démarche de vente de son produit en discutant le prix du kilogramme avec l'opérateur acheteur. La libéralisation offre des avantages en ce sens que les prix d'achat intérieur sont fonction du niveau des marchés internationaux. Ce qui signifie que mieux le marché mondial se comporte, mieux les acteurs, à l'instar des producteurs, seront satisfaits. Elle procure, par ailleurs, une autonomie des acteurs à la fois dans la prise des décisions d'achat et de vente.

Cependant, cette politique exige une écoute constante des informations du marché qui demeure l'instrument déterminant de la hausse ou de la baisse des cours. En outre, elle doit faire face à la forte présence de l'Etat qui s'est octroyé le rôle de régulateur des mécanismes de commercialisation[134], contrairement à l'esprit de la libéralisation qui exige le désengagement et la non-intervention de l'exécutif, si ce n'est pour garantir un marché équitable. Toutes ces dérives et insuffisances vont conduire à un manque de transparence, fragiliser la liberté de la filière et provoquer les importantes crises constatées ces dernières années.

4.2.2. Système de commercialisation extérieure

Ce circuit est réservé exclusivement aux entreprises exportatrices COOPEX (coopérative exportatrice) ainsi qu'aux entreprises de première transformation. Il concerne donc l'exportation des matières premières vers les marchés européens, américains et asiatiques. Ce processus d'acheminement en direction de l'étranger (l'extérieur) met en scène les magasins de tierce détention, la structure du port d'Abidjan (PAA), celle de San Pedro (PSP) et les actions d'embarquement.

Après l'achat bord-champ, les produits sont stockés dans un premier centre de collecte dont la capacité d'accueil excède au moins 100 tonnes. Il s'agit des magasins acheteurs et coopératives qui doivent respecter un quota fixé dans leur cahier des charges. De ces différents entrepôts, les produits sont acheminés dans un grand centre de collecte puis vers les usines, avant d'être conditionnés à nouveau dans les ports de San Pedro ou d'Abidjan, notamment dans les magasins de tierce détention et acconier tel que le présente le tableau 5.

---

[134] L'Etat apparaît comme le régulateur des mécanismes de commercialisation, mission dévolue à l'ARCC depuis l'Ordonnance n°2000-583 du 17 août 2000 fixant les objectifs de l'action économique de l'Etat en matière de commercialisation du café-cacao.

Tableau 5 : Circuits de commercialisation du café et du cacao

ETAPES DE COMMERCIALISATION	TYPES DE MAGASINS
Centre de collecte	Magasins-coopératives Magasins-acheteurs Capacités : 100T et plus
Grand centre de collecte ou centre de commercialisation	Magasins de support crédit, Magasins coopératives, Magasins acheteurs
Usine	Magasins produit brousse Magasins produit usiné Capacité : 500T et plus ;
Port	Magasins tierce détention Magasins acconier Capacité : 1000T et plus

Source : BBC

Le circuit de commercialisation distingue, par ordre d'importance, le centre de collecte, le centre de commercialisation, l'usine et le port. A chaque niveau de la commercialisation correspond un type de magasin de stockage dont la capacité croît au fur et à mesure jusqu'à l'usinage ou la commercialisation extérieure.

La commercialisation extérieure exige de l'opérateur le respect préalable de certaines obligations et procédures. Les produits achetés auprès des producteurs sont conditionnés dans des sacs brousse fournis par le FDPCC et livrés dans les entrepôts de l'exportateur pour l'usinage et le conditionnement. L'usinage consiste généralement à nettoyer les produits, à en éliminer les impuretés et corps étrangers, à les sécher et les calibrer (classement en fonction du grainage).

Le produit est conditionné dans des sacs export portant les mentions suivantes : nom de l'exportateur, nature du produit, pays d'origine, campagne, grade, n° du lot. Les différentes étapes et procédures pour l'exportation sont régies par une note circulaire aux exportateurs et transformateurs, datée du 6 octobre 2003, élaborée par la BCC de concert avec le FRC.

- **Accès au système d'enregistrement**

L'accès au système d'enregistrement est strictement réservé aux exportateurs disposant d'un agrément valide pour la campagne en cours. La BCC leur attribue également d'office et de droit un profil utilisateur, un mot de passe ou code d'accès et un code exportateur. L'exportateur agréé effectue librement ses enregistrements de manière automatique, tous les jours ouvrables de 10 heures 30 mn à 18 heures, au travers du service télématique de la BCC, au moyen de numéros spécifiques.

- **Déclarations d'achat**

Ces procédures permettent à tout exportateur agréé pour une campagne de commercialisation d'établir et de communiquer à la BCC la situation hebdomadaire de ses achats et de ses réceptions venant de ses transactions locales avec d'autres exportateurs. La déclaration d'achat est obligatoire, se déroule chaque mardi au plus tard à 18 heures et porte sur les informations au titre de la semaine précédant le mardi.

- **Enregistrement**

Chaque année, la BCC fait à l'ensemble des exportateurs agréés une proposition commerciale issue des informations du marché. Il revient à l'exportateur de manifester son intention d'exporter un certain tonnage en s'enregistrant au système électronique de la BCC qui attribue un numéro d'enregistrement aux marchandises déclarées. Cet enregistrement porte sur la qualité, la destination et la date d'embarquement prévue. Il permet de déterminer pour chaque exportateur :

- le prix CAF d'enregistrement pour une période et pour une qualité de référence définis par la BCC ;
- les conditions fiscales : la taxe d'enregistrement assise sur le prix CAF d'enregistrement et le droit unique de sortie (DUS) assis sur les quantités enregistrées et exportées ;
- les conditions parafiscales (redevances prédéterminées et publiées) assises sur les quantités enregistrées et exportées.

L'enregistrement, qui n'est en réalité qu'une intention d'exporter, doit faire suite à une confirmation d'enregistrement (CDC) qui est le document contractuel de référence pour la réalisation des opérations d'exportation. Tout enregistrement de vente (ou intention d'exporter) doit obligatoirement être confirmé. Cette confirmation se fait sur la base d'un document contractuel, la CDC, établie par la BCC que l'exportateur remplit, signe et dépose auprès de la structure. Il la fait accompagner d'une caution bancaire dans un délai maximum de sept (7) jours à compter de la date d'enregistrement. Le document de confirmation comporte le prix CAF d'enregistrement, les taxes et redevances que doit payer l'exportateur (exprimées en FCFA) pour le compte des différentes structures.

- **Caution bancaire**

En même temps qu'il fait la confirmation d'enregistrement, l'exportateur doit fournir une caution bancaire de bonne fin d'exécution dans un délai de sept jours, à partir de la date d'enregistrement, afin de garantir les droits et taxes générés par l'exportation. L'attestation de caution bancaire, (ou à défaut le certificat de nantissement des produits) est libellée à l'ordre du FRC et déposée auprès des services de la BCC en même temps que la CDC. Le document émis est l'acte de caution conventionnel selon les normes de l'OHADA. Il permet de s'assurer de la solvabilité de l'exportateur et de garantir un minimum de ressources en cas de défaillance de celui-ci pendant la procédure d'embarquement.

- **Prix CAF d'enregistrement**

Le prix CAF d'enregistrement est différent du prix de réalisation base CAF. Il est déterminé sur la base d'une moyenne faisant l'objet d'un calcul arithmétique et s'exprime en euro (655,96 kg équivalent au FCFA/ kg) ou en CAF Europe base Good Fermented (GF), corrigé du différentiel d'origine, révisable par période. Le taux de change retenu pour la période est celui en vigueur entre 10 heures et 10 heures 30 à la saisie des cotations. Le prix CAF d'enregistrement est, quant à lui, valable de 10 heures 30 mn à 18 heures à la clôture des enregistrements. En cas d'absence de cotation d'une position ouverte mais active, la BCC affichera, à partir de 14 heures 30 mn, le dernier «SWITCH» en date qui se détermine par un mode de calcul préétabli. Tous les exportateurs agréés auront automatiquement accès à ce prix et pourront consulter, à tout moment, la situation de leurs enregistrements.

- **Prix indicatif**

Le système de libéralisation a mis fin au principe du prix d'achat fixé à l'avance ou prédéterminé au profit d'un prix d'achat dit référentiel ou indicatif. Ce concept prévoit que le prix d'achat aux producteurs est le différentiel du prix CAF déduit des charges fiscales et parafiscales.

Il ressort que le prix indicatif communiqué par l'Etat à travers la BCC est une référence pour les opérateurs de la filière, notamment ceux intervenant dans les opérations d'achat bord-champ. Ce qui veut dire que le prix indicatif est différent du prix bord-champ pratiqué par les acheteurs sur le terrain.

Ainsi, chaque opérateur engagé dans l'achat du café et du cacao est amené à concevoir son propre barème d'achat, de cerner ses charges afin de mieux négocier ses produits, une fois sur les lieux d'achat. Le prix indicatif est une échelle de prix référentiel caractérisé par une forte élasticité, offrant ainsi une étendue de pouvoir de spéculation aux intermédiaires en termes de libre concurrence sur le terrain. Dès lors, les prix d'achat du café et du cacao d'une zone à l'autre restent très variables sur l'étendue du territoire national. S'appuyant sur la volatilité du prix indicatif, les acheteurs apparaissent désormais comme les nouveaux maîtres du jeu de la spéculation dans l'achat bord-champ du café-cacao.

Toutefois, le prix indicatif reste fortement tributaire des cours mondiaux. Quand les cours montent, les prix d'achat aux producteurs sont en hausse et vice versa. Globalement, ce prix connaît une évolution en « dents de scie ». Une période de baisse drastique fait place à une période de hausse, suivie immédiatement d'une autre période de baisse. Aussi, au regard de la différence des prix pratiqués par opérateur sur la base du prix indicatif, les producteurs ont souvent l'embarras de vendre leurs produits au premier offrant.

Enfin, au cours d'une campagne, les prix indicatifs fixés en début de campagne, c'est-à-dire au mois d'octobre, sont susceptibles de varier jusqu'à la fin des différentes traites (voir tableau ci-dessous).

Tableau 6 : Evolution mensuelle des prix bord-champ au cours d'une campagne

CAMPAGNE / MOIS	PRIX INDICATIF BORD-CHAMP EN FCFA		ECARTS 2005-2007
	2005-2006	2006-2007	
Octobre	325	305	-6,15%
Novembre	335	344	2,69%
Décembre	332	343	3,42%
Janvier	330	410	24,24%
Février	335	416	24,25%
Mars	333	413	24,25%
MOYENNE	332	361	8,63%

Source : Bourse du café-cacao (BCC)

Comme le tableau l'indique, pour la campagne 2005-2006, le prix d'achat est passé de 325 FCFA en octobre à 335 FCFA en février, soit un prix moyen de 332 FCFA. Il en est de même pour la campagne 2006-2007 où le cacao coûtait en moyenne 361 FCFA avec une variation des prix allant de 305 FCFA au début de la traite à 413 FCFA à la fin. La période de commercialisation est donc marquée par une fluctuation du prix bord-champ qui n'est pas toujours ressentie par les différents acteurs comme un gage de stabilité économique. Certains paysans finissent par vendre à perte en voulant attendre une hausse de prix dans les mois à venir. D'autres, par contre, réalisent de gros bénéfices en faisant le même choix. Cependant, cette fluctuation réduit les possibilités de vente anticipée et les prêts à gage entre producteurs et acheteurs.

Les opérateurs ayant subi des pertes lors de contrats précédents, hésitent à prendre de nouveaux engagements vis-à-vis des petits paysans qui s'orientent vers les circuits informels.

Le commerce intérieur et le commerce extérieur sont matérialisés par le schéma ci-dessous :

Figure 1: Représentation schématique des phases de la commercialisation

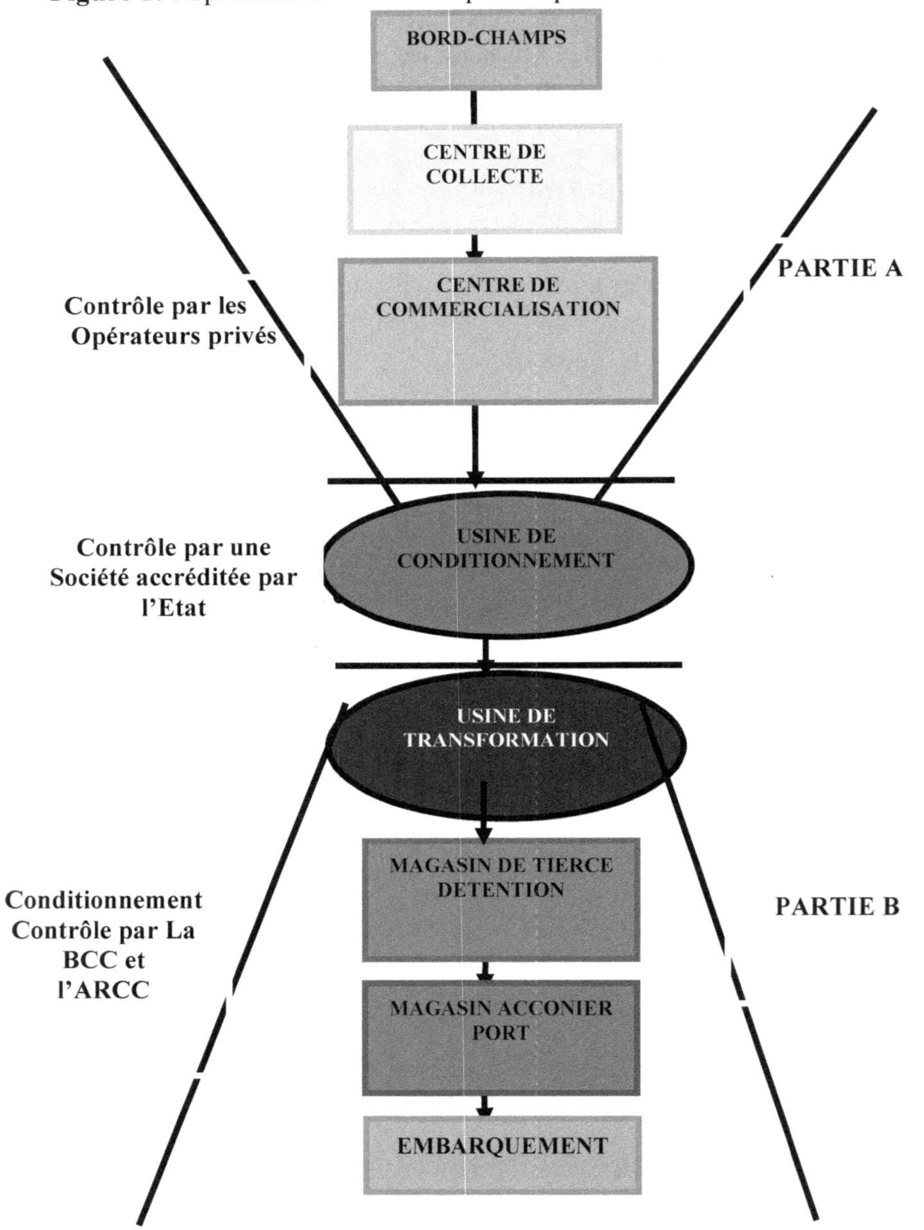

La **partie A** correspond à la commercialisation

Source : Données de l'enquête sur le terrain

A ce niveau, le contrôle est effectué par les opérateurs privés sous la supervision de l'ARCC et de la BCC. La **partie B** correspond à la commercialisation extérieure. A ce niveau, le contrôle est effectué par les organes privés institutionnels accrédités tels que SGS, ACE, VERITAS. Les contrôles qualité et quantité (la pesée) sont effectués par des structures accréditées par l'Etat et qui en ont l'entière responsabilité.

4.3. Acteurs

- **Producteurs**

Acteurs du bord-champ et des centres de collecte, les producteurs, contrairement aux autres maillons de la chaîne, n'ont pas besoin d'agrément de commercialisation.

- **Coopératives**

Les gestionnaires de coopératives ont pour vocation de collecter les produits de l'ensemble de leurs membres afin de les vendre aux traitants. Pour cela, ils disposent ou louent des camions et redistribuent chaque année une partie des primes aux paysans. Toute coopérative ne disposant pas de document légal devrait en principe être interdite de fonctionnement jusqu'à la régularisation de sa situation.

La Côte d'Ivoire comptait, en 2011, près de 2.134 coopératives de café-cacao dont seulement 1.539 agréées (Archives du ministère de l'Agriculture, 2011). Dans la région du Nawa, le ministère de l'Agriculture a dénombré 94 coopératives détentrices d'agrément et une cinquantaine, fictives. Quant à l'Indénié-Djuablin, la préfecture de région a fait état de 88 coopératives officielles et 75 clandestines. La proportion de la fraude sur l'agrément étant plus importante à Abengourou qu'à Soubré, on peut s'interroger sur l'influence du trafic transfrontalier par rapport à ce phénomène.

- **Pisteurs**

Ils achètent les produits pour le compte des traitants, moyennant une commission, aidés dans leur tâche par des rabatteurs (agents intermédiaires entre producteurs et pisteurs) logés à la même enseigne. Certains acteurs de la filière les considèrent comme les principaux fossoyeurs de la commercialisation.

- **Acheteurs**

L'acheteur doit être détenteur d'un agrément en cours de validité obtenu au coût administratif de 100.000 FCFA et inscrit sur la liste de l'ARCC. De plus, il doit respecter la législation et les règlements en vigueur sur les normes qualité, les poids et les mesures ainsi que les normes de conditionnement et de contrôle phytosanitaire (Amiri et Ghelber)[135].

Le comité de gestion de la filière dénombre 337 acheteurs agréés, dont 29 pour la région du Nawa et 14 dans l'Indénié-Djuablin (Archives du Conseil de régulation, de stabilisation et de développement de la filière café-cacao, 2008). De même que leurs mandataires, les pisteurs, les acheteurs de produits sont des relais importants des flux financiers et les rémunérateurs des producteurs. Souvent, grâce à leur pouvoir financier, ils influencent les cours des spéculations fixés par les autorités. Les modes de financement qu'ils utilisent sont le mandat et l'avance sur chargement.

Le mandat est une avance de trésorerie qui permet à l'acheteur de couvrir ses frais de fonctionnement et ses besoins en fonds de roulement. L'exportateur dispose d'une garantie car le non remboursement d'un mandat relève de poursuites pénales. Quant à l'avance, elle est de la valeur d'un chargement et émane de l'exportateur. L'acheteur s'engage à livrer dans un délai déterminé la marchandise. Dans ce cas, l'exportateur ne dispose d'aucune garantie et s'expose au risque d'abus de confiance.

Le monde des acheteurs de cacao est constitué d'acheteurs privés (agréés ou non), de coopératives de producteurs, d'autres planteurs du village et des organisations gouvernementales. Dans le Nawa, les petits producteurs recourent le plus souvent aux acheteurs privés non agréés qui sont les premiers à sillonner les villages et les campements. Viennent ensuite les coopératives de producteurs puis les acheteurs privés agréés. Dans l'Indénié-Djuablin par contre, la vente aux coopératives est privilégiée, du fait de leur meilleure organisation par rapport à celles des autres zones.

- **Exportateurs**

La plupart du temps, financiers des acheteurs, coopératives et producteurs individuels conditionnement les marchandises avant de les exporter. Il en existe deux types : les coopératives agricoles (COOPEX) et les sociétés commerciales (dont les petites entreprises dénommées PMEX).

Selon le Conseil de régulation, de stabilisation et de développement de la filière café-cacao, il existe, au recensement 2010-2011, 58 exportateurs

[135] AMIRI Sid, GHELBER Xavier, *Etude-diagnostic des organisations et des procédures de la filière café-cacao de Côte d'Ivoire,* Bruxelles, European Consultants Organisation, 2006.

agréés. Il leur est interdit de se mêler de la collecte primaire pour ne pas provoquer une concurrence déloyale qui pourrait perturber le déroulement normal de la commercialisation. L'intervention des exportateurs se situe donc à l'entrée du magasin exportateur ou magasin entrée-usine. Malgré les dispositions réglementaires qui régissent la commercialisation du cacao, de nombreux actes illégaux souvent liés aux zones de production, sont constatés.

4.4. Contrôle de la commercialisation

Avant l'usine, tous les contrôles physiques des produits sont effectués par les structures privées (coopératives, pisteurs, acheteurs et agents de support de crédit) pendant que l'Etat se contente du contrôle documentaire.

Chaque fin de semaine, le gestionnaire de magasin fait parvenir à une unité centrale les informations relatives à ses entrées et sorties. Cette vérification étatique se fait de façon hebdomadaire à l'unité centrale.

L'Etat exerce le contrôle par le truchement d'une société d'inspection accréditée. Cette société est positionnée à l'entrée des usines de conditionnement ou de transformation appelée entrée usine. Les inspecteurs vérifient la conformité des produits avec les informations issues du contrôle effectué en amont. Les opérations de contrôle portent sur le poids, l'état et l'origine des produits.

L'entreprise accréditée au contrôle entrée-usine est retenue pour le contrôle des lots exports. Elle vérifie le tarage, le poids des lots, la qualité des produits et des sacs. C'est un contrôle de pure forme pour s'assurer que les normes à l'export sont respectées, contrairement aux contrôles classiques opérés par les sociétés de tierce détention et la douane. Les premiers contrôles sont faits par les pisteurs et acheteurs à l'achat bord-champ. Cependant, faisant fi des dispositions réglementaires, ces derniers se contentent de faire des décomptes sur les prix d'achat des produits humides, au lieu d'exiger qu'ils soient bien séchés. Les véritables contrôles se font au centre de collecte et au centre de commercialisation.

Le centre de collecte est tenu par un gestionnaire, un analyseur et un magasinier. L'humidité, l'état à la coupe et l'identification de l'origine du produit sont les aspects des contrôles qui y sont effectués. Les sacs de cacao non conformes aux normes de qualité sont refusés à l'achat. Les renseignements concernant l'origine et la qualité des marchandises acceptées sont consignés dans un registre d'entrée et de sortie. L'achat du produit après contrôle de la qualité donne lieu à un reçu de paiement au fournisseur.

En plus, des magasins coopératifs et acheteurs, il peut y avoir le magasin d'une société de support crédit qui a pour rôle de faciliter le financement des opérateurs : coopératives, COOPEX et PMEX. Les contrôles effectués sont les mêmes que ceux du centre de collecte, avec en plus le grainage. Les produits jugés conformes aux normes en vigueur sont sanctionnés par un certificat de qualité et un certificat d'entrepôt qui conditionnent le payement du fournisseur à la banque.

En définitive, dans le processus de commercialisation, le café et le cacao passent par des phases de stockage et de contrôle supervisées à la fois par les opérateurs du secteur et par l'Etat.

4.5. Normes de commercialisation

En Côte d'Ivoire, l'analyse de la qualité est faite au regard de la norme ISO 9001 adaptée en règles de conditionnement à l'exportation. Les normes ivoiriennes sont appliquées à l'achat du cacao brousse et du cacao marchand destiné à l'exportation. Les types de contrôles sont afférents à l'origine, à la quantité et à la qualité. Le contrôle à l'origine concerne la traçabilité. Il permet de mener des actions à l'égard des producteurs et des origines de la mauvaise qualité. Quant au contrôle de la quantité, il rend compte des poids commercialisés. Cette réalité échappe de plus en plus au contrôle de l'Etat qui en a pourtant besoin pour fixer les taxes et les redevances.

Le contrôle de qualité attesté par la délivrance d'un bulletin de vérification ou BV a pour but de veiller au respect des normes de commercialisation devenues plus rigoureuses depuis la libéralisation. L'exportateur adresse à l'ARRC une demande d'analyse indiquant la nature et la quantité des produits et la localisation. La structure choisit alors un concessionnaire à cette fin à qui elle adresse une autorisation d'inspection accompagnée de la demande de l'exportateur. Elle dispose de 72 heures pour délivrer en 2 copies (une à l'ARCC et une à l'exportateur) soit les BV pour les lots conformes, soit les bulletins d'analyse pour les lots non conformes. Le BV a une validité de 21 jours pour le cacao et de 30 jours pour le café. Il existe, à cet effet, des paramètres de qualité qui permettent de juger l'état du cacao ou du café à partir de leur analyse physique.

- **Les paramètres de qualité**

Tableau 7 : Paramètres d'analyse physique du cacao

PARAMETRES	ANALYSE
Le grainage	Il s'agit de l'homogénéité des fèves. La norme commerciale est de 100 fèves pour 100 grammes. La norme ivoirienne admet une tolérance jusqu'à 105 fèves pour 100 grammes
L'humidité	L'humidité a une incidence de premier ordre dans la dépréciation du cacao, la présence de moisissure notamment. Un taux d'humidité de 7,5% à 8% maximum permet une meilleure conservation et évite les moisissures et même le développement de l'ochratoxine.
Les défauts	Le grade I (GI) Est classé en grade 1 tout cacao en achat comme en export ayant donné le résultat d'analyse suivant : Moisissure : de 0 à 3% Ardoisée : de 0 à 3% Défectuosité : de 0 à 3%
	Le grade II (GII) Passe en grade deux (GII) tout cacao à l'achat ou à l'export ayant comme résultat d'analyse : Moisissure : de 3,1 à 4% Ardoisée : de 3,1 à 8% Défectuosité : de 3,1 à 6%
	Le sous-grade (SG) Est classé en sous-grade (SG) tout cacao dont le résultat d'analyse est supérieur au grade deux (GII). Moisissure : plus de 4% Ardoisée : plus de 8% Défectuosité : plus hg de 6%

Source : Données de l'enquête sur le terrain

Quelques remarques s'imposent concernant les paramètres de qualité :

- Le grainage

On remarque ici que la norme ivoirienne admet jusqu'à 5 fèves de plus que la norme internationale soit 105 fèves pour 100g au lieu de 100 fèves pour 100g.

- L'humidité

L'humidité détériore l'état du cacao, notamment par l'existence de moisissure. Pourtant, selon plusieurs témoignages recueillis lors de l'enquête, le taux d'humidité de 7.5% à 8% est loin d'être respecté par les exploitants du cacao en Côte d'Ivoire. Mais, il est à noter que je n'ai pas pu avoir de chiffres officiels évaluant ce paramètre d'analyse physique du cacao.

- Les défauts

Selon les normes internationales, seuls sont admis à l'exportation le cacao de grade I et de grade II. Cependant, les décisions prises en novembre 2010 par le Comité de gestion de la filière café-cacao (CGFCC), pour améliorer la qualité de ces produits, montrent que les défauts tolérés ne sont pas respectés[136].

[136] En vue d'inverser la tendance, les autorités ont instauré, pour la campagne 2009-2010, un contrôle qualité à l'entrée de toutes les usines de conditionnement et de transformation à Abidjan et à San Pedro avec un seuil de tolérance de 10% de taux d'humidité maximum, 5% de fèves moisies, 6% de défectuosités et 8% de fèves ardoisées.

Tableau 8 : Les défauts du cacao et leur incidence sur la qualité du produit

DEFAUTS	CAUSES OU ORIGINES	ACTIONS A MENER	INFLUENCE SUR LA QUALITE DU CHOCOLAT
Fèves moisies	- Fèves blessées - Fèves germées - Mauvais séchage, reprise d'humidité	- Eviter de blesser les fèves germées - Eliminer les fèves germées - Bien sécher le cacao (7-8%)	- Goût terreux - Taux de FFA élevé (> 2%)
Fèves ardoisées	- Absence de fermentation - Insuffisance de fermentation	- Bien fermenter (6 à 7 jours)	- Goût astringent - Goût amer - Pas d'arôme de chocolat
Fèves germées	- Maturité trop longue - Fèves pourries	- Cueillir les cabosses en temps opportun	- Pas d'influence
Fèves mitées	- Trop long stockage - Absence de traitement phytosanitaire	- Eviter le long stockage - Traiter les entrepôts et magasins	- Goût terreux - Majeure sur la qualité du chocolat - si la fève n'est pas moisie
Fèves plates	- Fèves immatures - Fèves avortées	- Eviter les cabosses non formées - Eliminer les cabosses avortées	- Absence de matières grasses - Baisse de rendement industriel
Petits grainages	- Récolte intermédiaire	- Eliminer les petites fèves	- Faible rendement industriel

Source : Données de l'enquête sur le terrain

Ce tableau n°8 présente les références détaillées concernant les défauts du cacao. Selon l'ex-président du Comité de gestion de la filière café-cacao, Gilbert Ano, la Côte d'Ivoire perd chaque année environ 60 milliards en raison de la mauvaise qualité du cacao : *taux d'humidité supérieur à la valeur de référence, caractéristiques aromatiques limitées, faibles teneurs en composantes fonctionnelles et difficile aptitude des fèves à la transformation.*

- **Paramètres d'analyse physique du café**[137]

Tableau 9 : Défauts du café en fonction du grade

CLASSIFICATION	ECHANTILLONS	CARACTERISTIQUES
Le grade zéro	400g	Café retenu par le crible n°18 avec une tolérance de 6% de graines passant au crible n°18 dont 1% au plus passant au crible n°16.
Le grade I (GI)	360g	Café passant au crible n°16 et retenu par le crible n°14 avec une tolérance de 20% de graines retenues au crible n°16 et de 6% de graines passant au crible n°14 dont 1% au plus passant au crible n°12.
Le grade II (GII)	300g	Café passant au crible n°14 et retenu par le crible n°12 tolérance de 20% de graines retenues par le crible n°14 et de 6% de graines passant au crible n°12 dont 1% au plus au crible n°10.
Le grade III (GIII)	230g	Café passant au crible n°14 et retenu par le crible n°12 tolérance de 20% de graines retenues par le crible n°14 et de 6% de graines passant au crible n°12 dont 1% au plus au crible n°10.
Le grade IV (GIV)	180g	Café passant au crible n°12 et retenu par le crible n°10 avec une tolérance de 20% de graines retenues par le crible n°12 et de 6% de graines passant au crible n°10.

Source : Traitement d'enquêtes

[137]Autorité de Régulation du Café et du Cacao (ARCC), Décret n° 99-211 du 10 mars 1999 fixant les modalités de conditionnement du café vert à l'exportation.

La classification commerciale par espèce de café est déterminée d'une part, d'après la granulométrie et d'autre part, d'après le nombre de défauts présentés. Le barème étant fixé par arrêté, les cafés doivent être calibrés et en fonction des caractéristiques présentées, entrer dans l'un des grades.

Au total, les défauts sont comptés sur un échantillon dont l'importance dépend du grade :

- 400 grammes pour le grade zéro;
- 360 grammes pour le grade 1;
- 300 grammes pour le grade 2;
- 230 grammes pour le grade 3;
- 180 grammes pour le grade 4.

Les graines mitées, germées et plates sont considérées défectueuses et déclassent le café en grade inférieur. Ainsi, un arrêté ministériel précise les conditions dans lesquelles est possible l'exportation des grains noirs et des brisures. Pourtant, en 2003, le gouvernement ivoirien avait autorisé, à travers un arrêté, l'exportation du café de mauvaise qualité pourtant interdite par l'OIC (Ahua[138]).

- **La sacherie**

La sacherie a une influence certaine sur la qualité des produits agricoles. Aux Etats-Unis, où tout produit alimentaire en contact avec le sol est détruit, le mauvais état des sacs est la cause essentielle des rentes de poids. En Côte d'Ivoire, l'Etat a pris une réglementation spécifique sur l'emballage du cacao[139].

---

[138] *Nord-Sud,* n° 2093, du 4 juin 2012 p. 9.

[139] Depuis la réforme de la filière café-cacao par l'Ordonnance N°2000-583 du 17 août, différents modes de gestion de la sacherie brousse ont été expérimentés.

CHAPITRE V : MANIFESTATIONS DE LA CRIMINALITE DE TRAITE

Il est indéniable que la période de traite café-cacao est criminogène.

Pour mieux appréhender ce phénomène de traite, il importe d'identifier les auteurs et les victimes de ces crimes. Il s'agira donc de présenter les acteurs de la criminalité, de déterminer comment elle se déroule et de montrer comment elle est perçue.

5.1. Manifestations de la criminalité dans l'Indénié-Djuablin

Les données officielles, les faits observés et les témoignages ont permis de déterminer qui sont les acteurs de la criminalité, comment elle se déroule et comment elle est perçue.

5.1.1. Présentation des acteurs de la criminalité

Les acteurs de la criminalité sont principalement les auteurs et les victimes.

5.1.1.1. Auteurs de crimes

- **Typologie**

Les populations ont étiqueté les groupes considérés comme les principaux auteurs de la criminalité dans l'Indénié-Djuablin.

Tableau 10 : Typologie des auteurs de crimes dans l'Indénié-Djuablin

AUTEURS D'INFRACTIONS / POPULATION	PISTEURS ET ACHETEURS	COOPERATIVES	PLANTEURS	FORCES DE DEFENSE ET DE SECURITE	MANŒUVRES	TRANSPORTEURS	AUTRES	TOTAL
Producteurs	12 15.75 %	15 21.23 %	34 46.58 %	07 10.27 %	03 4.12 %	00 00%	03 2.0%	74 100%
Acheteurs et intermédiaires	06 16,2 %	04 10.80 %	03 8,10 %	16 43.20 %	03 8,10 %	02 5.4%	03 8,1%	37 100%
Forces de défenses et de sécurité	05 29.41 %	03 17.65 %	04 23,53 %	02 11,76 %	00 00%	02 11,76 .%	01 5.8 %	17 100%
Polices privées	03 15%	07 35%	08 40%	00 00%	00 00%	00 00%	02 10%	20 100%
Autorités traditionnelles	00 00%	00 00%	03 37,50 %	01 12,50 %	02 25%	00 00%	02 25,%	08 100%
Administrateurs	01 25%	01 25%	01 25%	01 25%	00 00%	00 00%	00 00%	04 100%
Opérateurs économiques	00 00%	00 00%	00 00%	01 25%	00 00%	00 00%	03 75%	04 100%
TOTAL	27 16,46 %	30 18,29 %	53 32,31 %	28 17,07 %	08 4,87 %	04 2,44 %	14 8,54 %	164 100%

Source : Données de l'enquête sur le terrain

Selon les données cumulées, les planteurs viennent en tête des auteurs de crimes en période de traite du café-cacao dans l'Indénié-Djuablin, avec 32,31%. Ils sont suivis des coopératives (18,29%). Considérées comme corrompues et principales complices de ce trafic, les forces de défense et de sécurité suivent le groupe de tête avec 17,07%, suivies des acheteurs-pisteurs (16,46%). Les manœuvres (4,87%) devancent, au bas de l'échelle, les transporteurs (2,44%). Les auteurs précités sont les principaux acteurs de la criminalité astucieuse qui caractérise l'Indénié-Djuablin.

Toutefois, la catégorie « autres » à laquelle appartiennent les coupeurs de route tient une place plus ou moins importante avec (8,54%) des crimes commis dans cette région.

- **Planteurs**

Le tableau n°10 indique que, pour les enquêtés, les planteurs sont auteurs de 32,31% des crimes en période de traite de café-cacao dans l'Indénié-Djuablin. Cette perception de la réalité criminelle est exprimée par plus de 23,53% d'agents des forces de défense et de sécurité qui assurent la surveillance des principales voies routières et de la frontière avec le Ghana, par 25% des autorités administratives, politiques et judiciaires interrogées, par 37,5% des autorités traditionnelles (rois, chefs de cantons, chefs de villages). De même, 46,58% des producteurs (paysans, coopératives, manœuvres) et 40% des membres des comités de lutte contre le trafic illicite de cacao et les groupes d'auto-défense, par ailleurs impliqués dans la sécurisation de la zone, confirment cette tendance. Même si ces perceptions proviennent de catégories sociales proches des planteurs, elles s'expliquent aussi par l'effet médiatique de la vente illicite de cacao vers le Ghana à cette période de l'enquête.

Celle-ci a révélé que, malgré un effort de diversification des spéculations agricoles, les planteurs de l'Indénié-Djuablin restent toujours dépendants de la production du café et du cacao qui représente une part importante de leurs revenus. Ceux-ci, les planteurs les obtiennent deux fois dans l'année : entre décembre et février, au cours de la grande traite de cacao et de café et entre avril et juin, lors de la petite traite de cacao. Parmi ces producteurs, 31,27% utilisent des travailleurs salariés et 21,62% des intrants agricoles relativement coûteux comme alternatives pour améliorer leur production et ce, dans l'hypothèse que les conditions climatiques soient meilleures. Ainsi, face à une incertitude sur les prix de vente de leurs produits, certains paysans choisissent de vendre illicitement leur production au Ghana voisin, ou s'engagent dans d'autres activités criminelles pour maintenir ou augmenter leur revenu global. Il faut préciser que cette catégorie sociale est aussi composée de populations allochtones et d'immigrés. La criminalité constitue, pour certains d'entre eux, une source de financement surtout dans un contexte de pauvreté ou encore un moyen d'alléger les contraintes financières qui pèsent souvent sur eux, notamment la scolarisation des enfants ou l'acquisition de certains produits agricoles.

A ce propos, 78,38% des producteurs enquêtés n'ont pas eu accès aux intrants agricoles auprès des fournisseurs durant la campagne 2007-2008. Pourtant, comme le souligne un fonctionnaire de l'agriculture de la région : *Il semblerait que le coût des intrants soit relativement élevé pour les producteurs, de sorte que la rentabilité de cet investissement ne serait pas assurée. D'où le choix de plusieurs d'entre eux de recourir à l'enrichissement illicite.*

Notons enfin qu'en plus d'être producteurs, un nombre important de planteurs exercent des activités connexes. On les retrouve comme pisteurs, gérants de coopérative, locateurs ou vendeurs de terre et dans d'autres tâches dont la non-maîtrise favorise de nombreux conflits.

- **Acheteurs de produits**

Cette catégorie est composée des rabatteurs, des pisteurs et des coopératives qui achètent les produits aux paysans pour les revendre aux traitants ou exportateurs. Ces acteurs sont perçus comme les auteurs des crimes commis en période de traite de café-cacao par 34,75% des enquêtés, soit 18,29% dans le cas des coopératives et 16,46% pour les pisteurs. Ce sont les pisteurs, les coopératives et les planteurs qui affectent le pourcentage le plus important à cette catégorie (31,99%), justifiant ainsi la perception globale de la population d'enquête.

En raison de leur rôle dans la chaîne de commercialisation, les acheteurs de produits entretiennent des rapports privilégiés avec l'ensemble des acteurs de la filière (planteurs, forces de sécurité, transporteurs, etc.) qui peuvent conduire à des déviances. Les rabatteurs ont un rôle d'intermédiaire et reçoivent une commission de 5 FCFA par kg de cacao acheté. Toutefois, ce revenu peut baisser ou être compromis car les paysans ont aussi le choix de livrer leurs produits directement au pisteur. Ce dernier est lui aussi un intermédiaire rémunéré par l'acheteur qu'il représente. En période de traite du café-cacao, les pisteurs envahissent les zones de production avec de fortes sommes d'argent, souvent appartenant à plusieurs traitants, animés du désir d'obtenir le maximum de rabais du prix d'achat bord-champ ou d'effectuer plus d'achat que les autres, pour engranger plus de bénéfices.

Dans un tel contexte de concurrence et de transactions informelles, certains acheteurs indélicats se rendent coupables de diverses infractions. Les coopératives, quant à elles, connaissent de nombreuses contraintes qui limitent leurs actions et ne leur permettent pas d'assurer pleinement leur rôle. L'enquête a montré que le mouvement coopératif est faiblement représentatif de l'ensemble des producteurs car ces structures effectuent des achats à crédit et payent les planteurs une fois la vente réalisée, généralement dans un délai de 3 à 7 jours.

Dans bien des cas, ces coopératives sont trop petites pour s'offrir les services d'un personnel qualifié ou des professionnels en gestion. Il arrive que ces structures n'honorent pas toujours leurs engagements pour diverses raisons ou se compromettent dans des activités illicites d'achat et de vente, notamment les usages extraprofessionnels des financements qui leur sont octroyés. En plus, du fait de l'analphabétisme d'une grande partie des membres, elles n'ont pas la capacité de conduire un processus d'analyse-diagnostic devant se traduire en termes d'objectifs, de ressources à mobiliser, d'analyse financière et de résultats (Ruf et Agkpo)[140].

- **Manœuvres**

Parmi les auteurs de la criminalité en période de traite du café-cacao, les manœuvres représentent la catégorie la moins incriminée (4,87%). Cela pourrait être lié au fait que plusieurs enquêtés ne sont pas informés des délits commis par ces travailleurs immigrés dont la plupart est l'objet d'un règlement à l'amiable. Toutefois, 25% des autorités politiques, coutumières et judiciaires interrogées les considèrent comme des déviants.

En effet, ces acteurs institutionnels sont le plus souvent sollicités pour servir d'intermédiaires lorsque des infractions imputées à cette catégorie sociale sont susceptibles de dégénérer en conflit rangé entre communautés. Il ressort de l'enquête que 31,27% des producteurs interrogés ont recours aux services des travailleurs salariés pour l'entretien des plantations. Ces derniers accomplissent plusieurs tâches dont l'application de pesticides aux vergers, la récolte des produits, la fermentation, le séchage et le transport. De plus, les manœuvres sont souvent engagés dans des contrats dits de métayage, jamais garantis, basés sur un principe de partage des récoltes avec le propriétaire de la plantation. Ces formes de contrat de travail par partage de la récolte et des tâches accomplies par les manœuvres donnent lieu quelquefois à des comportements délictueux.

- **Forces de défense et de sécurité**

Concernant les acteurs extérieurs à la filière café-cacao impliqués dans les crimes, ce sont, selon les réponses des enquêtés, les forces de défense et de sécurité (17,07%) et l'ensemble des individus considérés comme des bandits (8,54%). Chargés d'assurer la protection des personnes et des biens, de même que le contrôle des frontières, certains agents de l'ordre s'adonneraient à des pratiques criminelles. Les suspicions à l'égard des agents de sécurité sont exprimées par 25% des opérateurs économiques

---

[140] RUF François, AGKPO Jean-Luc, *Etude sur le revenu et les investissements des producteurs de café et de cacao en Côte d'Ivoire*, UE, Agrisystems Consortium, 2008.

(transporteurs et commerçants) et 43,20% des acheteurs interrogés. Ces deux catégories sociales, en raison de leurs activités commerciales, constituent des témoins privilégiés des pratiques policières en période de traite du café-cacao. Selon l'ensemble de la population d'enquête, des déviations multiples sont observées en période de traite de café-cacao.

Ainsi, on assiste à la création d'obstacles à la libre circulation des personnes et des biens à travers la multiplicité des barrages routiers, avec comme corollaire les tracasseries en tous genres dont le racket. Il faut noter que cette situation a toujours fait l'objet de nombreuses critiques tant du côté des acteurs de la chaîne, des transporteurs, des opérateurs économiques que des médias, ce qui pourrait expliquer le pourcentage de réponses des enquêtés institutionnels. Tous s'accordent à relever que la situation affecte au plus profond l'activité économique et sociale ; le phénomène apparaît désormais comme une tare de la société ivoirienne.

Enfin, la dernière catégorie est composée d'individus non identifiés qui commettent des agressions et des vols de toutes sortes.

- **Caractéristiques des auteurs de crimes**

Les âges et les origines des criminels ont permis d'analyser leurs caractéristiques.

- **Age des auteurs de crimes**

Tableau 11 : Tranches d'âge (en années) des auteurs de crimes

CLASSES D'AGE / POPULATION	[15-25[	[25-35[	[35-45[	[45 et plus [	TOTAL
Producteurs	02 2.7%	7 9.45 %	21 28.37%	44 59.45%	74 100%
Acheteurs et intermédiaires	00 00%	13 35.13%	3 8.10%	21 56.75%	37 100%
Forces de défense et de sécurité	2 11.11%	4 22.22%	3 16.66%	9 50%	18 100%
Polices privées	2 10,52%	6 31.58%	2 10.52%	9 47.36%	19 100%
Autorités locales	00 00%	2 33.33%	1 16.66%	3 53.85%	6 100%
Administrateurs	00 00%	2 40%	1 20%	2 40%	5 100%
Opérateurs économiques	00 00%	2 40%	2 40%	1 20%	5 100%
TOTAL	6 3,66%	36 21,95%	33 20.12%	89 54.26%	164 100%

Source : Données de l'enquête sur le terrain

Les statistiques du tableau 11 montrent que l'âge des auteurs de crime en période de traite du café-cacao varie de 15 à plus de 45 ans. Toutefois, une tranche se dégage de cette typologie. C'est celle des 45 ans et plus (54,26%).

Les plus âgés qui, en général, tiennent des fonctions sociales (propriétaires de plantations, responsables de coopératives, chefs des manœuvres) dirigent ces groupes.

Ils ont souvent des moyens financiers qu'ils veulent fructifier illégalement. Ils sont pour cela des leaders d'opinion et ont des relais qui peuvent aller jusqu'à l'intérieur du Ghana, dans le cadre de leurs activités.

A ce propos, un planteur interrogé à Ettienkro, département d'Abengourou, explique : *ne devient pas trafiquant qui le veut ! Il faut savoir négocier avec les forces de l'ordre et déjouer leurs plans, connaître les pistes secrètes, savoir à quel moment passer ou non la frontière ; ce n'est pas un métier pour enfant, il faut du temps et de l'expérience.*

Les catégories intermédiaires (25 à 35 ans et 35 à 45 ans) sont respectivement stigmatisées à 21,95% et 20,12% comme responsables de la criminalité.

Les criminels de 35 ans à 45 ans (20,12%) sont des déviants d'habitude, étant sans emploi stable.

La tranche d'âge la moins incriminée par les enquêtés se situe entre 15 et 25 ans avec un taux de 3,66%. Il s'agit en particulier de criminels d'occasion. Ils vivent en général chez leurs parents ou des tuteurs. Scolarisés ou travaillant aux champs aux côtés de ceux-ci, ils sont pour la plupart célibataires sans enfant.

Se considérant en période transitoire, leur espoir est d'acquérir un emploi ou une plantation. Les auteurs de la criminalité en période de traite du café-cacao sont donc principalement âgés de 25 à plus de 45 ans, même si on en trouve de plus jeunes.

Les auteurs de crimes dans l'Indénié-Djuablin sont de diverses nationalités comme l'indique le tableau 12.

Tableau 12 : Nationalité des auteurs de crimes

PAYS / POPULATION	COTE D'IVOIRE	BURKINA FASO	MALI	GHANA	TOGO	BENIN	Autres	TOTAL
Producteurs	43 58,10 %	5 6,76 %	7 9,46 %	6 8,10 %	3 4,05 %	4 5,40 %	6 8,11 %	74 100%
Acheteurs et intermédiaires	14 37,84 %	3 8,10 %	2 5,41 %	7 18,92 %	2 5,41 %	1 2,70 %	5 13,51 %	37 100%
Forces de défense et de sécurité	11 64,70 %	2 11,76 %	1 5,56 %	2 11,76 %	0 0%	00 00%	1 5,88 %	17 100%
Polices privées	12 60%	1 5%	1 5,26 %	4 20%	00 00%	00 00%	2 10%	20 100%
Autorités locales	4 50%	1 12,5 %	3 37,5 %	00 00%	00 00%	00 00%	00 00%	8 100%
Administrateurs	2 50%	1 25%	00 00%	1 25%	00 00%	00 00%	00 00%	4 100%
Opérateurs économiques	2 50%	00 0%	00 00%	2 50%	00 00%	00 00%	00 00%	4 100%
TOTAL	88 53,66 %	13 7,93 %	14 8,54 %	22 13,41 %	5 3,04 %	5 3,04 %	14 8,54 %	64 100%

Source : Données de l'enquête sur le terrain

Selon le tableau n°12, plus de 53,66% des auteurs de crimes sont des nationaux ivoiriens contre 46,34% originaires de l'Afrique de l'Ouest (Burkina-Faso, Mali, Ghana, Togo, Bénin).

Les polices privées désignent en première position les Ivoiriens comme auteurs principaux de la criminalité (60%). Les producteurs ensuite ont la même appréciation (58,10%). Il faut noter cependant que ces producteurs, selon le tableau n°9, viennent en tête de l'exportation frauduleuse.

Les forces de défense et de sécurité qui classent les Ivoiriens en première ligne de la criminalité (64,70%) sont elles-mêmes perçues comme facilitatrices, complices et corrompues.

Il en est de même de l'implication dans ce phénomène des acheteurs et intermédiaires dont le secteur est « spécialisé » dans la fraude sur les prix et la corruption active, selon la plupart des témoignages recueillis.

En effet, des natifs de la région continuent de s'appuyer sur les appartenances ethniques comme source d'identité sociale qui transcende les frontières nationales, pour améliorer leurs revenus dans les échanges transfrontaliers informels. Ils sont de plus en plus rodés aux métiers de la contrebande et servent de guides ou de passeurs, quand ils ne sont pas eux-mêmes trafiquants. Ainsi, certaines infractions commises en majorité par les autochtones sont encouragées par la conscience collective.

Aussi, la forte influence de la justice coutumière dans l'Indénié-Djuablin, qui privilégie le traitement à l'amiable des infractions et les amendes, favorise-t-elle la multiplicité des crimes. Selon certains enquêtés, le traitement paternaliste des affaires criminelles, en faveur des originaires de la région par le tribunal coutumier, justifie la récidive de ces derniers : *comme ils sont chez eux, quand ils volent, on règle à l'amiable quand ils demandent pardon et puis l'affaire est réglée et cela les encourage à commettre des délits,* explique un chef de communauté.

Concernant les étrangers, ils sont faiblement cités dans la criminalité de l'Indénié-Djuablin à l'exception des cas de coupeurs de route et de certaines violences liées à des conflits entre patrons et employés. En effet, des Burkinabé et Maliens, avec pour complices ou co-auteurs des jeunes Ivoiriens dont la plupart sont de la région, font souvent des braquages routiers.

La faiblesse de cette criminalité étrangère réside dans les logiques migratoires des individus. Les nouveaux immigrés s'installent chez leurs compatriotes et bénéficient aussitôt des réseaux d'entraide, très développés au sein de ces communautés. Ils profitent alors des chaînes de distribution des produits phytosanitaires, de crédits et d'une force de travail permanente qui augmentent leurs capacités de production et par conséquent leurs revenus. Il arrive toutefois que certains parmi eux soient à l'écart des formes traditionnelles de solidarité et s'engagent dans les activités illicites.

De même, le cas des ressortissants du Ghana, pays frontalier de la Côte d'Ivoire, diffère quelque peu. Ils sont souvent incriminés dans la fraude du café-cacao (13,41%) et dans des faits d'escroquerie.

Par ailleurs, les Libanais, acheteurs de café-cacao, prennent une part active dans la réalisation de la criminalité de cette région (8,54%). On en trouve quelques-uns parmi les fraudeurs, en matière d'exploitation du bois.

En définitive, les perceptions des enquêtés sur la nationalité des auteurs de crime en période de traite du café-cacao sont corrélées aux pesanteurs socioculturelles que subissent les différentes communautés, la nature des rapports qu'elles entretiennent les unes avec les autres, les secteurs d'activités qu'elles occupent et l'influence de la frontière.

5.1.1.2. Victimes de la criminalité

Tableau 13 : Typologie des victimes de crimes selon les enquêtés

VICTIMES / POPULATION	MANŒUVRES	COOPERATIVES MAGASINIERS	PLANTEURS	ACHETEURS ET PISTEURS	COMMERÇANTS	TRANSPORTEURS	AUTRES	TOTAL
Producteurs	8 10,81 %	6 8,11%	20 27,03 %	15 20,27 %	8 10,81 %	12 16,22 %	5 6,76%	74 100%
Acheteurs et intermédiaires	4 10,81 %	3 8,11%	8 21,62 %	6 16,22 %	8 21,62 %	6 16,22 %	2 5,41 %	74 100%
Forces de défense et de sécurité	1 5,88%	00 00%	1 5,88%	5 29,41 %	3 17,65 %	4 23,53 %	3 17,65 %	17 100%
Polices privées	0 0%	5 25%	2 10%	6 30%	4 20%	1 5%	2 10%	20 100%
Autorités locales	1 12,5%	1 12,5%	0 0%	2 25%	1 12,5%	2 25%	1 12,5%	13 100%
Administrateurs	00 00%	00 00%	2 50%	1 25%	00 00%	1 25%	00 00%	4 100%
Opérateurs économiques	0 0%	0 0%	0 0%	0 0%	0 0%	2 50%	2 50%	4 100%
TOTAL	14 8,54%	15 9,15%	33 20,12 %	35 21,34 %	24 14,63 %	28 17,07 %	15 9,15 %	164 100%

Source : Données de l'enquête sur le terrain

Le tableau n°13 indique que les victimes de la criminalité appartiennent à toutes les couches sociales. Ainsi, les catégories les plus victimisées en période de traite sont : les acheteurs (21,34%), les planteurs (20,12%), les transporteurs (17,07%), les commerçants (14,63%), les coopératives et autres (9,15%). Quant aux manœuvres, ils constituent 8,54% des victimes.

En effet, les victimes sont en majorité des individus qui détiennent des ressources financières. Elles considèrent qu'elles sont victimes de la situation socioéconomique difficile des autres qui ont de la peine à survivre et de l'Etat qui n'arrive pas à les sécuriser.

Cette opinion n'est pas partagée par les responsables institutionnels qui considèrent, quant à eux, l'Etat de Côte d'Ivoire comme la première victime de la criminalité de traite dans l'Indénié Djuablin, devant les acheteurs et pisteurs, les transporteurs et les autres catégories de la population. Ils estiment, au regard de la nature de la majorité des crimes commis, que la victimisation des individus est plutôt secondaire.

Malgré ces différences de vues concernant les catégories les plus victimisées, la vulnérabilité des planteurs et pisteurs est certaine, faisant l'unanimité. L'argument le plus courant est que ceux-ci possèdent beaucoup d'argent ou se déplacent avec d'importantes sommes dans cette période.

Les exigences des rôles qu'ils jouent dans la commercialisation du café-cacao les amènent en effet à fréquenter des personnes et des endroits à des moments qui les exposent au crime. Ils côtoient ainsi des agresseurs potentiels dans leur milieu de vie et de travail, comme l'attestent les propos suivants d'un pisteur victime d'agression : *c'est la traite ! Et donc, ce qui nous intéresse en premier, c'est comment acheter beaucoup de produits, on ne fait pas attention à autres chose. C'est donc en me rendant dans un campement que des individus m'ont agressé et ont emporté tout mon argent.*

C'est aussi le cas des transporteurs et des commerçants exerçant dans la région et qui sont présumés détenir, de façon régulière et plus encore en période de traite du café-cacao, des ressources financières. Les risques sont encore plus réels lorsqu'ils doivent voyager de nuit, dans des endroits reculés ou sur des voies non bitumées. Ils sont victimes des prédateurs et de quelques éléments déviants parmi les forces de défense et de sécurité.

Quels que soient le type et la fréquence de la victimisation subie, les enquêtes montrent qu'elle est étroitement liée aux facteurs de vulnérabilité tels que les occupations professionnelles des acteurs et la place qu'ils occupent dans la structure sociale. Cette vulnérabilité peut s'étendre aux situations d'impunité avérée ou supposée des criminels, en raison d'un accès limité de leurs victimes au système de justice, comme l'explique un manœuvre : *nous autres manœuvres, nous sommes victimes de vols et de traitements arbitraires. Mais comme nous sommes analphabètes et que nous n'avons pas les moyens d'aller à la justice porter plainte, les choses restent comme ça. Les bandits ne sont pas punis et ils recommencent quand ils veulent.*

En définitive, la victimisation en période de traite du café-cacao dans l'Indénié-Djuablin concerne tant les acteurs de la filière que les opérateurs et des catégories sociales extérieures même s'il existe différents procédés.

5.1.1.3. Déroulement de la criminalité

Les types de crimes, les modes opératoires des criminels et les moyens utilisés permettront de comprendre le déroulement de la criminalité dans l'Indénié-Djuablin.

- **Typologie des crimes**

Tableau 14 : Crimes commis pendant la traite du café-cacao dans l'Indénié-Djuablin

Types de crimes	Effectifs	%
Coopératives fictives	15	9,15
Vols de produits	28	17,07
Exportations frauduleuses	44	26,83
Réfaction	3	1 ,83
Surcharge de véhicules de transport	4	2,44
Exploitation d'enfants	1	0,61
Coupages de route	14	8,54
Attaques à main armée	13	7,93
Meurtres	5	3,05
Vols en réunion	13	7,93
Viols	2	1,22
Corruption et tracasseries routières	8	4,88
Abus de confiance	13	07,93
Trafics de stupéfiants	1	0,61
Total	164	100

Source : Données de l'enquête sur le terrain

Au regard du tableau ci-dessus, les infractions astucieuses prédominent dans l'Indénié-Djuablin : exportations frauduleuses (26,83%), vols de produits (17,07%), coopératives fictives (09,15%), abus de confiance (07,93%), corruption et tracasseries routières (04,88%).

On y observe toutefois quelques infractions violentes : coupages de route (08,54%), vols en réunion (07,93%) attaques à main armée (07,93%).

Les populations étrangères étant moins nombreuses dans cette région, les enquêtes que j'ai menées montrent, à juste titre, que la plupart des infractions sont commises par des autochtones, comme souligné dans le tableau n°11. Un délinquant, exportateur illicite de café-cacao, a avoué : *je préfère frauder en vendant des produits plus chers au Ghana, plutôt que d'attaquer des personnes dans leur domicile ou sur la route pour leur arracher de l'argent. Comme ça, je ne porte pas atteinte à la vie de qui que ce soit. D'ailleurs, la plupart des grands planteurs et acheteurs sont nos parents.*

Aussi, le système de défense sociale est-il moins dangereux pour les criminels. *L'influence de la chefferie traditionnelle contribue ici au règlement à l'amiable des infractions commises. Elle n'apprécie pas qu'on verse le sang des individus, quelles qu'en soient les raisons*, explique le directeur d'une école primaire d'Agnibilekrou. Ne courant pas de risques qui pourraient leur faire perdre la vie, les délinquants ne trouvent pas nécessaire d'user de la violence. Le criminel, par des moyens astucieux, parvient à s'approprier des biens matériels ou financiers.

Par ailleurs, la proximité de la frontière avec le Ghana permet au délinquant d'effectuer des transactions beaucoup plus rémunératrices. Par exemple, en 2009, alors que le prix indicatif bord-champ était de six cent (600) FCFA en Côte d'Ivoire, certains échanges délictueux avec des acheteurs ghanéens permettaient d'acquérir jusqu'à neuf cent (900) FCFA au kilogramme de cacao, selon un enquêté originaire d'Agnibilekrou.

Bien que tous ces crimes portent atteintes aux biens et aux personnes, j'ai distingué d'une part, ceux spécifiques à la traite, c'est-à-dire qui n'apparaissent qu'en cette période, et d'autre part, les crimes ordinaires observés également en période de non trait, mais qui connaissent une accentuation pendant la commercialisation du café et du cacao.

- **Infractions spécifiques à la traite**

Ces infractions représentent 57,93% de l'ensemble des crimes commis, dont les plus importants, selon les enquêtés, sont les exportations frauduleuses avec 26.83%.

- **Trafic illicite de café-cacao**

Les ventes illicites de cacao au Ghana sont en réalité sous-représentées en raison de leur caractère clandestin et des difficultés qu'éprouvent les agents de contrôle à les découvrir et à les élucider. *Nous n'avons pas une idée exacte de la fraude. La frontière est longue et les trafiquants passent par la forêt et les plantations. Ils sont aidés par certains de nos camarades,* explique un agent de sécurité.

Pourtant, des écrits de presse font état régulièrement du trafic transfrontalier à l'Est de la Côte d'Ivoire. Selon le quotidien *L'Expression*, durant les mois d'août et décembre 2011, la douane de l'Indénié-Djuablin avait saisi 208 tonnes de cacao pour trafic illégal (Bomo)[141]. De même, les coopératives de cacao de la région réunies en assemblée générale ont dénoncé la fuite de près de 30.000 tonnes de cacao au Ghana, pendant la campagne 2010-2011 (Boneton)[142].

Ces activités illégales sont, de façon générale, le fait d'acheteurs, de producteurs ivoiriens et de trafiquants ghanéens. La ville de Niablé, située à environ 2 km du Ghana et la localité d'Akati, à 18 km d'Ebilassokro et 25 km d'Abengourou, demeurent d'importants canaux d'écoulement, bien que connus des agents de sécurité. Des témoins affirment que des camions venant de Zaranou et chargés de cacao sont très souvent escortés par des agents des forces de l'ordre jusqu'à la frontière pour éviter les coupeurs de route.

Toutefois, des ventes frauduleuses ont lieu à l'intérieur des plantations frontalières, souvent à cheval sur les deux pays. D'autres délinquants usent de perfidie en se déguisant en commerçants ambulants de marchandises diverses pour tromper la vigilance des comités de lutte contre le trafic de cacao. Une fois la frontière franchie, ils prennent contact avec des intermédiaires pour l'achat de leur produit.

Une autre astuce consiste à exporter frauduleusement par la frontière du cacao rejeté au port pour mauvais état auquel on prend soin de mélanger une grande quantité de bonnes fèves. Par cette pratique, des jeunes natifs de la région ou y ayant passé leur enfance croient légitimer leurs activités illicites.

Intervenant sur la question, le sous-préfet central de l'Indénié-Djuablin dénonce l'implication d'une partie des représentants de l'Etat : *L'exportation frauduleuse n'est un secret pour personne dans la région. La complicité est plus grande que vous ne le croyez. Certains de nos collègues ont des intérêts dans cette affaire. Comment voulez- vous que ça prenne fin ?*

Favorisée par une partie de l'administration publique, la vente du cacao au Ghana est ainsi devenue une habitude des populations. Selon l'ex-président des comités de surveillance, la quantité de produits écoulés vers le Ghana en transitant par l'Indénié-Djuablin avoisine 100.000 tonnes, soit 70% de la production de l'Indénié (Bomo)[143].

La connaissance de ce trafic exige l'identification des différents intervenants, les moyens utilisés, la localisation du phénomène dans le temps et dans l'espace et les procédés appliqués sur le terrain.

---

141 *L'Expression*, n°607 du 17/08/2011.
142 *Notre Voie*, n°4003 du 08/12/2011.
143 BOMO Ange, op.cit. p. 96.

- **Auteurs du trafic illicite du café et du cacao**

Selon les enquêtés, les auteurs du commerce illicite de cacao vers le Ghana sont des acheteurs clandestins ou officiels originaires du Ghana ou de la Côte d'Ivoire. Ces acheteurs, pour la plupart, ne disposent pas d'agrément et travaillent au sein des réseaux ou à leur propre compte. Ils se comptent aussi parmi les producteurs, les manœuvres et certains opérateurs économiques à la solde de trafiquants ghanéens installés à la frontière. Les sorties de produits les plus importantes sont cependant le fait de certaines coopératives agréées ou fictives qui bénéficient souvent de la caution des paysans.

Ainsi, dans certains villages visités, toute la production est confiée à des natifs du village chargés de la revendre au Ghana. Tous ces acteurs directs sont accompagnés par des acteurs indirects que sont les agents des forces de l'ordre, les transporteurs et parfois des acteurs des comités de surveillance. Ils apportent leur assistance lors des convoyages des produits, interviennent au cours des contrôles routiers ou des interpellations ou restent tout simplement inactifs devant les comportements déviants.

Certains chefs coutumiers et autorités administratives sont cités comme complices majeurs en même temps qu'ils essaient, par des actes et discours publics, de prouver qu'ils luttent avec acharnement contre le phénomène.

Relativement éloignée des frontières ivoiro-libérienne et ivoiro-guinéenne, la région du Nawa n'offre pas la même facilité aux individus soucieux d'exporter frauduleusement.

• **Moyens utilisés**

- **Pistes ou voies détournées**

Très nombreuses, ces pistes dont certaines sont créées par les exploitants forestiers ou les trafiquants, longent et traversent la frontière à de multiples endroits. Leurs ramifications et aboutissements sont bien connus des trafiquants ou de leurs indicateurs.

Elles sont en général inaccessibles aux forces de l'ordre car utilisées par les trafiquants sur vélos, motos, voire sur véhicules.

- **Plantations frontalières**

Elles s'étendent parfois au-delà de la frontière, constituant ainsi de véritables « passoires » qui laissent du coup le choix aux paysans de faire basculer leur production de l'un ou de l'autre côté. Ces plantations appartiennent à des individus qui, parfois, ont deux nationalités. Ils détiennent à la fois une carte d'identité ivoirienne et une autre ghanéenne. Ils entretiennent des relations suivies avec les trafiquants et acheteurs ghanéens basées sur la confiance, même si des cas d'abus de confiance et d'escroquerie sont signalés. Il s'agit, entre autres, d'argent de ventes anticipées dont les produits sont par la suite livrés en partie ou pas du tout.

- Véhicules automobiles

Ce sont des camions souvent attelés de remorques dont la contenance est en général de dix (10) tonnes ou des voitures bâchées double cabine réputées pour leur capacité à pratiquer les voies de moindre qualité.

Leur présentation extérieure et leur bruit donnent à penser qu'ils sont en très mauvais état, mais l'habilité des conducteurs habitués à se débrouiller, fait qu'ils exécutent leurs besognes à tout prix. Ces véhicules ont en général des pièces administratives dont la validité a expiré depuis longtemps. Dans ces conditions, les problèmes d'accident matériel ou corporel sont réglés à l'amiable. Un constat serait inutilement coûteux voire même risqué au niveau judiciaire, pour les propriétaires qui répondraient devant la loi. Quelquefois, les conducteurs n'ont même pas de permis de conduire.

Mes enquêtes ont révélé que certains agents des forces de l'ordre, ayant séjourné longtemps dans cette région, sont au fait de tout ce qui précède et en tirent certains profits. Souvent sans motif de services commandés, ils vont dans ces zones en binôme ou seul et interceptent ces personnes hors-la-loi. Pour éviter d'être conduites à la brigade ou au commissariat, ceux-ci paient des sommes allant de 5000 à des centaines de mille proportionnellement aux fautes qui leur sont reprochées afin de recouvrer leur liberté.

- Motocyclettes

Elles sont rarement utilisées, à cause du carburant qu'elles consomment en plus de leur faible capacité de transport.

- Bicyclettes ou vélos

Plus aptes pour le transport des sacs dans les plantations, ils sont, contrairement aux motocyclettes, d'usage courant. On s'en sert par location et leur nombre varie en fonction du tonnage de cacao à transporter (10 à 20 vélos par exemple). Leurs utilisateurs sont des personnes dont l'âge varie entre 20 et 40 ans. La plupart sont manœuvres ou contractuels. Les autres sont des enfants et neveux des planteurs ou simplement des correspondants de pisteurs ou acheteurs clandestins.

- Portage

C'est le moyen le plus ancien, mais toujours en vigueur dans certains villages. Il est pratiqué par des manœuvres ou des jeunes porteurs appelés « donita », contre une rémunération en fonction du poids de la marchandise et de la distance. Les « donita » sont aussi sollicités pour charger les véhicules et les pousser, lorsqu'ils s'embourbent.

- Corruption des agents de l'administration et de sécurité

D'importantes sommes d'argent servent à acheter les produits, mais aussi à corrompe les agents de sécurité et les comités de surveillance. Certains agents de l'administration publique et des autorités coutumières chargés de veiller au bon déroulement des différentes campagnes de traite contribuent plutôt aux pratiques frauduleuses de fuite des produits et d'achats fictifs. Les différentes interventions en faveur des fraudeurs effectuées par des personnes influentes dans la région concourent à renforcer le sentiment d'impunité et de légalisation de certains actes incriminés. Les complices servent de couverture aux délinquants qui ont la latitude d'échapper au contrôle formel.

- Code de communication

Il existe un langage commun à toute la chaîne de fraude et des codes spécifiques aux différents maillons qui peuvent varier en fonction de la tâche accomplie. *Par exemple, lorsqu'un agent de sécurité dit : j'ai trois (03) sacs dedans, cela signifie qu'il réclame trente (30) mille francs CFA, soit dix (10) mille FCFA par sac*, explique un planteur. Le langage du trafic est un mélange du français ; du malinké ; du fanti (langage ghanéen) couramment parlé par les habitants (les Agni) de l'Indénié.

- Localisation dans le temps

Il est question ici de préciser les moments où le trafic a lieu. A ce sujet, les propos des enquêtés divergent. Alors que certains estiment qu'ils se déroulent la nuit, d'autres indiquent plutôt le jour. En réalité, ce phénomène a cours à tout moment, mais il est plus prononcé la nuit, entre 19 heures et 05 heures. Ces moments dérangent moins les occupations journalières, en même temps qu'ils offrent plus de discrétion et permettent aux fraudeurs de se fondre facilement dans la nature, au besoin.

Carte n°4 : Circuits de l'exportation illicite du cacao vers le Ghana

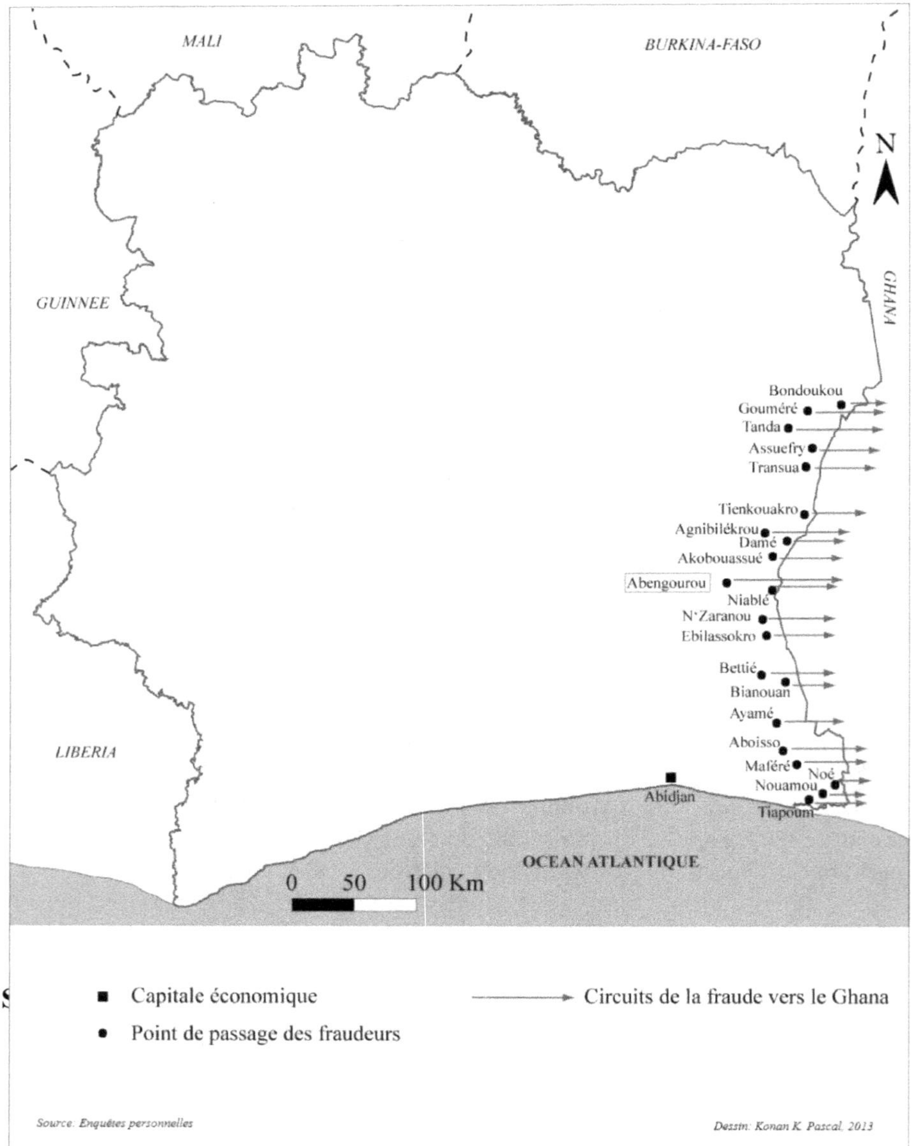

Source : Données de l'enquête sur le terrain

Carte n°5 : Circuits de l'exportation illicite du cacao vers le Ghana propres à la région de l'Indénié-Djuablin

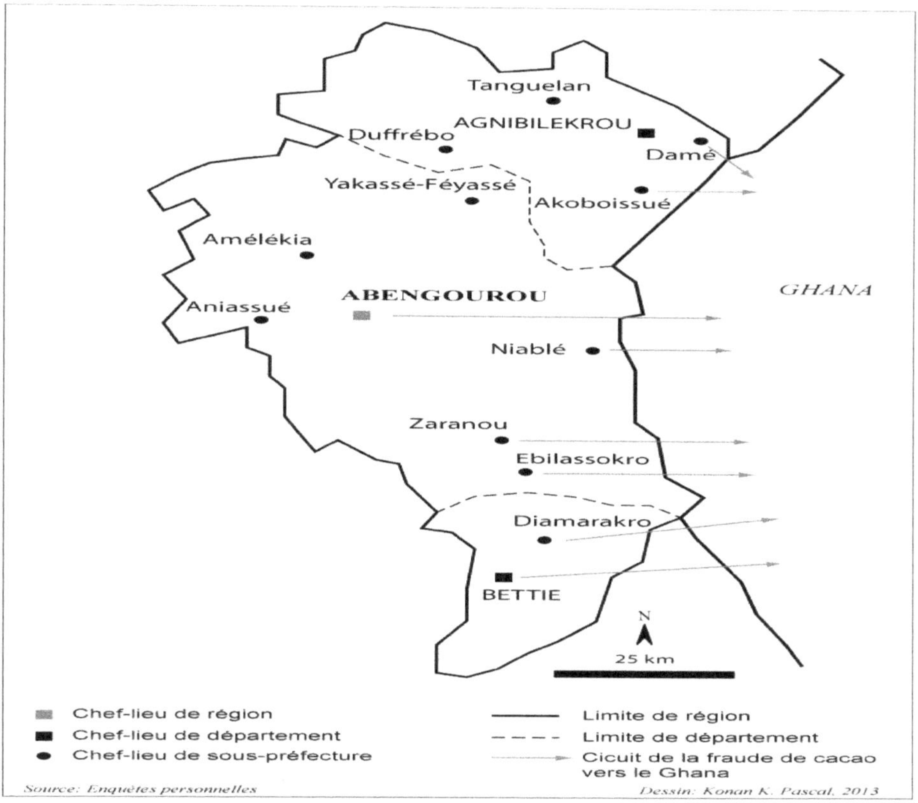

Source : Données de l'enquête sur le terrain

Les localités de trafic ou de transit les plus concernées par sous-préfecture sont :

- Bettié (Atchékro, Diamalakro, Brobo, Anékro, Tanokro et Kouassikro) ;
- Niablé (Abronanmoué, Djangobo, Camp, Appoisso, Aboudoukro, Soukoussoukro, et Zohounou) ;
- Ebilassokro (Akati, Aprompron, Moussakro, Adamakro et Bokakokoré).

- **Modes opératoires ou stratégies des trafiquants**

Les stratégies d'écoulement du cacao sont réparties en trois (3) catégories :

❖ D'abord, la méthode du producteur individuel ivoirien qui consiste à prendre attache avec un acheteur ghanéen pour la concrétisation d'un contrat (verbal) de vente. La marchandise est alors évacuée par des manœuvres ou/et de jeunes villageois spécialisés en la matière.

❖ Ensuite, la méthode de relais utilisée par des pisteurs ivoiriens qui reçoivent des marchands clandestins ghanéens, d'importantes sommes d'argent à l'effet d'acheter et de collecter des produits. Ici, les cas d'abus de confiance et de détournement de fonds sont légions dans la mesure où certains n'hésitent pas à disparaître ou à faire autre usage du pécule reçu.

❖ Enfin, la méthode d'action directe, pratiquée par des marchands ghanéens, consiste pour ces derniers à faire les achats et collectes sans intermédiaire. En achetant directement, le trafiquant se met à l'abri d'éventuels escrocs et réduit les coûts de l'importation. Toutefois, l'achat direct aboutit tout autant à des cas d'escroquerie et d'abus de confiance, du fait de la passivité des parties. En effet, sur la base de la parole donnée, ou de certaines considérations historiques (la fidélité, le lien ou les rapports de longue durée), des producteurs ivoiriens prennent l'habitude de livrer leurs marchandises à crédit à des Ghanéens qui, parfois, ne reviennent plus honorer leur engagement. Un notable de Bettié témoigne : *Beaucoup dans ce village ont fait les frais de leur confiance aux acheteurs ghanéens ; d'autres ne reviennent plus jamais payer, ou font usage de faux billets de banque.*

Toutes ces méthodes ont pour point commun la complicité des forces de l'ordre dont certains éléments jouent le rôle de facilitateur dans la fuite de la production. Ils ont été maintes fois indexés par nos enquêtés comme les « catalyseurs », « accompagnateurs » ou « informateurs » des trafiquants. Selon un président de coopérative à Bettié, le trafic illicite n'est pas en voie de disparition, au vu des motivations des agents de sécurité qui travaillent dans la zone : *J'ai un parent douanier qui m'a dit que certains éléments des forces de l'ordre demandent expressément à être mutés en zone frontalière à cause des facilités d'enrichissement qu'offre le trafic illicite du cacao.*

Au total, qu'il s'agisse de Ghanéens ou d'Ivoiriens, les trafiquants sont connus des populations, leurs méthodes aussi. Curieusement, ce phénomène pourtant très décrié perdure, voire même s'améliore au fil des ans.

En définitive, la situation géographique de l'Indénié-Djuablin le prédispose à des échanges commerciaux clandestins avec le Ghana.

Les complicités ethniques, la corruption des agents de sécurité, les conditions climatiques favorisent la fuite du cacao vers le Ghana, lorsque les conditions d'achat dans ce pays se sont avérées meilleures qu'en Côte d'Ivoire. Cette criminalité est donc marquée par des activités de contrebande, de pratiques frauduleuses et bien d'autres méthodes pour déjouer les stratégies des agents de contrôle. La nature du trafic illicite est telle qu'il est en majorité pratiqué par les producteurs qui sont par ailleurs des nationaux et des détenteurs du pouvoir économique.

- **Vols de produits en fermentation ou séchés et des intrants agricoles**

Les vols de produits en fermentation ou séchés et des intrants agricoles sont également importants (17,07%). Ces infractions sont favorisées lors de l'écabossage des produits dans les champs de certains grands producteurs qui font appel à plusieurs travailleurs à la tâche : des jeunes du village, des parents proches ou éloignés, ou même des membres des communautés étrangères. Certains parmi eux retournent durant la nuit dans les points de fermentation pour dérober une partie de la production, souvent avec la complicité des enfants ou des employés du producteur.

D'autres individus organisés en bandes s'attaquent aussi aux magasins de stockage des paysans ou des coopératives. Dans le village d'Akati, les groupes d'autodéfense ont intercepté un camion transportant du cacao en fermentation volé à des paysans, en novembre 2008. Ces délinquants se rendaient de nuit dans certaines plantations sur la base de renseignements et de complicités pour dérober les produits. En décembre de la même année, à Ayaou, un campement d'Ebilassokro, un paysan a ouvert le feu sur des voleurs de cacao, faisant un blessé grave.

Ce dernier, conduit devant la chefferie traditionnelle a affirmé faire partie d'un gang composé de trafiquants ghanéens et de quelques travailleurs immigrés.

Enfin, des détournements sont constatés lors du transport des produits vers les lieux de séchage et de l'application des pesticides généralement confiée aux travailleurs migrants.

- **Délits de surcharge**

Les délits de surcharge (2,44%) concernent le transport de marchandises dépassant le tonnage prescrit par le PTAC (poids total à charge d'un camion). Le mauvais état des pistes et les nombreux barrages, plutôt que de freiner le phénomène de surcharge, contribuent à son accroissement, en raison de la volonté des usagers soucieux de faire moins de voyages pour plus de bénéfices. *Les routes sont mauvaises, tu peux faire deux heures de temps pour 30 km et encore, tu dois payer à chaque barrage. Alors, imagine si tu dois faire ce parcours plusieurs fois par jour ! Avec les surcharges, je souffre une seule fois,* explique Souleymane, transporteur à Ebilassokro. Ainsi, il n'est pas rare de rencontrer des véhicules dont le débordement de l'arrimage saute aux yeux.

Selon Bakary, acheteur de produit à Agnibilekrou, ces pratiques sont liées à la forte activité cacaoyère et exacerbées par la corruption : *Quand y'a cacao, tout le monde fait surcharge. Si les forces de l'ordre t'arrêtent, tu payes et tu passes, c'est tout !*

- **Réfactions**

Au niveau des usines, les contrôleurs ont, eux aussi, dans le cadre des réfactions (1,83%), des méthodes pour extorquer les fonds aux commerçants. Prétendant une certaine défectuosité, l'agent contrôleur refoule dans un premier temps les produits pour réfaction alors qu'ils sont de bonne qualité.

Il propose dans un second temps au vendeur l'achat de sa marchandise à un prix dérisoire. Monsieur K. Roméo, usinier explique : *Certains de nos collègues s'adonnent malheureusement à cette pratique qui s'apparente à un vol. L'année dernière, deux agents ont été pris par la direction qui les a renvoyés.*

- **Coopératives fictives**

Dans les départements d'Abengourou et d'Agnibilekrou, la vente groupée ou en coopérative est privilégiée par les paysans, en raison de leur meilleure organisation par rapport aux autres zones. Les ventes privées ou individuelles ne viennent qu'en dernier recours ou sont le fait de petits producteurs endettés ou encore de paysans qui pratiquent la vente illicite au Ghana. Ce contexte suscite donc la création de coopératives fictives (9,15%) de la part d'individus sans constitution légale qui approvisionnent aussi les trafiquants ghanéens. Ces coopératives sont des sources d'arnaque, d'escroquerie, de détournements de fonds, de corruption et de vol des revenus des producteurs.

De mes échanges et investigations sur le terrain et après lecture des textes régissant le mouvement coopératif ivoirien, j'ai pu déceler que la circulaire interministérielle n°3718/Minagra /Mid du 26 octobre 1998, relative à l'application de la procédure d'agrément des coopératives, n'est pas respectée. La falsification et la corruption sont les moyens utilisés par les fraudeurs pour obtenir les agréments.

- **Exploitation frauduleuse des enfants**

Bien que reconnaissant la grande ampleur du phénomène d'exploitation frauduleuse des enfants, les enquêtés n'ont fait que le témoignage effectif de 0,61%.

Pourtant, les statistiques de la police indiquent que dans les années 2006 et 2007, 47 enfants ont été arrachés des mains de 5 individus. Tous d'origine togolaise, ces enfants ont été rapatriés par le comité départemental de lutte contre la traite et le travail des enfants, avec l'aide de la GTZ.

Interrogé, un des exploitants d'enfants confie ceci : *Je suis Togolais et propriétaire de véhicule de transport public. Je rends service à des compatriotes qui me demandent de faire venir ces enfants qui sont leurs parents pour les aider à faire la cueillette en période de traite. Même s'ils me payent, ce sont eux qui me les font remettre par des personnes depuis le Togo. Je ne suis pas un vendeur d'enfant.*

A propos du phénomène d'exploitation des enfants, le préfet de la région de l'Indenié-Djuablin explique : « *Le but immédiat de ces actions était non seulement de restaurer l'image de la Côte d'Ivoire, mais également de certifier le cacao qui était menacé d'embargo depuis juillet 2005.* Après quelques hésitations, le gouverneur s'empresse d'ajouter : *Que peut faire un père planteur de son fils qu'il n'a pu mettre à l'école, ou qui a été renvoyé pour insuffisance de travail, si ce n'est de lui apprendre des travaux champêtres ? Il faut faire la différence avec ceux qui font le commerce des enfants à des fins d'exploitation.*

Les réactions des populations ont confirmé les propos de l'administrateur cités ci-dessus, montrant qu'elles ignorent ou ne comprennent pas le caractère infractionnel du travail des enfants, tel que perçu par l'opinion internationale.

A côté de cette criminalité qui a le plus souvent cours en période de traite du café-cacao, il y a celles qui, existant déjà, prennent de l'ampleur.

- **Infractions non spécifiques à la traite**

Ces infractions (42,07%) portent atteinte à l'intégrité physique des personnes et sont dominées par les attaques à main armée (7,93%), les vols en réunion (7,93%) et les coupages de route (8,54%).

- **Coupages de route**

Dans les cas de coupages de route, les gangsters s'embusquent en bordure des routes pour immobiliser et attaquer des véhicules de transport public ou de marchandises, souvent au moyen d'armes à feu, de morceaux de bois ou de faux barrages. Dans cette période de fortes activités économiques, les bandits s'en prennent aux opérateurs de tous les secteurs d'activités en raison de la présomption de richesse créée par la traite. Le rapport 2009 sur l'état des droits de l'homme en Côte d'Ivoire en donne quelques exemples. Le 24 juillet 2009, Loukou Koffi, conduisant un véhicule de livraison de poissons congelés, est fusillé par des "coupeurs de route" dans la région de Bettié. Le 5 octobre 2009, des véhicules de transport de marchandises appartenant à Michel Ritzkalah sont attaqués sur l'axe routier Abengourou-Bettié, provoquant la mort d'un chauffeur par balles. Le 22 septembre 2009, Hamed Dicko, un revendeur de poisson, est abattu sur sa moto par des "coupeurs de route" sur le tronçon Abengourou-Abronamoué village (CNDHCI, 2009 : 26). Un paysan blessé par balles au cours d'une attaque raconte : *Je me rendais à l'Indénié-Djuablin pour vendre mon cacao, 32 sacs en tout, quand des bandits ont tiré sur nous. Malheureusement, l'apprenti a été tué et moi j'ai reçu des balles dans la jambe gauche. J'ai réussi à m'enfuir quand même et ils sont partis avec mes produits.*

- **Meurtres**

Concernant les meurtres, des témoignages ont été faits sur des cas d'homicides volontaires, de crimes crapuleux masqués par leurs auteurs, pour faire penser ou croire à des suicides ou noyades. Il s'agit d'actes attentatoires, souvent perpétrés dans des champs, sur des pistes villageoises ou dans des domiciles.

Certains restent toujours mystérieux, les mobiles et les circonstances demeurant méconnus. La question du meurtre étant un sujet tabou dans la société akan, des témoignages concrets n'ont pu vérifier ces informations. En outre, en raison du secret professionnel auquel sont astreints les enquêteurs, ceux-ci sont très peu bavards sur les dossiers qu'ils traitent, notamment lorsqu'ils sont classés sans suite.

Toutefois, selon les autorités judiciaires, trois acheteurs ont été assassinés à leur domicile au cours des trois dernières années dans la région. Pour K. Paul, habitant d'Agnibilekrou, le temps de la traite est particulièrement risqué : *La première fois que j'ai été agressé, je me rendais dans un village à moto. Les bandits ont tiré en l'air, j'ai paniqué et je suis tombé. Ils ont pris les 3 millions que j'avais sur moi et mon engin. Ça été très dur pour moi.*

Des indiscrétions attribuent ces crimes à des règlements de compte entre employés et employeurs, des querelles familiales ou des conflits fonciers. En janvier 2010, devant l'ampleur des braquages et vols qui sévissaient dans la région, le comité de gestion de la filière café-cacao (FGCC) a offert deux véhicules de type 4X4 à la compagnie de gendarmerie. Ce don permettrait, selon le président de la structure, d'assurer le bien-être des planteurs par une sécurisation des routes (Babo)[144].

- **Viols**

Avec une proportion de 1,22%, les viols sont attribués à la montée de la prostitution dans la région et à l'imprudence de certaines jeunes filles en quête de gain facile. Pendant la traite, la rue "princesse" d'Abengourou, située entre le carrefour de la SODECI et le carrefour "Dunhill", bordée de nombreux maquis, est prise d'assaut par de nombreux fêtards issus de toutes les couches socioprofessionnelles. On y trouve une ambiance bruyante entretenue par les sonorités en vogue, sans oublier l'alcool et le sexe.

---

[144] BABO Alfred, *L'étranger en Côte d'Ivoire. Crises et controverses autour d'une catégorie sociale*, Paris, L'Harmattan, 2013.

Selon les données fournies par le conseiller régional VIH/Sida du Moyen-Comoé et responsable de la CTAIL, 994 professionnelles du sexe ont été identifiées à Abengourou de 2009 à juin 2011. *Ce nombre n'est pas exhaustif. Ces professionnelles du sexe n'opèrent pas forcément à visage découvert et certaines d'entres elles se rendent directement au domicile de leurs clients à la demande de ces derniers. Nous n'avons donc pas la possibilité de les identifier toutes*, a-t-il révélé. Au demeurant, certaines filles ont des complices qui les aident à établir des contacts avec d'éventuels clients.

Ces comportements conduisent souvent à des viols et même à des sacrifices rituels. A en croire le président de "Vision nouvelle", une ONG qui lutte pour la préservation des droits des enfants, 117 cas d'abus sexuels non protégés dont 12 cas de viols d'enfants ont été enregistrés dans le Moyen-Comoé dans le courant de l'année 2011 (Kissy)[145]. Le viol étant ressenti comme un déshonneur et une atteinte à la dignité humaine, aucune personne n'a accepté de témoigner en tant que victime.

• Abus de confiance et racket

Dans cette catégorie, on peut aussi noter les infractions contre les biens qui représentent 12,81% et sont constituées de cas d'abus de confiance (7,93%) et de racket (4,88%).

Ces infractions sont en réalité sous-représentées car rarement dénoncées ou découvertes par les forces de l'ordre. C'est le cas des tracasseries routières qui ne représentent que 4,88% officiellement, alors qu'elles sont quotidiennement décriées par la population. Les mis en cause étant les agents de sécurité, quelques actions de lutte sont menées contre les auteurs pour apaiser la grogne des transporteurs et des opérateurs économiques.

Selon le directeur régional de l'Agriculture de l'Indénié Djuablin, en période de traite, les agents de sécurité se positionnent aux entrées et sorties des villages, feignent de contrôler les marchandises en exigeant des conducteurs et convoyeurs de l'argent. Le refus de payer entraîne systématiquement l'immobilisation du véhicule et une hausse des taxes.

Cependant, les agents des forces de l'ordre considèrent qu'ils sont étiquetés à cause de leur uniforme voyant, admettant que la corruption existe dans tous les milieux. Les contrôles intempestifs ont surtout pour but de provoquer une psychose de retard chez les camionneurs, ce qui les oblige à s'exécuter rapidement pour pouvoir continuer leur route. Les montants exigés varient entre 5.000 FCFA et 20.000 FCFA et sont plus ou moins élevés et réguliers selon la fluctuation de la saison économique.

---

[145] *Trait d'Union,* n° 21 du lundi 06/2012, p. 3.

Bouréima, chauffeur depuis 15 ans, témoigne : *Ils ont bloqué mon camion pendant cinq heures parce que je ne voulais pas payer 10.000 FCFA. Ils m'ont finalement pris 20.000 FCFA.*

Lors de la traite, les pratiques d'escroquerie et d'abus de confiance (7,93%) se multiplient. Des pisteurs grugent leurs mandants en détournant à d'autres fins l'argent destiné à l'achat des produits. Des planteurs sont aussi victimes de certains acheteurs qui prennent leur cacao ou café à crédit et font par la suite des difficultés pour payer leur dû.

De même, des conflits naissent au moment du paiement des dettes contractées avant la traite par des paysans auprès des acheteurs lorsqu'une partie fait preuve de mauvaise foi. *Avant que les prix des produits ne soient fixés, des planteurs en difficulté financière se font prépayer leur future cueillette. Très souvent, sur la base d'un simple contrat verbal de gré à gré, ils s'accordent avec les acheteurs sur un montant pour le kilogramme. Le moment venu, lorsque le prix indicatif bord-champ est fixé, la partie qui se sent lésée fait volteface*, explique un chef de canton.

Malgré la récurrence de ces faits criminels, le procureur du tribunal de première instance de l'Indénié-Djuablin indique qu'il y a peu de plaintes devant le parquet et les services de sécurit, en raison des règlements à l'amiable et de l'existence du tribunal royal.

Il faut noter que les crimes commis présentent les mêmes tendances que le niveau de la criminalité globale de la région.

- **Statistiques criminelles de la compagnie de gendarmerie et de la préfecture de police de l'Indénié-Djuablin**

La moyenne des statistiques criminelles de la compagnie de gendarmerie et de la préfecture de police de l'Indénié-Djuablin est de 1.057 infractions en trois ans, soit 1.094 en 2005, 1.033 en 2006, et 1.043 en 2007. L'ensemble de cette période est prédominé par les vols, toutes catégories confondues, avec un taux de 26,49%. Ils représentent le quart des infractions annuellement commises, avec 27,88% en 2005, 25,46% en 2006 et 26,27% en 2007. Ces soustractions frauduleuses de biens ont lieu sur les routes, dans les commerces et domiciles. Des producteurs de cacao sont aussi souvent victimes du vol de cabosses, fèves en séchage ou déjà ensachées et entreposées dans les magasins.

La deuxième catégorie concerne les infractions financières et économiques qui représentent 25,64%. Il s'agit d'activités de contrebande, en particulier d'exportation illicite de produits agricoles vers le Ghana.

Les atteintes aux biens d'autrui se manifestent aussi par des actes d'escroquerie, d'abus de confiance, de tracasseries routières et de corruption. Ces infractions ont décru de 03,8%, en passant de 27,42% en 2005 à 23,62% en 2006, avant de se stabiliser à 25,98% en 2007.

Les violences et voie de faits constituent la troisième catégorie de crimes fréquemment commis dans la région. Avec un taux de 18,64% sur l'ensemble des trois années, elles ont connu une hausse en 2006 avec 23,33%, alors qu'elles n'étaient que de 15,27% en 2005, avant de baisser à nouveau à 17,55% en 2007. Ces atteintes aux biens et à l'intégrité physique des personnes relèvent des bagarres, braquages, attaques à main armée et conflits fonciers.

Les homicides sont les formes graves d'atteinte à l'intégrité physique des personnes. Avec une moyenne de 9,46%, ils regroupent les meurtres, assassinats, empoisonnements.

On remarque une importance relative des cas de recel d'objets volés (8,61%). Il en est de même du trafic de drogue et de stupéfiants (8,04%) dont l'approvisionnement viendrait essentiellement du Ghana.

Enfin, la traite des enfants (0,47%), l'usurpation de titre (2,08%) ou encore le charlatanisme (0,28%) ainsi que les incendies volontaires (0,28%) sont moins fréquents.

Ainsi, ces statistiques criminelles de 2005 à 2007 sont dominées par les atteintes contre les biens (52,27%), suivies des atteintes à l'intégrité physique des personnes (28,10%) et des autres infractions (19,63%).

5.1.1.4. Mode opératoire des criminels

Pour dépouiller leurs victimes, les criminels ont recours à des complices qui leur fournissent assistance, informations, moyens matériels et financiers. Leur contribution est soit active, soit passive.

➢ **Cas de complicité active**

Ces cas appellent l'implication du complice dans le déroulement de l'opération, de l'élaboration du plan d'attaque à la commission de l'infraction comme éclaireur ou instructeur. Ce dernier, sollicité par le gang, a la charge d'espionner la cible, le système de sécurité, d'évaluer les risques et de fournir toutes informations utiles à la réussite de l'opération.

Les braqueurs et les coupeurs de route opèrent le plus souvent encagoulés. *Nos victimes sont souvent des personnes connues pour leur aisance financière, leur mode de vie, leurs fréquentations, leurs moyens de défense. Elles peuvent nous reconnaître, donc nous opérons en cagoule, sans porter nos véritables noms,* raconte un délinquant interpellé par la gendarmerie.

Victime de vol, un paysan du village d'Amélékia raconte : *C'est mon manœuvre qui a monté un groupe et ils ont volé tout mon cacao au champ.*

Un autre paysan affirme avoir été victime de son propre fils : *« Mon fils était assis derrière le camion sur les sacs et moi, j'étais auprès du chauffeur.*

Mais au fur et à mesure qu'on partait, le petit faisait tomber les sacs que ses amis cachés dans la broussaille ramassaient et cachaient. J'ai d'abord accusé mes manœuvres mais, après, j'ai su que c'était le petit.

Concernant la vente des produits au Ghana, on retrouve les auteurs, tant dans le milieu des acheteurs que dans celui des producteurs. Ils bénéficient de l'aide des passeurs qui sont en général de jeunes gens habitués aux passages clandestins.

➢ Cas de complicité passive

Par leur silence et le semblant de subir l'action, les complices passifs facilitent la réalisation du vol dont ils ont préalablement connaissance.

Ainsi, un conducteur peut simuler une panne de véhicule pour permettre le vol de son contenu. Pour le même objectif, un agent de coopérative peut simuler un oubli, en ne fermant pas le magasin de stockage. Kaboré, pisteur de cacao depuis 5 ans explique : *Quand la traite arrive, il faut faire attention. Ton propre frère peut appeler les bandits pour leur dire de t'attendre quelque part où tu vas passer en vue de t'agresser et prendre tes biens.*

Tableau 15 : Types d'armes utilisées par les criminels dans la région de l'Indénié-Djuablin (2008-2010)

ARMES / ANNEES	ARMES DE GUERRE	ARMES DE CHASSE	ARMES BLAN-CHES	AUTRES	MUNITIONS	
					CHASSE	GUERRE
2008	08	12	68	52	6692	23
2009	02	02	42	36	38	02
2010	04	06	90	26	26	05
TOTAL	14	20	200	114	6756	30

Sources : Compagnie de gendarmerie et préfecture de police

Une autre stratégie consiste pour les délinquants à contrôler l'appareil judiciaire et les services de sécurité par la corruption. Les magistrats sont régulièrement tentés par les trafiquants, les fraudeurs et les acheteurs de produits dans le but d'arrêter une procédure, de biaiser un jugement, dans tous les cas, de prendre une décision qui leur soit favorable.

Les forces de sécurité sont soumises aux mêmes tentations. Des billets de banque leur sont proposés chaque fois qu'ils procèdent à des contrôles.

Quand bien même il arrive que ces tentatives de corruption soient repoussées, les plaintes et les condamnations sont très rares voire inexistantes. Les complices et les corrompus sont, de l'avis de tous les témoins, nombreux au sein des services judiciaire et sécuritaire.

Enfin, des personnes ciblées à cause de leur fortune supposée importante sont régulièrement objets de chantages et menaces. *Il arrive qu'on interpelle au téléphone ou par écrit notre victime, lui intimant l'ordre de déposer la somme que nous désirons à un endroit soigneusement choisi pour éviter d'être pris par les forces de sécurité. Nous lui indiquons alors qu'elle paierait de sa témérité si elle ne s'exécutait pas dans le délai imposé.*

Ici, les complicités des parents et des collaborateurs, par fourniture de renseignements sur les moyens, les habitudes et les références des victimes, ont été dénoncées par plusieurs témoins.

Les opérations criminelles menées par les gangs et bandes organisées sont quelquefois réalisées avec un arsenal diversifié. Les saisies effectuées par les services de police et de gendarmerie s'élèvent à 14 armes légères de guerre (kalachnikovs, mitrailleuses, pistolets automatiques), 20 fusils de chasse (calibre 12), 200 armes blanches (machettes, couteaux, marteaux), 30 munitions de guerre, 6.756 munitions de chasse et 114 armes diverses (revolvers, canons sciés).

La crise armée de 2002 a eu pour conséquence la libre circulation des armes et une criminalité plus violente. *Vous savez, ici, nous sommes habitués aux cas d'exportations frauduleuses. Mais, de plus en plus, les bandits utilisent des armes de guerre, des kalachnikovs ou des mitrailleuses. Cela est dû à la guerre que connaît le pays* explique un officier de la gendarmerie.

La densité de la circulation des armes serait également le fait des contrebandiers ghanéens très présents dans la région. Selon le sergent de police Z.G, en service à Niablé, la frontière a un impact sur le taux élevé de la criminalité en période de traite : *Les trafiquants ghanéens sont quelques fois plus armés que nous. Certains d'entre eux viennent attaquer les convois de cacao, ou prêtent leurs armes à des groupes et bandes armées qui opèrent le long de la frontière.*

Toutefois, de source policière et des aveux des délinquants, certains agents des forces de l'ordre sont complices de cette criminalité par le prêt de leurs armes, en contrepartie d'une portion du butin.

- **Perceptions de la criminalité en période de traite**

➢ **Evolution annuelle de la criminalité**

J'ai procédé à l'étude de la stabilisation de l'insécurité dans la zone afin de déterminer la proportion de crimes commis en période de traite. Cela a consisté en une répartition de la criminalité dans le temps (ici sur les 12 mois de l'année) en faisant l'inventaire des périodes de risque selon les types d'infractions.

Figure 2 : Répartition mensuelle des crimes des années 2008-2009-2010

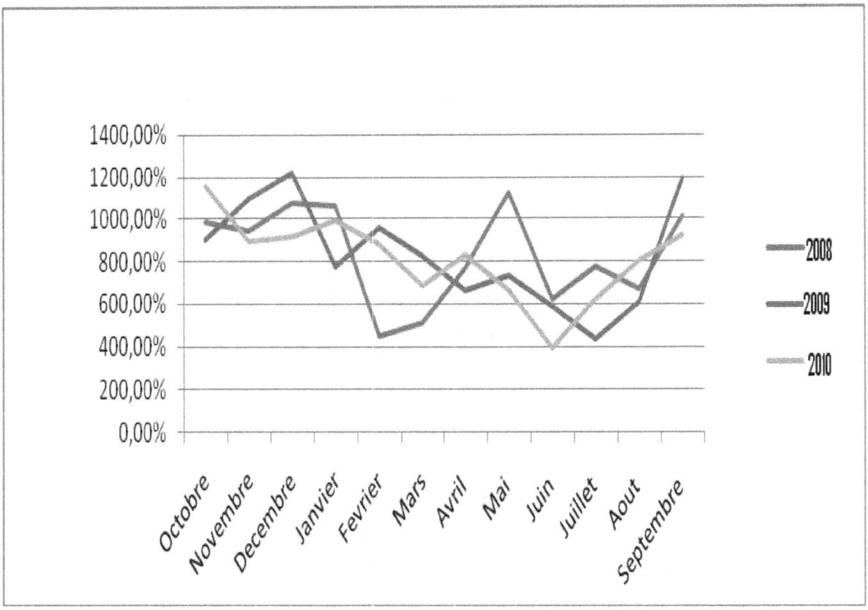

Sources : Compagnie de gendarmerie et préfecture de police

Les courbes indiquent pour, chaque année, des périodes de croissance et de baisse de la criminalité.

En 2008, les périodes de croissance de la criminalité se situent de septembre (10,14%) à janvier (10,60%) avec un pic de 10,78% en décembre puis de mars à mai où le niveau atteint un seuil de 11,24%. Les moments de baisse apparaissent en février (4,47%) et en juin (6,21%), où le niveau reste stable jusqu'en août.

Pour l'année 2009, l'on observe trois niveaux de croissance de la criminalité dont le plus élevé se situe entre les mois de septembre (11,90%) et décembre (12,19%). Deux autres niveaux de hausse légère apparaissent en février (9,58%) et mai (7,35%). On enregistre une première baisse en janvier (7,74%) puis une seconde qui va de février à avril (6,67%) et enfin de mai à juillet (4,35%).

En 2010, la criminalité prend de l'ampleur, passant de 3,91% en juin à 11,55% en octobre, puis baisse légèrement en janvier (9,87%).
Elle retombe à 6,80% en mars, puis après une brève et légère hausse en avril (8,29%), chute à 3,21% en juin.

> - **Analyse de la criminalité par rapport aux activités économiques**

L'analyse de l'évolution saisonnière de la criminalité et celle des activités économiques permettront de comprendre leur rapport dialectique.
L'analyse des indicateurs montre que l'insécurité prend de l'ampleur d'avril à juin, puis de septembre à janvier. Ces périodes qui correspondent, pour la première, à la petite traite du cacao et pour la seconde, à la grande traite du café-cacao, enregistrent respectivement 21,55% et 50,90% de la criminalité annuelle.
En effet, le lancement et l'ouverture de la campagne cacaoyère se situent généralement en septembre ou octobre. L'Etat fixe les prix bord-champ et l'ensemble des opérateurs, notamment les producteurs, acheteurs et transporteurs rentrent officiellement en activité. Apparemment, c'est le point de référence pour les "criminels de traite", dans la mesure où, à cette période, les tendances des infractions atteignent les deux chiffres variant entre 10,22% et 10,50%. En décembre, mois marqué par les fêtes de fin d'année avec leurs corollaires de besoins sociaux, ainsi que la grande vente des produits et la circulation d'importantes sommes d'argent, il y a une réelle montée de la criminalité (12,19%).
Par contre, la petite traite (avril à juin), déterminée par une baisse de la productivité, est vécue avec moins de ferveur économique et de consommation de biens sociaux. Cette situation engendre une baisse de la criminalité qui se situe à 8,51% en mai, avant de chuter le mois suivant à 5,39%.
Les périodes de février-mars et juillet-août au cours desquelles l'activité agricole est réduite à l'entretien des vergers, enregistrent des taux de criminalité relativement faibles.

De 50,91% à la grande traite, la criminalité décline à 14,38%, puis de 21,55% à la petite traite, elle atteint 13,15%. On comprend dès lors qu'après chaque traite s'en suit une phase de régression des actes criminels. La baisse de l'activité économique correspond à un recul du niveau de délinquance. Le taux de criminalité en période de traite avoisine les deux tiers de la criminalité annuelle avec 72,47%.

La criminalité dans l'Indénié-Djuablin prend donc une ascension en période de traite du café cacao. Marquée par l'exportation illicite des produits suscités, elle est plutôt astucieuse que violente. L'analyse des données du Nawa me permettra de faire la comparaison entre les deux régions.

5.2. Manifestations de la criminalité dans le Nawa

Il s'agit de présenter les acteurs de la criminalité, de déterminer comment elle se déroule et de montrer comment elle est perçue.

5.2.1. Présentation des acteurs de la criminalité dans le Nawa

Dans le Nawa, on rencontre des criminels dans tous les secteurs d'activités, même si certaines catégories sociales prédominent.

5.2.2. Auteurs de la criminalité

- **Typologie**

On retrouve des auteurs de crimes dans toutes les catégories sociales.

Tableau 16 : Typologie des auteurs de crimes dans le Nawa

TYPOLOGIE / POPULATION	PISTEURS	PLANTEURS	F.D.S	MANŒUVRES	TRANS-PORTEURS	COOPERA-TIVES	GROUPE AUTO-DEFENSE	BANDITS	TOTAL
Producteurs	11 14,67 %	12 16%	7 9,33 %	2 2,67 %	8 10,6 7%	3 4%	7 9,33 %	25 33,33 %	75 100%
Acheteurs et intermédiaires	7 18,92 %	1 2,70 %	6 16,2 2%	2 5,41 %	5 13,5 1%	1 2,70 %	3 8,11 %	12 32,43 %	37 100%
Forces de défense et de sécurité	4 28,57 %	00 00%	00 00%	2 14,2 9%	1 7,14 %	1 7,14 %	1 7,14 %	5 35,71 %	14 100%
Polices privées	6 28,57 %	00 00%	4 19,0 5%	00 00%	1 4,76 %	00 0%	3 14,2 9%	7 33,33 %	21 100%
Autorités locales	1 16,67 %	00 00%	2 33,3 3%	00 00%	00 00%	00 00%	00 00%	3 50%	6 100%
Administrateurs	2 40%	00 00%	1 20%	00 00%	00 00%	00 0%	00 00%	2 40%	5 100%
Opérateurs économiques	00 00%	00 00%	1 16,6 7%	00 00%	00 00%	00 00%	2 33,3 3%	3 50%	6 100%
TOTAL	31 18,90 %	13 7,93 %	21 12,8 %	6 3,66 %	15 9,15 %	5 3,05 %	16 9,76 %	57 34,76 %	164 100%

Source : Données de l'enquête sur le terrain

L'enquête a révélé cinq catégories d'auteurs de crimes, à savoir : des individus extérieurs à la commercialisation du café-cacao désignés par les enquêtés comme étant des « bandits », les acteurs de la filière, les forces de défense et de sécurité, les groupes d'autodéfense et les transporteurs.

- **Bandits**

Ce terme est utilisé par 34,76% des enquêtés pour désigner tous les criminels non identifiés qui commettent les vols, les braquages et les coupages de routes, comme l'explique un chef de communauté : *Ce qu'on sait, c'est que ce sont des bandits qui nous agressent le plus en période de traite du café-cacao. Que ce soit sur les routes ou dans les campements, ils viennent la nuit, encagoulés et ils prennent la fuite après leurs actes ; donc il est difficile de savoir qui ils sont exactement ; mais ce qui est sûr, ce sont des bandits.*

L'enquête qualitative réalisée auprès des acteurs institutionnels a révélé que la période de traite du café-cacao, qui coïncide avec les fêtes de fin d'année, est particulièrement criminogène pour les populations du Nawa. La réputation de la région en tant que grande zone productrice de café-cacao attire des bandits de toutes les régions de la Côte d'Ivoire et même de la sous-région ouest-africaine.

Au-delà de la traite, la région regorge de nombreuses autres potentialités économiques telles que l'usine d'huilerie située à Ottawa sur l'axe Soubré-Gueyo, l'usine Cargill de transformation du cacao, les grandes plantations d'hévéas et de palmiers à huile suscitent la recrudescence du grand banditisme. L'effet de la criminalité est donc ressenti par toutes les catégories sociales, et de façon considérable par les producteurs (33,33%) et les acheteurs (32,43%) considérés comme ayant en cette période plus de moyens financiers. Il faut noter également que des crimes crapuleux commis en 2007 dans la région et relayés par la presse avaient créé de vives réactions dans la population et amplifié le sentiment d'insécurité généralisé[146]. Ces faits expliquent sûrement le pourcentage élevé des perceptions et montrent bien que toutes les catégories sociales sont concernées par la criminalité.

- **Acteurs de la filière**

Dans cette catégorie, les rabatteurs, pisteurs et acheteurs de produits sont considérés par les enquêtés comme les plus impliqués dans la criminalité

[146] Le lundi 26 mars 2007, des bandits ont tué deux paysans et blessé un troisième, en représailles à l'intervention des forces de sécurité dans la zone qui avaient abattu 4 coupeurs de route. Ainsi, le mardi 27 mars, face à la vengeance des criminels, la population à entamé une marche de protestation pour réclamer plus de sécurité aux autorités administratives et militaires de la ville de Soubré.

(18,90%). De nombreux témoignages font état de ce que des infractions commises dans ce milieu sont le plus souvent l'œuvre de certains des acteurs de la filière. En raison des enjeux économiques de la traite, ces opérateurs se livrent à des actes de tromperie, de sabotage ou d'élimination physique de concurrents gênants, créant ainsi un climat d'insécurité et de méfiance dans la corporation.

D'ailleurs, la presse locale rapporte constamment des actes criminels dont se rendent coupables les pisteurs en période de traite du café-cacao dans la région. Ce fut le cas en novembre 2007 à Méagui où un pisteur a disparu avec 4 millions de FCFA que lui avait remis son patron pour l'achat de 15 tonnes de cacao. Par ailleurs, le nombre de pisteurs et de leurs rabatteurs par campagne n'étant pas réglementé, on observe une forte population de ces derniers dans les zones de production, au détriment des coopératives. Compte tenu de leur rôle d'intermédiaires, payés par commission, les rabatteurs et les pisteurs s'adonnent aussi à des comportements délictueux pendant les achats pour augmenter leurs gains.

Quant aux acheteurs, leur profession nécessite l'acquisition d'un agrément d'une validité d'un an, délivré au coût administratif de 100.000 FCFA et peut être exercée par un ensemble d'opérateurs (producteurs, coopératives agricoles, organisations professionnelles agricoles, personnes physiques ou morales exerçant le métier de commerçant, société d'exportation ou de transformation industrielle des produits de la filière).

Dans ce contexte de multiplicité d'acteurs, tous guidés par d'importants enjeux économiques, naissent des comportements délictueux. Ainsi, bien que faiblement représentées dans la région (environ 30,87% des producteurs y ont adhéré), les coopératives s'adonnent également, selon les enquêtés, à des pratiques frauduleuses envers les producteurs.

Dans cette catégorie, figurent aussi les planteurs et les manœuvres dénoncés par 11,59% des enquêtés comme auteurs de certains crimes. L'enquête qualitative a permis de comprendre que les rapports de production qui structurent l'organisation des agricultures familiales de plantation s'orientent vers des formes diversifiées d'échange de terre contre du travail, dans lesquelles planteurs et manœuvres sont souvent opposés.

En effet, la création de plantation correspond à une demande de travail que le planteur satisfait quelquefois à travers la mobilisation de migrants qu'il emploie comme salariés ou qu'il rémunère en part de récolte (Vimard et Leonard)[147]. Il procède aussi à la mise en exploitation ou à la cession d'un surplus de terre pour capter la main-d'œuvre extérieure et entretenir sa propre plantation.

---

[147] VIMARD Patrice, LEONARD Eric, *Crises et recompositions d'une agriculture pionnière en Côte d'Ivoire : dynamiques démographiques et changements économiques dans le Bas-Sassandra,* Paris, Karthala, 2005.

A l'inverse, le manœuvre, par la vente de sa force de travail, espère acquérir de la terre à une échéance plus ou moins longue ou augmenter son revenu. Ces dynamiques de mise en rapport du foncier et de la force de travail qui existent entre les planteurs et les manœuvres pourraient rendre compte des déviances dans lesquelles ils sont impliqués.

Enfin, il y a des transporteurs constitués de particuliers et de sociétés. Les enquêtes ont relevé que certains parmi eux sont complices des bandits dont les coupeurs de route. *Certains transporteurs sont en complicité avec les braqueurs. Une fois sur la route, ce sont eux qui appellent les bandits pour leur donner votre position. La preuve est qu'au moment de mon agression, j'étais avec mon ex-chauffeur qui a été étonnamment épargné par les malfaiteurs* explique ce pisteur auquel 4 millions ont été arrachés par des individus inconnus, après avoir été blessé à l'aide d'une arme à feu.

- **Groupes d'autodéfense**

Selon le tableau n°16, les groupes d'autodéfense sont perçus par 9,76% des enquêtés comme responsables de la criminalité. Les opérateurs économiques (33,33%) et les polices privées (14,29%) sont les plus nombreux à leur attribuer l'émergence de la criminalité en période de traite du café-cacao. A la faveur de la crise armée de 2002, une multitude de groupes d'autodéfense armés, communément appelés « milices » par les médias et les observateurs (de Savannah)[148] ont vu le jour : *Ils assurent la sécurité du village, compte tenu de la situation de guerre. Ils nous défendent aussi contre les bandits. Ils méritent nos encouragements* commente un chef de village, dans le département de Soubré. Ces groupes de surveillance villageoise, encouragés par certaines populations, dressent des barrages pour lutter contre l'infiltration des rebelles (Banegas)[149].

Cependant, il est ressorti que des miliciens sont souvent apparentés au phénomène de banditisme et des coupeurs de route en période de traite du café-cacao. Selon Banegas, les miliciens n'auraient pas de revenu. Certains éléments utiliseraient leurs armes pour gagner leur vie. Des habitants s'inquiètent du fait que ces jeunes soient incontrôlés. En témoignent les propos suivants : *Quand la traite arrive, ces jeunes dressent des barrages là où ils veulent et quand ils veulent. Souvent, ils te font payer 1.000 FCFA parfois même 1.500 FCFA par sac de cacao.*

---

148 SAVANNAH Tessières de, *Enquête nationale sur les armes légères et de petits calibres en Côte d'Ivoire, Genève,* Institut universitaire des Hautes études internationales et du développement, 2012, p. 71.

149 BANEGAS Richard, « Reconstruction post-conflit, violence et politique en Côte d'Ivoire », *Dossiers du CERES,* 2012.

A ces comités de surveillance, il faut ajouter les agents des compagnies de sécurité privées qui ont connu une véritable expansion depuis 2002 et les chasseurs traditionnels Dozos.

Toutefois, certains individus n'appartenant pas à la confrérie des Dozos arborent parfois des tenues de cette catégorie. Ces actes de perfidie ont pour objet de rassurer leurs victimes avant de les atteindre physiquement ou dans leurs biens. Ces groupes armés sont également sollicités par la population pour assurer la surveillance des commerces, des domiciles et des quartiers. Toutefois, des acteurs institutionnels mettent en avant les dérives potentielles de ces groupes dont certains deviennent des gangs en période de commercialisation du café-cacao.

- **Forces de défense et de sécurité**

La criminalité est attribuée à 12,80% aux forces de défense et de sécurité. Les autorités locales (33,33%) voient en eux les premiers responsables de l'insécurité, derrière les bandits. C'est aussi l'avis des autorités administratives (20%), des polices privées (19,05%), des opérateurs économiques (16,67%), des acheteurs et intermédiaires (16,22%), des producteurs (9,33%), qui les classent derrières les pisteurs et les bandits.

En effet, de nombreux témoignages indiquent que certains éléments des forces de l'ordre prêtent leurs armes à des bandits ou s'adonnent à des actes délinquants, ce qui entraîne une difficulté supplémentaire dans la lutte contre le banditisme en période de traite du café-cacao dans la région.

Les agents de la gendarmerie, de la police, des eaux et forêts et de la douane n'ont pas une bonne renommée en matière de corruption. Dans les corridors, les postes de contrôle ou même à leur bureau, il leur est constamment reproché de racketter les populations : *Nous n'avons pas la possibilité de nous plaindre. D'ailleurs, ce serait peine perdue car les magistrats, les policiers et les gendarmes sont tous les mêmes. Devant qui pourrait-on se plaindre alors que cette corruption est généralisée ?*

De la corruption dont ils sont accusés, les agents de sécurité estiment, pour la plupart, qu'il s'agit d'un faux procès à leur encontre : *Pour qu'il y ait un corrompu, il faut qu'il y ait un corrupteur. Des usagers vous voyant sous le soleil viennent vous offrir des pourboires. Et vous apprenez par la suite qu'on vous accuse de racket.*

Ces propos d'un commandant de brigade de gendarmerie sont similaires à beaucoup d'autres entendus dans le milieu sécuritaire.

Outre la corruption, il est reproché aux agents de sécurité de faire entrave à la libre circulation des personnes et des biens, particulièrement dans la période de traite du café-cacao. Il s'agit de barrages routiers et de postes de contrôle érigés de façon gênante pour les usagers. *Lorsque la traite arrive, les agents de sécurité nous fatiguent au lieu de mettre fin aux opérations des coupeurs de routes,* s'insurge un adjoint au maire.

- **Age des auteurs de crimes**

Tableau 17 : Age des auteurs de crimes dans le Nawa selon les enquêtes

CLASSES D'AGE / POPULATION	[20-25]	[25-30]	[30-35]	[35-40]	[40 ; → [	TOTAL
Producteurs	3 4%	7 9,33%	35 46,67%	21 28%	9 12%	75 100%
Acheteurs et intermédiaires	2 5,41%	24 64,86%	8 21,62	00 00%	3 8,11%	37 100%
Forces de défense et de sécurité	1 7,14%	2 14,29%	9 64,29%	00 00%	2 14,29%	14 100%
Polices privées	3 14,29%	00 00%	15 71,43%	3 14,29%	00 00%	21 100%
Autorités locales	1 16,67%	00 00%	5 83,33%	00 00%	00 00%	6 100%
Administrateurs	00 00%	00 00%	2 40%	3 60%	00 00%	5 100%
Opérateurs économiques	00 00%	2 33,33%	3 50%	1 16,67%	00 00%	6 100%
TOTAL	10 6,10%	35 21,34%	77 46,95%	28 17,07%	14 08,54%	164 100%

Source : Donnés de l'enquête sur le terrain

Les résultats du tableau n°17 montrent que l'âge des auteurs de crimes se situe majoritairement entre 30 et 35 ans selon 46,95% des enquêtés et entre 25 et 30 ans dans 21,34% des cas. On observe une faible proportion des moins de 25 ans, à savoir 6,10% et des plus de 40 ans estimés à 8,54%. Ces données indiquent que, contrairement à l'Indénié-Djuablin, les auteurs de crimes sont relativement jeunes dans le Nawa. Les coupeurs de route sont le plus souvent des jeunes désœuvrés ou des travailleurs précaires.

Les groupes d'autodéfense et les agents de sécurité informels, soupçonnés ou impliqués dans la criminalité en période de traite sont en majorité composés de jeunes. Par ailleurs, contrairement à la zone de l'Est, la région du Nawa connaît une forte proportion de travailleurs migrants, en majorité des jeunes, en quête de meilleures conditions de travail et de vie. La moyenne de leur âge se situe entre 35 et 40 ans

- **Nationalité des auteurs de crimes**

Tableau 18 : Nationalité des auteurs de crimes dans le Nawa

PAYS / POPULATION	COTE D'IVOIRE	BURKINA FASO	MALI	GHANA	LIBERIA	TOGO	BENIN	TOTAL
Producteurs	18 %	27 %	25 %	00 %	00 %	2 %	3 %	75 100%
Acheteurs et intermé-diaires	13 35,14 %	15 40,54 %	7 18,92 %	00 00%	2 5,41%	00 00%	00 00%	37 100%
Forces de défense et de sécurité	2 14,29 %	6 42,86 %	3 21,43 %	00 00%	3 21,43 %	00 00%	00 00%	14 100%
Polices privées	7 30,43 %	8 34,78 %	4 17,39 %	00 00%	4 17,39 %	00 00%	00 00%	23 100%
Autorités locales	2 33,33 %	1 16,67 %	1 16,67 %	00 %	2 33,33 %	00 %	00 %	6 100%
Administra-teurs	1 25%	1 25%	2 50%	00 %	00 %	00 %	00 %	4 100%
Opérateurs économiques	3 60%	1 20%	00 00%	00 00%	1 20%	00 00%	00 00%	5 100%
TOTAL	46 28,05 %	58 35,36 %	42 25,61 %	00 00%	12 7,32%	2 1,22 %	3 1,82 %	164 100%

Source : Données de l'enquête sur le terrain

Selon le tableau n°18, les étrangers sont plus engagés dans la criminalité. Les perceptions des enquêtés indiquent une forte implication des communautés étrangères dans la criminalité en période de traite du café-cacao par rapport aux Ivoiriens. Ils représentent 71,33 % dont 35,36% de Burkinabé et 25,61% de Maliens. Dans cette zone où la main-d'œuvre étrangère est très sollicitée, on assiste de plus en plus à une crise de confiance entre les populations, portant sur le non-respect des contrats de travail formalisés depuis la phase pionnière.

En effet, les obligations liées au tutorat et au patronage, notamment la contribution aux problèmes financiers du tuteur, tant pour des motifs structurels comme la scolarisation des enfants que pour des causes conjoncturelles telles que les funérailles, le divorce ou la maladie, ne sont plus admises par les immigrés. On observe également que la dette morale liant le travailleur à celui qui lui a procuré la terre, qui est matérialisée par la fourniture de redevances plus ou moins régulières comme les vivres et la force de travail, n'est plus respectée.

Dès lors, certaines infractions font l'objet d'une tolérance lorsqu'elles sont commises par des autochtones, tandis qu'elles sont réprimées quand elles relèvent des populations immigrées. Les litiges fonciers récurrents entre les populations pourraient également expliquer cette forte représentation des immigrés dans la criminalité de traite.

La prédominance des ressortissants étrangers dans la criminalité serait en partie liée à la forte immigration que connaît la région. Selon les statistiques, la population étrangère de la région du Nawa est estimée à 265.973 habitants sur un total de 628.592 personnes, soit 42,32% (INS, 1998).

La ville de Méagui est constituée de 6.000 Bakoué (autochtones) contre 211 000 allogènes venus de divers horizons et de nombreux ressortissants de la CEDEAO. La présence des étrangers est apparente dans tous les secteurs économiques, notamment dans ceux de la production et de l'exploitation agricole. D'ailleurs, l'une des plus grandes coopératives de la région « Entente, Watinoma », qui signifie "La paix et la prospérité" en moré, appartient à un citoyen burkinabé.

Toutefois, si de nombreux immigrés ont pu intégrer la vie économique et sociale pour être des agents de développement, il n'en est pas de même pour une autre partie, engagée dans l'enrichissement illicite au moyen d'activités criminelles.

A ce sujet, les autorités judiciaires ont révélé plusieurs cas de crimes crapuleux, de trafic de stupéfiants, de crimes de subsistance et d'abus de confiance imputés aux ressortissants étrangers.

5.2.3. Victimes de la criminalité

Tableau 19 : Typologie des victimes de crimes selon les enquêtés

VICTIMES / POPULATION	MANEUVRES	COOPERATIVES MAGASINIERS	PLANTEURS	ACHETEURS ET PISTEURS	COMMERÇANTS	TRANS-PORTEURS	AUTRES	TOTAL
Producteurs	06 8%	8 10,6%	10 13,3%	18 24%	11 14,6%	13 17,3%	9 12%	75 100%
Acheteurs et intermédiaires	2 5,4%	4 10,8%	6 16,2%	9 24,3%	5 13,5%	7 18,9%	4 10,8%	37 100%
Forces de défense et de sécurité	1 7,1%	1 7,14%	2 14,2%	4 28,5%	3 21,4%	02 14,2%	1 7,14%	14 100%
Polices privées	00 00%	2 9,52%	2 9,52%	6 28,5%	7 33,3%	4 19,0%	00 00%	21 100%
Autorités locales	00 00%	1 12,5%	1 12,5%	3 37,5%	1 12,5%	2 50%	00 00%	8 100%
Administrateurs	00 00%	1 25%	1 25%	2 50%	00 00%	00 00%	00 00%	4 100%
Opérateurs économiques	00 00%	00 00%	1 20%	2 40%	00 00%	2 40%	00 %	5 100%
TOTAL	9 5,4%	17 10,3%	23 14,0%	44 26,8%	27 16,4%	30 18,2%	15 9,15%	164 100%

Source : Données de l'enquête sur le terrain

Suivant le tableau n°19, les enquêtés ont identifié trois catégories de victimes. Les acheteurs, les pisteurs et les planteurs seraient les plus victimisés (40,85%).

En période de traite du café-cacao, ces catégories sociales circulent avec d'importantes sommes d'argent en campagne pour l'achat des produits. Elles sont régulièrement agressées et dépouillées par les coupeurs de route ou des individus, en complicité avec leur entourage.

Par ailleurs, la grande traite coïncidant avec les fêtes de fin d'année, les populations civiles, les commerçants et les magasins de coopératives subissent aussi des agressions et des vols. Ils sont, le plus souvent, la cible des coupeurs de route et autres délinquants saisonniers qui envahissent la zone. Toutefois, certains gérants de coopératives soupçonnés de complicité sont traînés devant les tribunaux.

Les victimes des crimes sont des deux sexes. Toutefois, les hommes, plus représentés dans le processus de production et de commercialisation, sont plus exposés à la victimisation que les femmes. Concernant l'origine des victimes, les enquêtés notent une forte proportion des populations immigrées de la sous-région et des allochtones baoulé.

5.2.4. Déroulement de la criminalité

Tableau 20 : Répartition des infractions commises dans le Nawa pendant la traite du café-cacao

Infractions	Effectifs	%
Coopératives fictives	9	5,49%
Vol de produits	6	3,66%
Exportations frauduleuses	2	1,22%
Réfaction	4	2,44%
Surcharge de véhicules de transport	4	2,44%
Exploitation d'enfants	6	3,66%
Coupages de route	38	23,17%
Attaques à main armée	28	17,07%
Meurtres	18	10,98%
Vols en réunion	15	9,15%
Viols	3	1,83%
Corruption et tracasseries routières	12	7,31%
Abus de confiance	11	6,71%
Trafic de stupéfiants	8	4,88%
TOTAL	164	100%

Source : Données de l'enquête sur le terrain

Dans le Nawa, on rencontre plusieurs types de crimes qui vont du plus astucieux au plus violent. La proportion de cette criminalité varie en fonction de l'importance ou de la baisse de l'économie saisonnière.

5.2.5. Typologie

Crimes spécifiques à la traite des enfants

Il s'agit de la traite et des pires formes de travail des enfants dans les plantations de café-cacao (3,66%) qui a valu à la Côte d'Ivoire la menace d'une interdiction d'importation de son cacao par les Etats-Unis, en juillet 2005. En effet, le gouvernement américain avait manifesté cette intention, suite à la parution d'articles de presse en 1998 relatant les conditions de vie d'enfants maliens travaillant dans les plantations ivoiriennes et plusieurs rapports attestant de la réalité du phénomène (Sissoko et al)[150].

Selon un ex-préfet d'Abidjan, la police a intercepté en février 2008, 11 mineurs victimes de trafic visant à les transporter vers les riches plantations de cacao de la région de Nawa. Madame Nissoiti Diaby, coordinatrice du projet de lutte contre la traite et les pires formes de travail des enfants (LTTE) de la coopération allemande (GTZ), a indiqué avoir organisé le rapatriement de près de 200 enfants maliens, burkinabé et togolais interceptés par la police ivoirienne en 2006 et 2007 (agence France Presse, 2008). Enfin, 33 enfants burkinabé, victimes de traite dans le département de Soubré, âgés de 10 à 17 ans, ont été rapatriés le 4 juin 2006 par les membres du comité départemental avec l'appui du projet LTTE.

En dépit de la lutte menée contre ce phénomène par les autorités ivoiriennes, certains producteurs continuent de recourir à la main-d'œuvre enfantine recrutée dans les pays voisins. Les producteurs allogènes et allochtones interrogé ont affirmé ne plus être concernés par ce phénomène. Ils déclarent cependant, pour certains, s'être déplacés eux-mêmes (par le passé) dans leur village d'origine pour recruter les enfants travailleurs au sein de leur communauté, en négociant directement avec les parents.

Cela n'était rendu possible qu'en raison justement de la relation de confiance préexistante, du fait de leur origine commune. Lorsque les producteurs retournent dans leurs villages d'origine, même dans les cas où ils sont abordés par l'enfant lui-même, ils entrent toujours en contact avec un des parents, le père, pour s'entendre avec lui, non seulement sur le principe du départ de l'enfant, mais aussi et surtout sur les conditions de rémunération. Si intermédiaire il y a, celui-ci intervient dans toutes les étapes nécessaires au placement de l'enfant dans la plantation : il recrute lui-même, le plus souvent dans sa région d'origine ; il organise le déplacement de l'enfant et il le place auprès des producteurs. La rémunération de l'intermédiaire peut se faire par le versement d'un prix de cession, communément appelé « frais de transport » ou par le versement du salaire de l'enfant travailleur ainsi placé.

---

[150] SISSOKO Alain, GOH Denis, AGBADOU Jocelyne, op.cit p. 20.

Exportation frauduleuse du café-cacao

En ce qui concerne l'exportation frauduleuse du café-cacao, des témoignages qui, lors de la pré-enquête, avaient affirmé qu'il existait des réseaux d'exportation frauduleuse du café-cacao vers le Burkina Faso, le Mali et le Togo se sont dédits lors de l'enquête, certains témoins affirmant au contraire que ce trafic avait cours dans un sens opposé, c'est-à-dire vers le Libéra et la Guinée. Toutefois, seule l'évaluation faite a été considérée. Elle concernait les pays frontaliers du Nord de la Côte d'Ivoire (Burkina Faso et Mali), 1,22%.

- **Coopératives fictives**

La période de traite s'accompagne également d'une prolifération de coopératives fictives (5,49%) créées par des acteurs de la filière et certains producteurs pour bénéficier des fonds et autres avantages du FDPCC. Leurs dirigeants négocient avec des pisteurs et des sous-traitants pour que ces acheteurs bord-champ acceptent de décharger au nom de leur coopérative chez l'exportateur. Cette complicité évite au traitant le prélèvement du taux d'imposition de 2,5% par kilogramme sur sa production et permet à la coopérative illégale d'augmenter son tonnage pour bénéficier des différentes primes.

Pour le directeur départemental de l'Agriculture du Nawa, il règne une véritable anarchie dans le milieu : *Il existe quatre-vingt-dix (90) coopératives agréées qui sont habilitées à travailler en réalité dans la région. Pourtant, sur le terrain, c'est pratiquement le double qui collecte les produits du bord-champ vers la ville.*

- **Acheteurs clandestins**

Les acheteurs clandestins quant à eux, travaillent sans autorisation officielle pour certains ou par procurations pour d'autres et outrepassent leur zone indiquée pour se retrouver dans d'autres régions. A Soubré, les incursions d'acheteurs clandestins sont monnaie courante. Certains acheteurs du département de Daloa ou de Sassandra viennent dans les villages et campements pour détourner les produits à leur profit, en dépit de la réglementation qui interdit les achats hors de sa zone de compétence.

Selon les autorités du ministère de l'Agriculture, l'estimation annuelle de 300.000 tonnes doit être revue à la hausse, car ce taux est statique depuis quelques années pour la simple raison que Soubré connaît une fuite de sa production vers les régions voisines par le fait des acheteurs infiltrés.

- Abus de pouvoir lors de la réfaction des produits

L'autre infraction singulière à la traite, c'est l'abus de pouvoir lors de la réfaction des produits (2,44%), commis par des usiniers pour effectuer les achats à moitié prix et empocher l'autre moitié. La réfaction est un test effectué sur un échantillonnage prélevé de café ou de cacao pour analyser la qualité de sa teneur granulométrique. Des usiniers abusent souvent de cette inspection pour contraindre les exportateurs à leur vendre parallèlement des chargements de café et de cacao à bas prix.

Cette situation est préjudiciable aux acheteurs qui, face à ces actes de mauvaise foi, se retrouvent souvent avec des cumuls de dettes à la clôture de la campagne. C'est donc le contrôle dolosif qui constitue le délit. Toutefois, ce crime reste difficile à cerner du fait de l'absence d'un organisme de supervision.

D'autres infractions commises ont la particularité d'être plus récurrentes en période de traite. Elles ont été classées selon leur mode opératoire en crimes contre les personnes et contre les biens.

• Crimes non spécifiques à la traite du café-cacao : Attaques à main armée, phénomène de "coupeurs de route", homicides

Ces crimes représentent 54,88% et sont dominés par les attaques à main armée (17,07%), le phénomène de "coupeurs de route" (23,17%), les vols (3,66%) et les homicides (10,98%). L'état de prospérité dont jouit la région avive les intentions criminelles qui se traduisent par des attaques, de jour comme de nuit, de commerces et résidences, dans les villages et les campements. Le risque de victimisation semble à cette période de l'année plus élevé en zone rurale qu'en zone urbaine du fait de la traite. Les témoignages font état de plusieurs vols à main armée, d'argent, de machines à pulvériser, de sacs de cacao. La fréquence des braquages et la floraison de bandes armées font de la périphérie de Soubré une véritable zone à risques où la peur du crime est quasi permanente.

Au mois de novembre 2011, la police de Soubré a mis aux arrêts cinq grands gangsters, tous d'anciens prisonniers récidivistes d'attaques de domiciles et de viols (Coulibaly)[151].

Les coupages de route (23,17%), agressions d'usagers aux moyens d'armes, sont quasi-courantes. En octobre 2011, sur l'axe Gbakayo-Liliyo,

---

[151] COULIBALY Yacouba, *L'évaluation de programme au ministère du Développement économique, de l'innovation et de l'exportation (MDEIE) : le cas des Centres collégiaux de transfert de technologie (CCTT).* Rapport de stage présenté à l'ENAP, en vue de l'obtention de la Maîtrise en administration publique. Option pour analyste (évaluation de programmes). École Nationale d'Administration Publique, Québec, 2011.

un coupeur de route a été abattu par les forces de l'ordre et quatre autres arrêtés (Coulibaly)[152].

A Méagui, de nombreuses victimes de coupeurs de route ont été rencontrées ; c'est le cas de Ouédraogo, un ancien pisteur : *En 2006, j'ai été attaqué aux environs de 7 heures du matin, alors que j'allais acheter du cacao dans le village de Gabiadji à 25 kilomètres de la ville de Méagui. J'avais loué un véhicule de marque Kia. Les bandits ont emporté les deux millions cinq cent mille francs (2.500.000 FCFA) que j'avais sur moi... Depuis, j'ai abandonné cette activité pour éviter d'être tué un jour.*

Les gangsters ouvrent le feu sur le véhicule pour l'immobiliser et ensuite s'attaquer aux passagers qui subissent des actes d'humiliations, de torture et des viols, en plus des vols de leurs biens. Certaines de ces attaques tournent souvent au drame avec des cas d'accidents. En 2007, sur l'axe Nawa-Gagnoa, un mini car de transport communément appelé "gbaka" s'est renversé à la suite d'une attaque de coupeurs de route, faisant un mort et plusieurs blessés.

Une dame commerçante de Yabayo (région de Nawa), victime des coupeurs de route, témoigne : *C'était en 2006, nous avions pris le dernier gbaka*[153] *pour rentrer au village. Vers 22h30, ils ont tiré sur les roues du car et heureusement le chauffeur a pu s'arrêter. Ils nous ont fait coucher au bord de la route, j'ai cru qu'ils allaient nous tuer. Ils ont tout pris sur nous et ils sont partis.*

Modes opératoires des coupeurs de route

En période de traite, les criminels utilisent diverses stratégies qu'ils ajustent selon le degré de vulnérabilité des cibles, les mouvements des victimes et des agents de contrôle social.

- Recours aux complices

Les coupeurs de route ont recours à des complices, notamment des informateurs postés dans les points de vente et d'achat, les gares, les alentours des banques, qui les renseignent sur la présence des biens et les déplacements des personnes. D'ailleurs, les données policières montrent que 80% de ces types d'agression sont réalisés grâce à des complices parfois proches des victimes. Ainsi, les délinquants sollicitent l'aide de complices pour servir d'auxiliaires et d'indicateurs dans les attaques contre les opérateurs économiques, les magasins d'achat et de stockage.

Les enquêtés dénoncent aussi le manque de collaboration de la population au sujet des agresseurs, qui s'apparente, selon eux, à une complicité, même

[152] Id .p. 126.
[153] Appellation de mini-car pouvant contenir 18 à 22 places.

si cela se justifie par la crainte de représailles. Il y aurait également des éléments des forces de l'ordre parmi les délinquants, bien que, quelques fois, certains auteurs d'actes criminels portent des tenues des forces de l'ordre ou des chasseurs traditionnels Dozos afin de tromper leurs victimes et faire diversion.

Sur l'ensemble des deux régions, plus de 320 armes dont 42 de guerre et 17.528 munitions ont été saisies par les forces de l'ordre sur les bandits. L'usage des armes crée l'effet de force, de domination sur la victime et favorise la célérité de l'infraction. Les criminels agissent donc vite, de façon énergique et redoutable et se protègent des représailles.

- Usage d'armes à feu

Selon les données de l'enquête, les bandits s'approvisionneraient auprès de trafiquants ghanéens et libériens ou encore de fabricants traditionnels. Les nombreuses saisies d'armes et de munitions en provenance du Ghana effectuées ces dernières années par les forces de l'ordre viennent confirmer cette perception.

En effet, une étude de l'office des Nations Unies contre la drogue de 2009 a montré qu'il y a une véritable « explosion » du commerce de fusils artisanaux produits localement en Afrique de l'Ouest et particulièrement au Ghana. Dans la même période, les services de douane ont saisi quelques armes artisanales provenant du Ghana sur la frontière au niveau de l'Indénié-Djuablin, puis des cartons de munitions de calibre 12 destinés à un villageois résidant à Agnibilekrou qui en faisait un commerce.

Dans le Nawa, des prisonniers interrogés ont reconnu acheter des armes avec de petits trafiquants libériens. Les forces de l'ordre ont saisi des armes et des munitions de fabrication artisanale guinéenne.

La crise sociopolitique qu'a connue la Côte d'Ivoire a contribué à une prolifération des armes. Selon le rapport sur les armes légères et de petit calibre, les bandits sont les premiers détenteurs d'armes devant les policiers en milieu urbain, les troisièmes en milieu rural et les premiers dans la grande région de l'ex-Bas-Sassandra (Sassandra, San Pedro, Soubré).

- Embuscades

Les coupages de route font partie des stratégies les plus utilisées par les criminels pour dépouiller leurs victimes en période de traite du café-cacao.

Figure 3 : Schéma d'une action de coupeurs de route (embuscade)

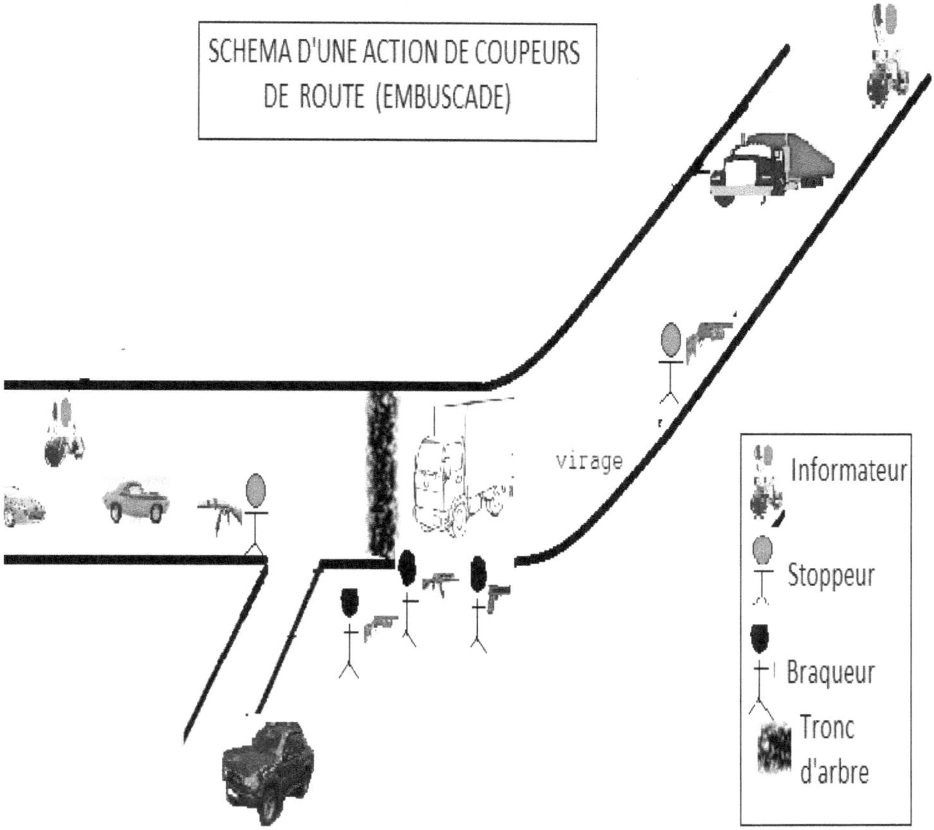

Source : Données de l'enquête sur le terrain

La figure n°3 montre un exemple des différents types de dispositifs utilisés par les coupeurs de route pour immobiliser les véhicules avant de dépouiller les passagers de leurs biens, en particulier de leur argent.

Sur les axes menant aux villages et campements, ils se postent à des endroits fortement dégradés, sur des côtes ou dans des virages dangereux. Après avoir obligé les véhicules à s'immobiliser, au moyen de troncs d'arbre ou en ouvrant le feu, ils sortent de leur cachette. Alors, pendant que certains mettent en joue les passagers avant de les dépouiller, d'autres empêchent, sous la menace de leurs armes, toute accession à leur dispositif de part et d'autre de la route. Leur besogne accomplie, ils regagnent le moyen de transport antérieurement positionné à un endroit discret, avant de se fondre dans la nature.

Parfois, les bandits peuvent simuler une panne de voiture, un accident de la route impliquant un blessé étendu sur la chaussée, une vente de gibier ou un travail de comblement des nids de poule.

A ces stratégies il faut en ajouter une autre, apparemment plus récente mais plus violente. Cette dernière qui fait souvent plus de victimes consiste à intercepter et immobiliser un véhicule en ouvrant brutalement le feu.

Ces groupes armés sont caractérisés par une forte mobilité à cause des patrouilles des forces de sécurité sur les voies bitumées et préfèrent opérer aux périodes de la journée où le trafic est le moins dense.

Enfin, avant de dépouiller les victimes, les véhicules peuvent être conduits sur des pistes secondaires par les délinquants, dans le but d'éviter toute surprise désagréable.

Une fois à cet endroit, ils obligent les passagers à se coucher, les dépouillent et parfois violent des jeunes filles ou dames avant de faire remonter tout le monde dans les véhicules et de demander au chauffeur de reprendre la route. Tout ceci se passe sous la menace de leurs armes.

Ces criminels utilisent en général des moyens motorisés pour se déplacer. Ils prennent soin de cacher ces motos ou voitures sur une bretelle à 500 m ou 1 km environ de l'axe principal sur lequel ils doivent mener leur action. Après l'opération, ils récupèrent leurs engins et prennent la route comme des usagers ordinaires. En cas d'accrochage avec des forces armées, ils se fondent dans la brousse pour rejoindre leurs moyens de déplacement.

Au total, les coupeurs de route utilisent souvent des stratégies savamment conçues par des anciens militaires ou des personnes habituées à ce type de délinquance. Ils ont toujours un chef et savent que faire en cas d'échec de leur opération. Ils sont souvent sous l'effet de stupéfiants au moment de leur action. Leur langage est souvent codé. A titre d'exemples : « c'est un po », pour parler d'un agent de sécurité ou d'un militaire ; « descends-le », signifie tue-le !

Les méthodes des coupeurs de route ont évolué depuis 2010. La tendance est de ne pas mettre de bois sur la route pour obliger les usagers à s'arrêter, mais plutôt de se mettre dans un virage, à un endroit où la route impose le ralentissement parce qu'elle est mauvaise. Une fois que le véhicule roule à une petite vitesse, la stratégie consiste à ouvrir un feu nourri sur les pneus avant, dans le pare-brise, en visant principalement le conducteur. Ils sont particulièrement violents et n'hésitent pas à ouvrir le feu sur tous les passagers récalcitrants.

Chaque fois, que nous prenons des coupeurs de route, nous constatons qu'il existe parmi eux au moins un ancien milicien ou un ancien militaire. Cette stratégie qui consiste à ouvrir systématiquement le feu a pour objet, selon un braqueur, de prendre le moins de risque possible en neutralisant par la terreur les occupants du véhicule.

Ainsi, les coupeurs de route ont adopté, semble-t-il, de nouvelles stratégies pour répondre à celles mises en place par les autorités étatiques à travers les patrouilles de sécurisation.

On dénombre aussi des crimes de sang qui s'apparentent à des règlements de compte dans le milieu étranger. Plus de 57% des cas de braquages, attaques à main armée et d'homicides sont commis par les immigrés. Ces attaques ciblées contre de riches opérateurs économiques visent un enrichissement rapide pour un investissement dans le pays d'origine. Selon un quotidien national, le lundi 10 octobre, le responsable d'une coopérative de la région a été attaqué par un trio de gangsters de nationalité burkinabé qui ont emporté la somme de 49 millions. Elles visent aussi à l'élimination d'un concurrent gênant, afin d'avoir le monopole des achats bord-champ en période de traite. En 2010, des individus armés ont abattu Issiaka Kabré dit Morioré, acheteur de produits, de nationalité burkinabé dans son campement. En décembre de la même année, Pascal Yaméogo, pisteur burkinabé, a été tué par un gang dirigé par Ernest Yaméogo, son neveu, et Sana Paul, son principal concurrent.

- **Crimes spécifiques à la traite**

  - **Trafic de drogue**

Le trafic de drogue dénoncé par 4,88% des enquêtés concerne surtout la culture illicite du cannabis qui s'est développée dans la région comme alternative face à l'effondrement des prix du café-cacao.

Cette culture essentiellement destinée à un trafic vers l'extérieur de la région est organisée à partir de commerçants grossistes et de transporteurs locaux, induisant par là une diversification et une extension des activités commerciales. Ainsi, concernant le cas des drogues, le 11 septembre 2010, un ressortissant burkinabé, Ouédraogo Mady, chauffeur de minicar de transport, a été appréhendé par la gendarmerie de Méagui en possession de 13 kg de cannabis.

En effet, les immigrés qui travaillent dans les plantations de café-cacao consomment le cannabis pour se donner du "tonus" ou avoir une sensation de bien-être, de détente, de relaxation et lutter contre la fatigue et l'anxiété. Les plants sont camouflés dans les plantations de riz ou en pleine plantation de café. Vendue à 150 FCFA la boulette de 2 grammes, cette drogue est à la portée de toutes les bourses, ce qui favorise son trafic dans le milieu agricole. Selon le rapport 2008 de l'OICS, l'ancienne région du Bas-Sassandra (Sassandra, Tabou, San Pedro et Nawa) est un grand pourvoyeur de cannabis. La culture de cette plante a émergé dans cette zone forestière, du fait de la baisse des cours des produits traditionnels de café-cacao pour pallier la baisse des ressources économiques (OICS, 2008).

Si la violence constitue une part importante de la criminalité, les atteintes contre les biens sont aussi régulières, même si elles ne font pas, la plupart du temps, l'objet d'une procédure judiciaire.

➢ Corruption et tracasseries routières

Dans la zone de Nawa, la corruption et les tracasseries routières (7.31%) sont commises aussi bien par les forces de l'ordre que par les populations civiles. Certains agents de sécurité, plutôt que d'assurer la fluidité routière et la protection des personnes, font des servitudes de leur métier une activité lucrative, en exigeant illégalement des convoyeurs de marchandises, en particulier du café et du cacao, des rançons. Pour se donner bonne conscience, ces agents imputent toujours une infraction au chauffeur et fixent des amendes allant de 5.000 à 15.000 FCFA.

De l'avis de certains policiers, le poste de contrôle de Méagui est très rentable, surtout en période de traite, en raison des entrées financières parallèles qui permettent de compléter le salaire. Ils reconnaissent tous la pratique courante de la corruption, justifiée selon eux par la volonté des transporteurs de se soustraire au respect des lois : *Ce sont les transporteurs qui nous proposent de l'argent, nous ne leur demandons rien.*

Selon un rapport de la Banque mondiale, pour le transport bord champ de produits agricoles vers les centres urbains (entrepôts, magasins), les montants sont connus des opérateurs (Touré)[154]. Par exemple, dans la région, les opérateurs déclarent payer 25.000 Francs CFA pour sortir le cacao de la brousse sur une distance moyenne de trente à cinquante kilomètres. Pour le transport sur les axes principaux, les montants du racket sont variables et tout dépend de l'humeur des agents. Les montants varient de 1.000 à 5.000 F CFA et plus par barrage selon la nature de la marchandise transportée. Divers témoignages ont permis de conclure que la corruption, très usitée dans la région, représenterait un pourcentage plus élevé mais les plaintes et condamnations judiciaires restent peu nombreuses.

Certains jeunes de la région se déclarant membres de comités d'auto-défense érigent aussi des barrages illégaux et imposent des droits de passage souvent sans aucun motif. Pour ces derniers, les sommes perçues n'ont rien d'illégal, mais contribuent à subvenir aux besoins des comités de surveillance qui veillent à la sécurité des biens et des personnes. Il ressort des témoignages qu'au lieu d'assurer leur mission de sécurisation, ces jeunes s'adonner souvent à des rançonnages systématiques, confiscations de marchandises, dénonciations calomnieuses et à des braquages de nuit. En période de traite, les contrôles visent moins l'identité des passagers et les

---

[154] TOURE Alexandre Apalo, *La criminalité liée à la traite du café-cacao dans la région du Moyen Comoé,* Université de Cocody, UFR Criminologie.

fouilles des bagages à la recherche d'armes et de munitions que les camions de cacao et de café.

Pourtant, de nombreuses initiatives dont les effets tardent à se faire sentir ont été prises au cours des dix dernières années pour contenir les effets pervers de tels comportements (Touré)[155] : création d'un observatoire de la fluidité routière, mise en place d'escortes pour le transport des biens et des personnes, création d'un comité national de facilitation des transports, création de brigades d'éthique (police des polices) et de police spécialisée dans les contrôles routiers, mesures de limitation du nombre de barrages et identification précise de points d'établissement.

En définitive, ces agents de contrôles légaux ou illégaux, sous la menace des armes et de la violence physique, contraignent les opérateurs économiques à s'acquitter de nombreuses taxes imposées. Selon une étude commandée par la Banque mondiale, dont les conclusions ont été rendues publiques le 9 juillet 2008, leurs indélicatesses entraînent, pour l'activité économique, des surcoûts oscillant entre 95 et 150 milliards de FCFA (Touré)[156].

Les crimes économiques et financiers portent aussi sur les surcharges de véhicule (2.44%), exclusivement du fait des transporteurs qui méprisent la réglementation en vigueur. La réaction policière face à ce phénomène se limite aux amendes forfaitaires et aux règlements à l'amiable toujours assortis de corruption.

La période de traite se nourrit aussi de roublardise, mauvaise foi, détournement de fonds, escroquerie et abus de confiance (6,71%). Avant l'ouverture de la campagne, certains producteurs s'endettent auprès des acheteurs avec l'engagement de leur vendre toute leur production, dès la cueillette.

Cependant, une fois la traite ouverte, ces paysans s'adressent à d'autres acheteurs, évitant ainsi d'honorer leurs engagements vis-à-vis des créanciers. Les infractions contre les biens (30.22%) commises au moyen de manœuvres frauduleuses ont une influence notable sur l'économie et le développement de cette localité qui est la nouvelle boucle du cacao.

Les perceptions des enquêtés sur les types de crimes commis dans la région du Nawa en période de traite du café-cacao ont été comparées aux données officielles des institutions de police et de gendarmerie de la région.

---

[155] TOURE Alexandre Apalo, *La criminalité liée à la traite café cacao dans la région du Moyen Comoé,* mémoire de DEA, 2008.

[156] Id. p. 132

Figure 4 : Etat de la criminalité dans la région du Nawa 2008-2009-2010

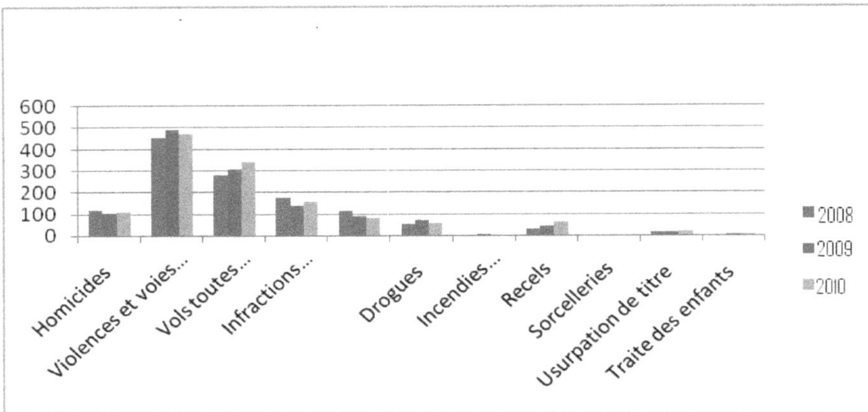

Source : Données de l'enquête sur le terrain

Les statistiques institutionnelles montrent que la criminalité dans le Nawa est dominée par les violences et voies de fait (36,87%) qui rassemblent toutes les atteintes à l'intégrité physique suivies des vols toutes catégories confondues (24,16%). Les propos du chef de la communauté CEDEAO de Méagui en 2010 témoignent de l'ampleur du phénomène : *Ici, à Méagui, lorsque la nuit tombe, on commence à s'interroger sur le sort qui nous sera réservé, tant l'insécurité est grande. Sur les pistes, il ne se passe pas de jour sans que les coupeurs de route ne sévissent avec des armes impressionnantes. Ce que nous vivons est tout simplement dramatique.*

Selon le commandant de brigade de Méagui, l'adjudant Mamadou Kéita, la zone est truffée de marchandises prohibées (drogue, armes, munitions, produits pharmaceutiques) en provenance de la Guinée Conakry et à destination de San Pedro.

Les infractions financières et économiques (escroqueries, abus de confiance, fraudes et tracasseries routières) sont également courantes dans la région avec un taux de 19,72%. Elles sont le fait de trafiquants de produits prohibés ou d'employés indélicats qui n'hésitent pas à gruger leur patron. Selon les services du commissariat de police de Soubré, le jeudi 29 novembre 2007, monsieur Wolo Kambou, pisteur, déjà condamné à 6 mois de prison, a disparu avec la somme de 4 millions de FCFA que lui avait remise son patron pour l'achat de cacao. D'autres délinquants, usurpateurs, dressent des barrages routiers illégaux et, se faisant passer pour des policiers ou gendarmes, rançonnent les usagers.

Les receleurs qui représentent 3,58% sont des individus qui, en connaissance de cause, stockent des objets volés dans des locaux leur appartenant. Les trafiquants de drogue (4,83%) sont plus actifs dans les localités de Méagui et Yabayo où, selon la police, certains y ont des plantations. En 2009, les éléments de la brigade de gendarmerie de Méagui ont, selon le commandant de Brigade, détruit un fumoir dans la ville et arrêté deux dealers qui transportaient 9 sacs et 15 kg de cannabis.

Toutes ces atteintes aux biens et à l'intégrité physique des personnes dans la région créent un sentiment d'insécurité qui s'accentue en période de traite du café-cacao. Il ressort après analyse que les perceptions des enquêtés correspondent aux données statistiques officielles.

5.2.6. Moyens et modes opératoires des crimes

Tableau 21 : Types d'armes utilisées par les criminels dans la région du Nawa

TYPE ARMES / ANNEES	ARMES DE GUERRE	ARMES DE CHASSE	ARMES BLANCHES	AUTRES	MUNITIONS	
					CHASSE	GUERRE
2008	25	68	57	201	28188	150
2009	12	90	172	10	54	66
2010	58	36	52	04	66	302
TOTAL	95	194	281	215	28308	518

Source : Données de l'enquête sur le terrain

Le tableau ci-dessus indique les armes utilisées pour la délinquance dans la région du Nawa. De 2008 à 2010, 95 armes de guerre, 194 de chasse, 281 armes blanches, 518 munitions de guerre et 28.308 munitions de chasse ont été saisies dans cette région. Selon une source judiciaire, la brigade de Méagui a saisi, dans la nuit du 29 avril 2009, 3.000 cartouches de fusil calibre 12 contenues dans un sac de 50 kg et une petite valise.

Ces méthodes de dissimilation ont permis aux trafiquants venus du Libéria et de la Guinée de doter de nombreux délinquants d'armes.

Ces trafiquants ont le plus souvent des intermédiaires, des personnes exerçant des métiers d'emprunt pour justifier leur aisance financière. Elles se retrouvent dans toutes les couches sociales (planteurs, mécaniciens, instituteurs, etc.). Bien que cela puisse paraître paradoxal, des témoignages de délinquants sur l'origine des armes utilisées, tels que celui-ci, ont été livrés :

Nous avons reçu les armes qui nous ont permis d'opérer, des mains du chef de village. Il a des correspondants que nous ne connaissons pas ; moi, j'ai pour ami un corps habillé[157]*, il nous prête son arme pour nos actions et, au retour, nous lui payons la somme initialement convenue qui varie selon le gain et le nombre de jours de détention de l'arme.* Même si ces témoignages sont restés sans preuves convaincantes, leurs auteurs prétextant ne pas vouloir s'attirer le courroux de leurs complices, ils suscitent beaucoup d'interrogations quant au degré d'implication des forces de l'ordre.

Je suis adjudant-chef major, j'ai trente ans de carrière, personne ne m'a sollicité une seule fois pour lui livrer une arme à des fins criminelles. D'ailleurs, je ne connais aucun gendarme qui ait pu se livrer à un tel acte, etc. ».

Concernant le mode opératoire, les gangsters se servent des armes en fonction des circonstances.

Dans les commissariats de police, les brigades de gendarmerie et au parquet, plusieurs objets ayant servi à la commission de crimes ont été présentés. Les moyens utilisés par les délinquants laissent penser à des professionnels du métier.

Ainsi, les pieds de biche, d'ordinaire utilisés en menuiserie, servent à défoncer les serrures dans les attaques de domiciles, d'entreprises ou de magasins. Certaines armes blanches (machettes, couteaux, fourchettes) permettent d'intimider, menacer, neutraliser sans recourir aux armes à feu supposées moins discrètes.

Pour faciliter leurs actions, les criminels ont souvent recours à d'autres formes de complicités qui selon eux consistent à enrôler certains agents des services de police, gendarmerie, douane, eaux et forêts munis de leurs armes, en vue de les escorter, lorsqu'ils détiennent dans leur déplacement du matériel ou des produits issus de la fraude.

L'enquête a révélé qu'à défaut d'armes à feu, les criminels utilisent des objets inertes ayant la forme d'un fusil ou d'un pistolet. Dans les campements et villages, cette pratique courante permet aux agresseurs de déposséder leurs victimes apeurées de leurs biens.

Avec l'évolution, le téléphone portable est devenu un moyen voire une arme de délinquance. La communication entre individus, auteurs ou complices leur permet de se renseigner sur les mouvements des victimes et quelques fois des forces de sécurité. Ainsi, détenir un téléphone portable devient pour le criminel une nécessité, même en zone rurale. Alors, la période de traite semble devenue idéale pour s'acheter ce moyen de communication, à défaut de le voler.

---

[157] Expression populaire utilisée en Côte d'Ivoire pour désigner l'ensemble des membres des forces de l'ordre qui se distinguent par le port de leur uniforme (gendarmes, policiers, militaires, douaniers et agents des eaux et forêts).

5.2.7. Perception de la criminalité en période de traite

➢ Evolution annuelle de la criminalité

Au niveau de la perception, il s'est agi de découvrir les périodes d'accentuation de la criminalité au cours de l'année. Il ressort des réponses recueillies que les périodes de traite du café-cacao qui coïncident avec les fêtes de fin d'année ou de Pâques sont plus favorables à la commission de crimes. Ces données d'opinions sont corroborées par les tendances de la police et de la gendarmerie.

Figure 5 : Courbes des tendances mensuelles de la criminalité dans le Nawa de 2008 à 2010.

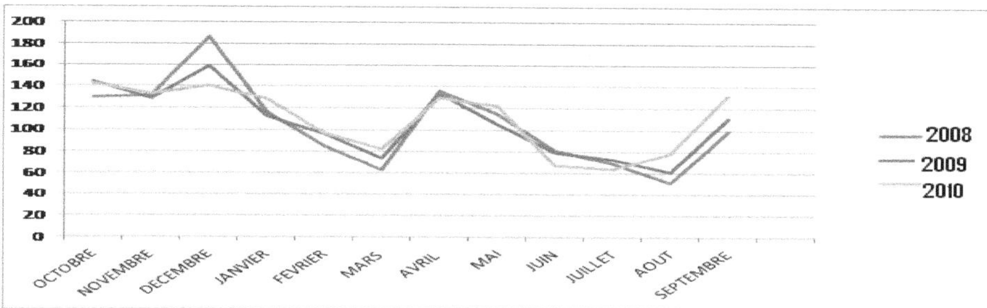

L'analyse des statistiques criminelles pendant trois ans montre une variation régulière en fonction des périodes d'activité économique.

En 2008, elle croît à partir de septembre (7,85%), reste constante entre les mois d'octobre (10,23%) et novembre (10,39%), avant d'atteindre son niveau le plus élevé en décembre (14,76%). On observe par la suite une baisse de la tendance de janvier à mars (9,20% à 5%). Elle remonte à (10,79%) en avril, avant de chuter de mai à août (4,04%).

En 2009, le taux de criminalité reste encore élevé de septembre à décembre (8,69% à 12,46%). Il descend de janvier (8,85%) à mars (5,70%). Tout comme en 2008, il remonte à 10,42% en avril avant de décroître en mai (8,22%) puis en juin (4,78%).

Enfin, en 2010, le niveau de criminalité est toujours en hausse sur l'ensemble des quatre derniers mois de l'année. Il fléchit ensuite jusqu'à mars (6,24%), remonte à (9,81%) en avril, puis régresse encore à partir de juin (5,09%).

En définitive, sur l'ensemble des années étudiées, on constate que l'augmentation de la criminalité correspond à l'importance périodique des activités économiques.

Il convient dès lors, d'analyser le rapport entre l'évolution de la criminalité et la traite du café-cacao.

- **Analyse de la criminalité par rapport aux activités économiques**

Tableau 22 : Répartition des crimes en fonction des périodes d'activités de traite

Années	2008		2009		2010		Moyenne	
	Eff	%	Eff	%	Eff	%	Eff	%
Septembre à janvier	661	52,46	655	51,33	675	51,37	664	51,75
Février à mars	148	11,75	170	13,32	179	13,62	165	12,86
Avril à juin	331	26,27	317	24,84	318	24,20	322	25,10
Juillet à août	120	09,52	134	10,51	142	10,81	132	10,29
Total	1260	100	1276	100	1314	100	1283	1000

Source : Données de l'enquête sur le terrain

Figure 6 : Diagramme du niveau de la criminalité suivant les périodes annuelles d'activités de traite

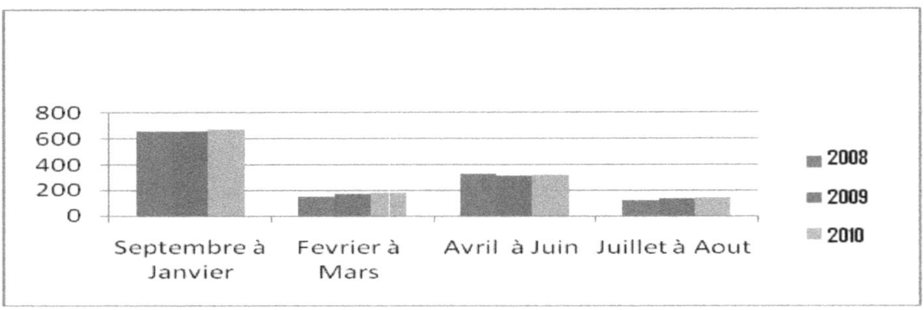

Source : Données de l'enquête sur le terrain

❖ **Une criminalité liée au cycle de production cacaoyère**

Le diagramme ci-dessus indique une coïncidence entre l'évolution du niveau de la criminalité et celle des activités économiques. Cette relation a une explication rationnelle selon le juge de section de Soubré : *La croissance de la production de café et de cacao, très grand facteur régional de richesse, est un attrait à la fois pour les opérateurs économiques et les criminels.*

La période de septembre à janvier, qui enregistre plus de la moitié des infractions annuelles (51,75%), correspond à la grande traite marquée par la récolte et la commercialisation des produits agricoles, l'approvisionnement des coopératives et de nombreuses transactions financières. Ces champs d'action constituent des opportunités pour les criminels qui, par des vols, agressions et fraudes, amplifient le sentiment d'insécurité. De février à mars, il y a moins d'échanges économiques, la grande traite étant terminée. On observe également à cette période une diminution de la criminalité (12,86%).

La petite traite, qui couvre les mois d'avril, mai et juin connaît tout de même des transactions importantes, bien qu'elles n'atteignent pas celles de la grande traite. Il en va de même pour la criminalité avec un taux de 25,10%. Les vols et les agressions sont relativement nombreux et le trafic transfrontalier n'est pas à grande échelle.

Les témoignages de certains habitués de la fraude concordent sur le fait que l'objet du crime, l'argent, ne circule pas de façon si abondante pour susciter autant d'entreprises infractionnelles que pendant la grande traite. D'ailleurs, la fin de cette période s'accompagne d'une baisse de la criminalité (10,29%). Ainsi, plus il y a de mouvements d'achat et de vente, plus la criminalité augmente ; moins il y a de transactions financières, moins on constate de vols et d'agressions.

L'analyse de la criminalité dans l'Indénié-Djuablin a été suivie de celle du Nawa. Dès lors, il apparaît nécessaire de comparer la manifestation du phénomène dans les deux zones, en vue de sa meilleure compréhension.

5.3. Approche comparative entre la criminalité dans l'Indénié-Djuablin et celle qui se déroule dans le Nawa

5.3.1. Similitudes

Les opinions des enquêtés et les données institutionnelles mettent en évidence une accentuation de la criminalité en période de traite du cacao. La quantité de biens en circulation augmente de façon si considérable en cette période que les opportunités de prédation se multiplient en conséquence. Comme l'ont montré les études de Guillaumont et Puech[158] sur l'instabilité macroéconomique et la criminalité, une hausse du revenu moyen des individus se traduit par une augmentation des opportunités pour les voleurs et donc une augmentation du nombre d'infractions.

Les données de l'enquête montrent que les victimes se comptent parmi les acheteurs, les pisteurs, les planteurs et les opérateurs économiques considérés comme possédant en cette période plus de biens financiers et matériels.

[158] GUILLAUMONT Patrick, PUECH Frédéric, *L'instabilité macroéconomique, comme facteur de criminalité*, Paris, CERDI, 2005, p. 7.

Les enquêtes menées dans les différents centres hospitaliers des zones concernées n'ont pas permis de récolter des données assez importantes sur les blessés par armes à feu ou par armes blanches. Ces centres, ne disposant pas de procédures standardisées pour relever les informations, n'offrent pas de données claires et précises, mais en plus, certaines victimes choisissent la médecine traditionnelle et ne viennent à l'hôpital qu'en cas d'urgence.

Dans les deux régions, la perpétration d'activités délinquantes est liée aux occasions et aux opportunités qui se présentent aux individus, d'où des spécificités locales.

5.3.2. Dissemblances

Dans le Nawa, on observe une forte implication d'indigents et de sans-emplois dans la délinquance du fait de l'insécurité économique et de l'exaspération sociale qu'elle entraine. Par contre, dans l'Indénié-Djuablin, ce sont plutôt les acteurs agricoles et agents de sécurité publique qui réalisent leurs aspirations par des moyens illégitimes.

Les données de l'enquête ont permis de mettre en évidence deux formes de criminalité dans les deux régions, Une criminalité frontalière astucieuse dans la zone de l'Indénié-Djuablin et une autre plus violente dans le Nawa, situé à l'intérieur du pays, comme l'atteste le tableau ci-dessous.

Tableau 23 : Synthèse de la criminalité dans les régions de l'Indénié-Djuablin et du Nawa

Catégories		Zones d'enquête			
		Indénié-Djuablin		Nawa	
Crimes violents	Coupages de routes	14 8,54%	47 31.54%	38 23,17%	102 68,46%
	Attaques à main armée	13 7,93%		28 17,07%	
	Meurtres	5 3,05%		18 10,98%	
	Vols en réunion	13 7.93%		15 09,15%	
	Viols	2 1,22%		3 1,83%	
Crimes astucieux	Corruptions, tracasseries routières	8 4,88%	117 65.36 %	12 7,31%	62 34,64%
	Surcharge de véhicule de transport	4 2,44%		4 2,44%	
	Réfaction	3 1,83%		4 2,44%	
	Abus de confiance	13 7,93%		11 6,71%	
	Exportations frauduleuses	44 26,83%		2 1,61%	
	Vols de produits	28 17,07%		6 3,66%	
	Coopératives fictives	15 9,15%		9 5,49	
	Exploitations d'enfants	1 0,61%		6 3,66	
	Trafic de stupéfiants	1 0,61%		8 4,88%	

Source : Traitements d'enquêtes

Le tableau de synthèse ci-dessus montre clairement que la criminalité est violente dans le Nawa et astucieuse dans l'Indénié-Djuablin. Dans le Nawa, la proportion des infractions violentes est de 68,46%, alors qu'elle représente 31,54% dans l'Indénié-Djuablin. Concernant les coupeurs de route, le pourcentage est de 8,54% dans l'Indénié-Djuablin contre 23,17% dans le Nawa. Il en est de même pour les attaques à main armée qui représentent 17,07% pour le Nawa et 7,93% pour l'Indénié-Djuablin. Ces différences s'observent aussi au niveau de la criminalité astucieuse pour laquelle le pourcentage le plus élevé est celui de l'Indénié-Djuablin (65,36%), quand celui du Nawa est de 34,64%.

A titre d'exemple, l'exploitation frauduleuse dans l'Indénié-Djuablin est de 26,83% contre 1.61% dans le Nawa. Le vol de produits représente 17,07% dans l'Indénié-Djuablin et 3,66% dans le Nawa.

Le caractère violent de la criminalité dans le Nawa s'observe même en période de petite traite. Quant à la criminalité astucieuse qui prédomine dans le Djuablin, elle est accentuée spécialement en période de grande traite, avec l'exploitation illicite massive des produits café-cacao au Ghana.

CONCLUSION PARTIELLE

La période de traite apparaît comme un moment propice à la criminalité dans les régions du Nawa et de l'Indénié-Djuablin.

Des manifestations du phénomène dans chaque zone, il ressort que la criminalité dans l'Indénié-Djuablin tourne autour du trafic frontalier, reposant sur des pratiques frauduleuses et astucieuses et dominée par les acteurs du secteur. Les ressortissants ivoiriens sont très actifs dans cette forme de criminalité et sont dominés par une tranche d'âge adulte. Le trafic se fait généralement en famille ou individuellement, contrairement à la criminalité violente qui est une activité de gang.

Dans le Nawa, en revanche, la criminalité en période de traite est plutôt violente avec pour dominante l'action des coupeurs de route. Ces attaques sont les plus fréquentes dans les campagnes, sur les principaux axes routiers entre les villes et villages. Les données de l'enquête montrent une forte implication des ressortissants étrangers qui opèrent aux moyens d'armes à feu et armes blanches et généralement en bandes armées. La criminalité de traite revêt davantage de formes, mais le banditisme armé cible les opérateurs économiques susceptibles d'avoir de l'argent, les commerces et les domiciles. Les auteurs des crimes agissent comme des acteurs rationnels, adoptent des stratégies et profitent des opportunités et des circonstances pour commettre leurs délits. Ils sont en outre motivés par les gains générés par l'activité.

TROISIEME PARTIE :

FACTEURS EXPLICATIFS, IMPACTS, PERSPECTIVES ET PROPOSITIONS DE SOLUTIONS

INTRODUCTION

L'ampleur de la criminalité en période de traite du café-cacao a plusieurs sources dont certaines institutionnelles, d'autres contextuelles ou structurelles.

L'Etat et la société dans son ensemble subissent les effets néfastes de cette criminalité pendant qu'une certaine catégorie de groupes ou d'individus en profitent pour s'enrichir déloyalement.

Cette partie présente les facteurs explicatifs de la criminalité, les impacts, les perspectives et les solutions.

CHAPITRE VI : FACTEURS EXPLICATIFS

S'il est vrai que la criminalité est suffisamment développée en période de traite dans l'Indénié-Djuablin et dans le Nawa, il apparaît nécessaire d'en identifier les causes qui la sous-tendent. Ce chapitre met en relief les aspects favorisant la criminalité en période de traite du café-cacao.

Tableau 24 : Facteurs explicatifs de la criminalité en période de traite

Faiblesses institutionnelles	Environnement économique criminogène	Faiblesse des prix	TOTAL
34 37%	46 50,33%	10 12,67%	90 100%
38 53,34%	24 33,33%	08 13,33%	70 100%
9 49%	6 30%	2 21%	17 100%
27 68%	11 28%	02 04%	40 100%
12 20%	21 35%	27 45%	60 100%
7 25%	12 42%	8 33%	27 100%
3 17%	5 27%	8 56%	16 100%
3 37,5%	4 50%	1 12,5%	8 100%
133 45, 67%	129 40,83%	66 13,50%	328 100%

Source : Données de l'enquête sur le terrain

Selon les enquêtés (328), la criminalité en période de traite est déterminée par trois grandes catégories de facteurs : les faiblesses institutionnelles (45,67%), l'environnement économique criminogène (40,83%) et la faiblesse des prix d'achat (13,50%).

6.1. Faiblesses institutionnelles

Le tableau n°24 indique les pourcentages des enquêtés qui attribuent la criminalité aux facteurs institutionnels. Il s'agit de 68% d'opérateurs économiques, 53,34% d'acheteurs, 49% d'acteurs de justice, 37,5% d'autorités administratives, 34% de producteurs, 25% de polices privées, 20% des forces de défense et de sécurité et de 17% des autorités coutumières.

La sécurité des biens et des personnes est assurée à la fois par des structures étatiques (police, gendarmerie et justice), des particuliers et la communauté elle-même pour réduire la criminalité. Entre les deux entités se trouvent les structures de régulation de la filière café-cacao, censées veiller au strict respect de la réglementation afin d'éviter l'anarchie dans le milieu agricole.

Toutefois, la politique sécuritaire en période de traite est décriée par les enquêtés pour de nombreuses raisons, à savoir l'inaction des forces de l'ordre, les dysfonctionnements des structures de régulation de la filière, la forte immigration dans les zones de production.

6.1.1. Insuffisance de la prise en charge sécuritaire

6.1.1.1. Faibles actions des forces de l'ordre

Les enquêtés dénoncent une faible mobilité des forces de l'ordre, d'autant plus que les infractions sont récurrentes et les délinquants rarement interpellés ou condamnés. Une des raisons de l'inefficacité des forces de l'ordre est l'insuffisance des moyens de lutte.

La région du Nawa comprend un commissariat de police, trois brigades de gendarmerie situées respectivement à Méagui, Buyo et Soubré, avec 95 policiers et 22 gendarmes qui ne disposent que de deux véhicules d'intervention. Dans l'Indénié-Djuablin, par contre, ce sont 110 policiers, 125 gendarmes, 35 douaniers et 120 militaires qui assurent la sécurité dans les 13 sous-préfectures que compte la région. Les moyens disponibles se trouvent ainsi en nombre très insuffisant par rapport à la sécurité des biens et des personnes. Comme le montrent les propos du préfet d'Abengourou, le faible ratio agents de lutte et populations ne permet pas une couverture sécuritaire efficace de la région : *Il est difficile voire impossible de venir à bout de la criminalité dans une zone frontalière comme la nôtre, avec à peine 100 agents des forces de l'ordre, en plus sous-équipés et sans moyen de locomotion ! J'estime que, dans chacune des treize sous-préfectures, il devrait y avoir une brigade de gendarmerie et un commissariat.* Les moyens de mobilité, quand ils existent, sont en mauvais état, ne permettant pas aux patrouilles de s'éloigner de leur base ou même de répondre aux sollicitations des administrés.

Par conséquent, les personnes agressées sur les pistes de campagne sont rarement secourues. L'intense activité économique dans un environnement peu sécurisé constitue, pour les criminels, des opportunités de passage à l'acte. Les actions des forces de l'ordre sont également limitées par les fréquentes immixtions de certains acteurs du système de défense sociale.

L'interventionnisme des cadres de la région, des autorités coutumières et de richissimes personnages dans les affaires pénales et civiles engendre une méfiance de la population vis-à-vis de l'appareil judiciaire. Des enquêtés dénoncent en effet des libérations suspectes de personnes interpellées, des règlements à l'amiable et des complicités au sein des agents de sécurité qui créent un climat de suspicion à l'égard de l'appareil judiciaire, comme le montre le témoignage du procureur de la république du tribunal d'Abengourou : *La population prétend que des présumés délinquants sont remis en liberté dans des conditions douteuses. En réalité, il n'en est rien. Toutes ces accusations sont à mettre sous le couvert de la traite qui favorise une atmosphère de corruption, de favoritisme et qui poussent certains individus à croire que les acteurs de la justice sont payés et à la solde des bandits.*

Le témoignage susmentionné trouve toute son importance dans la qualité de son auteur qui est le premier responsable de la police judiciaire dans la région et montre le manque de confiance manifesté par de nombreuses personnes à l'endroit des autorités sécuritaires et judiciaires.

Cependant, plusieurs agents des services de sécurité dans l'Indénié-Djuablin et le Nawa ont manifesté leur agacement face aux intrusions récurrentes des autorités coutumières en faveur des personnes arrêtées. Les intervenants procèdent par des injonctions, des menaces ou par corruption pour influencer les décisions judiciaires. Dans l'Indénié-Djuablin, où les pesanteurs culturelles influencent fortement les décisions de justice, de nombreux trafiquants interpellés sont libérés sur simple intervention de l'autorité royale ou des membres de sa cour. Les agents de sécurité ne peuvent procéder aux arrestations de suspects dans les villages sans l'accord préalable des chefs coutumiers. Bien que reconnaissant l'effectivité des interférences corruptives, la presque totalité des agents et chefs de service de sécurité réfutent les accusations tendant à les culpabiliser : *Nous avons un seul véhicule à l'unité. Quand il est déjà en mission et qu'on nous appelle pour une intervention, nous sommes dans un dilemme entre rester inactifs et dire au demandeur de trouver les moyens de notre déplacement... Et puis, nous sommes en Afrique, il faut donc tenir compte de l'environnement sociologique où on fait allégeance au pouvoir coutumier par devoir et où on se soumet au pouvoir étatique par contrainte. Nos devanciers ont toujours cédé aux desiderata des autorités locales, ce n'est pas à nous de faire exception, au risque de paraître marginaux*, explique un officier de gendarmerie à Abengourou.

Ainsi, les justiciables ne se sentent pas en sécurité et développent une tendance à ne pas rapporter aux autorités les actes dont ils sont victimes ou témoins. L'absence d'une véritable force publique et d'un système judiciaire assurant leur sécurité inhibent les personnes qui souhaiteraient dénoncer des malfaiteurs.

Ce sentiment d'impunité amenuise également les actions des forces de l'ordre qui craignent de potentielles représailles de la part des bandits remis en liberté. La perte de confiance vis-à-vis des institutions sécuritaires a engendré, dans certaines zones, des sources potentielles de violence car les populations cherchant à assurer leur propre sécurité ont acquis des armes ou se sont organisées en groupes d'autodéfense. A Méagui, des individus soupçonnés de faire partie des bandes de coupeurs de route ont été lynchés.

Cependant, face aux difficultés sociales, une bonne partie de la population admet ou justifie la fraude comme un moyen de survie. *Il y a trop de problèmes ; quand on n'a aucune autre solution pour régler ses problèmes de famille, on est obligé de se débrouiller par tous les moyens, y compris la fraude, quel que soit le prix que ce cela peut nous coûter au plan judiciaire.*

Par ailleurs, les relations sociales dans les régions Agni étant fondées sur le bien-être commun, interpeller une personne en quête de fortune apparaît comme un sacrilège, dès lors que sa conduite est jugée légitime par son entourage. Dans un tel contexte, vendre son cacao au Ghana, au lieu d'être considéré comme une infraction, est perçu comme un acte de bravoure tendant à contourner les difficultés engendrées par la défaillance de l'Etat pour faire fructifier ses biens, afin de mieux s'occuper des siens.

La pratique a pris une telle ampleur que ceux qui y dérogent sont stigmatisés et appelés ironiquement « loyalistes ou patriotes[159] ».

L'environnement étant favorable à la fraude, ceux qui s'abstiennent ont souvent des regrets et n'hésitent pas, à l'image de leurs prédécesseurs, à se livrer à l'exportation frauduleuse la saison suivante, au risque d'être considérés comme des marginaux. En témoignent de nombreux enquêtés : *J'ai vendu tout mon cacao ici au prix fixé à Abidjan ; les autres ont livré le leur aux Ghanéens mais ils n'ont pas été inquiétés,* explique un paysan à Ataki.

Un autre paysan explique : *Mon voisin qui est là, son tonnage était inférieur au mien, mais il a eu plus d'argent, alors que ce qu'il a fait est*

---

[159] Dénominations données aux forces de défense et de sécurité restées fidèles à la République lors du conflit armé éclaté en Côte d'Ivoire en 2002.

interdit, mais les forces de l'ordre l'ont aidé à écouler son produit au Ghana et, aujourd'hui, les trafiquants se moquent de nous qui avons respecté la loi.

Au niveau des forces de l'ordre, ceux qui restent fidèles à la loi trouvent en face des collègues complices des délinquants, qu'ils n'ont pas toujours le courage de dénoncer, comme en témoignent ces propos récurrents d'agents de sécurité : *Si tu le signales à la hiérarchie, il risque le renvoi et tu auras un ennemi de plus qui peut à tout moment attenter à ta vie, on ne peut pas regarder nos camarades s'enrichir, alors que nous avons les mêmes salaires.*

En definitive, le trafic du cacao vers le Ghana est favorisé par l'impunité et une certaine complicité de la communauté. C'est donc la crainte de la police, comme l'a souligné Joubert[160], qui constitue une des raisons pouvant conduire un individu à se détourner de l'acte criminel, alors que cette crainte est quasiment inexistante dans le cadre du trafic illicite du cacao. C'est ce qui explique le développement de ce commerce illicite au détriment de la Côte d'Ivoire. De plus, les actes déviants ne sont pas suivis de stigmatisation comme le ridicule associé à l'acte délinquant, l'opprobre, ou le rejet du coupable. Pourtant, lorsque le caractère dissuasif ne suffit pas, certains mécanismes tels que la stigmatisation peuvent favoriser le changement de comportement des trafiquants (Blais et Beaudoin)[161].

Ainsi, on comprend aisément que l'ensemble des coûts d'ordre moral et social qui se rapportent au contrôle informel de la délinquance qui auraient pu jouer un rôle central dans la décision de s'engager dans la voie du crime, comme le souligne Cusson[162], ne s'appliquent pas au trafic du café-cacao dans l'Indénié-Djuablin.

La dynamique de la sécurité, dit Cusson[163], est une dialectique de rationalité dans laquelle l'action du voleur est guidée par les anticipations qu'il fait du prochain mouvement du gendarme et vice versa. Sa conduite découle donc de la conception qu'il se fait de la manière dont pense et réagira l'agent de sécurité. Je peux donc admettre que, lorsque la réaction du gendarme se manifeste par des actes de complicité, d'assistance ou de passivité, l'acte criminel s'en trouve renforcé et se perpétue.

Des auteurs comme Becker, Ehrlich[164] pensent également que la décision des individus de commettre ou non un crime est fonction du risque d'être pris et puni. L'effet dissuasif devrait donc se produire aussi dans l'arrestation

---

160 MICHEL Joubert, *Trafic de drogues et modes de vie,* Paris, CNRS, 1994.

161 BLAIS Etienne, BEAUDOIN Isabelle, « Vers une théorie générale de la peine : un modèle conceptuel appliqué à la prévention de la conduite avec facultés affaiblies », in *Actes du colloque,* 2007, pp. 85-105.

162 Id., *Le contrôle social du crime*. Paris, PUF, 1983.

163 CUSSON M., DUPONT B., LEMIEUX F., *Traité de sécurité intérieure*, Lausanne, Presses polytechniques et universitaires romandes, 2008.

164 EHRLICH Isaac,"Participation in Illegitimate Activities: A Theoretical and Empirical Investigation" in *Journal of Political Economy,* vol. 81, n°3, 1973, pp. 521-565.

et dans la procédure d'inculpation, en plus de la peine d'emprisonnement. Car, chaque fois que le comportement aboutit à l'assouvissement des besoins, ou bénéficie d'un renforcement différentiel sans la moindre inquiétude pour le délinquant, le souvenir qui en sera conservé permettra le renforcement de la stratégie comportementale utilisée (Cario)[165].

Les mesures pénales seront toujours sans effet si elles sont rarement appliquées ou même sans publicité dans leur application (Rico)[166]. L'insuffisance de la prise en charge sécuritaire s'observe aussi dans l'érection de nombreux barrages consacrés au racket et aux tracasseries routières plutôt qu'à un contrôle rigoureux.

6.1.1.2. Racket et tracasseries routières

Dans le contexte de la crise militaro-politique, avec ses exigences sécuritaires, s'est développée une économie informelle assise sur la multiplication des barrages routiers devenus autant de lieux de tracasseries diverses, de postes non officiels de péage. En effet, si pour les forces de défense et de sécurité ivoiriennes, l'érection des points de contrôle obéit à un impératif de sécurisation des zones et de la route, ces lieux sont devenus autant d'entraves à la circulation des personnes et des biens. Ils sont devenus des endroits d'extorsion de fonds. La prolifération des barrages routiers est dénoncée comme risque d'insécurité en période de traite (22,86%). Les enquêtés estiment que ces nombreux points de contrôle tenus par les forces de l'ordre et les groupes d'autodéfense sont plutôt des lieux d'extorsion de fonds, de tracasseries diverses que de sécurisation de la cité. Cela est dénoncé par 70,37% des pisteurs qui traversent de nombreux barrages dans le transport des produits et 13,24 % des producteurs.

Le nombre de barrages routiers dressés sur certains axes menant aux ports de San Pedro et d'Abidjan est impressionnant. A la date de l'enquête, l'axe Soubré-San Pedro, long de 40 km, compte 44 barrages soit 1 barrage tous les 1,1 km. De même, sur le tronçon Soubré-Méagui, on dénombre 32 barrages pour 40 km, soit 8 barrages tous les 10 km. Pour rallier Abidjan, les transporteurs venant d'Abengourou doivent traverser 22 barrages, tandis que ceux venant de Soubré s'arrêtent à 83 barrages.

Il ressort de l'étude que ces points de contrôle sont détenus à 58,47% par des populations civiles locales contre 41,52% pour les agents assermentés de l'Etat. Il arrive parfois que les pisteurs traversent entre 5 et 11 barrages pour évacuer le produit des lieux d'achat aux magasins de stockage.

Enfin, chaque barrage, qu'il soit officiel ou non, fait l'objet d'un "droit de péage" qui varie de 500 FCFA à 10.000 FCFA auquel les transporteurs sont

---

[165] Op.cit. p. 31.

[166] RICO José, « Notes introductives à l'étude de la criminalité des affaires », in *Criminologie*, vol. 10, n° 1, 1977, pp.8-28.

soumis, dans l'absolu. Ainsi, ces barrages routiers qui étaient censés contribuer à réduire la délinquance deviennent des postes de racket et de corruption.

Les agents commis pour la sécurité des biens et des personnes profitent du bien-fondé de cette mission de service public pour s'adonner à des pratiques criminelles. Le dispositif sécuritaire s'en trouve ainsi affaibli et renforce le niveau de la délinquance.

Le phénomène du racket policier n'est pas récent en Côte d'Ivoire, mais la forme qu'il a prise depuis le début de la crise militaire est très inquiétante tant il fausse les fondements mêmes des missions dévolues aux forces de l'ordre (Yebouet)[167].

Un des constats de mon enquête est que, dans la conscience collective des populations rurales, ces fonctionnaires de l'Etat sont préoccupés par le rançonnage plutôt que par la sécurisation, comme en témoignent leurs propos : *Trop intéressés par l'argent des usagers de la route, les gendarmes et les policiers ne font pas leur travail. Ils attendent les automobilistes aux différents carrefours sans jamais pénétrer en brousse, là où les délinquants ont l'habitude de commettre leurs forfaits. Ces agents de sécurité sont toujours aux mêmes endroits. Ils ne vont jamais là où ils ne sont pas sûrs de gagner des sous. Ils sont très emmerdants pendant la période de traite.*

Plusieurs situations se présentent à l'issue de l'enquête : lorsque l'usager a les documents requis, l'agent menace de décharger le véhicule pour une fouille plus approfondie. Ce dernier, pour éviter de perdre du temps, paye la somme demandée par l'agent. Il arrive aussi que l'agent demande promptement un pourboire à l'usager pour se désaltérer ou invoque l'état du véhicule ou les accessoires de sécurité. Toujours est-il que, quelle que soit la situation, l'agent trouvera le moyen de "coller" une infraction à l'usager. Il s'agit donc d'une situation marginale, qui tend à devenir une normalité sociale, exacerbée par l'apparition de groupes armés d'autodéfense dans les zones de production du café-cacao. A la survenance de la crise sociopolitique en 2002, de nombreux groupes de jeunes désœuvrés se sont constitués en brigades de surveillance, d'autodéfense ou en milices privées pour pallier l'insuffisance des institutions étatiques de sécurité et prêter leurs services aux opérateurs économiques victimes des bandits. C'est donc armés de fusils artisanaux ou modernes que ces jeunes, sans formation adéquate au maniement des armes, assurent leurs missions de surveillance de produits, d'escorte de marchandises, de lutte contre des exportations frauduleuses vers le Ghana (Indénié-Djuablin), de coupeurs de route et toutes autres formes de banditisme au sein de la filière. De façon générale, ces unités privées donnent toujours satisfaction dans les premières semaines de leurs missions,

---

[167] YEBOUET Henry, « La Côte d'Ivoire au lendemain de la crise postélectorale : entre sortie de crise politique et défis sécuritaires », in *Sécurité et stratégie : sécurité à l'international*, vol.3, n°7, 2011, pp 22-32.

s'attirant alors les clameurs et les faveurs des populations pour leurs actes de bravoure et de générosité.

Cependant, n'étant pas régulièrement rémunérés et contrôlés, ces soldats de fortune érigent des barrages pour rançonner les populations, commettre ou se faire complices de vols ou d'autres actes de vandalisme, contribuant ainsi à accroître la criminalité comme le témoignent les propos des enquêtés : *L'insécurité que nous vivons est en partie liée à ces groupes d'autodéfense. Ces associés de circonstance sont souvent auteurs de vols de récoltes dans les champs, d'agressions nocturnes sur des usagers de la route qu'ils dépouillent de leurs biens, de vols en réunion dans les domiciles.*

Dans l'Indénié-Djuablin, le comité départemental de suivi des activités de la filière café-cacao dirigé par le préfet de département, chargé de lutter contre le trafic de cacao vers le Ghana, a été contraint d'arrêter ses activités, faute de moyens. Toutefois, certains acteurs influents dudit comité se sont reconvertis en trafiquants ou complices de trafiquants accentuant ainsi l'état de la criminalité.

6.1.1.3. Porosité des frontières

La porosité des frontières ivoiriennes est également un signe de l'inefficacité du contrôle formel en matière de criminalité frontalière pour 26,83% des enquêtés. La perméabilité de la frontière ghanéenne est donc en partie due à la passivité et à l'inaction des forces de l'ordre. Ces dernières, généralement sous-équipées se contentent de contrôles de routine à certains barrages érigés, laissant ainsi toute la latitude aux trafiquants de faire des transactions frauduleuses entre les deux Etats à travers des pistes détournées.

Les cas de corruption et de complicité avérés des agents de sécurité fragilisent aussi la lutte contre la criminalité. Selon certains producteurs, le trafic du cacao vers le Ghana est tout aussi rentable pour les trafiquants que pour les forces de l'ordre qui reçoivent des pots de vin en contrepartie de leur silence et de leur "contribution" au crime. *J'ai toujours dit aux journalistes qui viennent m'interroger que je vends le cacao au Ghana. Non seulement, rien ne m'arrive, mais rien ne m'empêchera de le faire*, affirme un paysan.

Dans la mémoire collective des habitants de cette région, la frontière qui est le fait du colonisateur aurait un but essentiellement politique tendant à diviser et à fragiliser les peuples pour mieux les opprimer : *Je suis successeur désigné d'un chef de village qui est à l'intérieur du Ghana à 60 kilomètres d'ici, alors que je suis Ivoirien du village d'Akati. Comment expliquer qu'on achète mon cacao à un prix inférieur à celui de mon petit frère qui est à 2 kilomètres d'ici ?* Ces types de propos sont courants dans la région de l'Indénié-Djuablin et témoignent du fait que les populations défient l'autorité de l'Etat, car, pour elles, cette commercialisation n'a rien d'illégal compte tenu des pesanteurs socioculturelles.

En dépit des limites territoriales tracées depuis la colonisation, les autochtones de la région de l'Indénié-Djuablin ont conservé leur relation socioculturelle historique avec certains peuples du Ghana. Ces populations frontalières ont en partage rites, coutumes, cérémonies et même des terres issues de certains legs et héritages. Ainsi, de nombreux paysans, indépendamment de leurs origines, possèdent des terres et des plantations de part et d'autre de la frontière. Cette situation est d'autant plus délicate que la commercialisation des récoltes pose problème quant au choix du territoire, pour la vente ou la livraison des récoltes et la volonté d'en tirer un meilleur profit. Il ressort de mes enquêtes qu'environ 2/3 des productions de ces zones ne sont pas commercialisées sur le territoire. Il existe donc un important trafic du binôme café-cacao à la frontière entre la Côte d'Ivoire et le Ghana. Ce bouillonnement d'activités illicites, considéré comme un manque à gagner fiscal pour l'Etat, ou une concurrence déloyale des entreprises nationales, présente néanmoins une dimension régulatrice qui compense l'effondrement des structures étatiques et forme une opportunité de sécurité socioéconomique pour les trafiquants (Bach)[168].

En effet, ce marché parallèle, en offrant de meilleurs prix et en supprimant les barrières conventionnelles de vente, mobilise autant les agriculteurs que les agents de sécurité qui profitent de ce dysfonctionnement pour s'enrichir illicitement : *Moi, je ne comprends pas, on achète le cacao tout près de nous, au Ghana, à un prix bien meilleur que chez nous en Côte d'Ivoire et les gens nous demandent de ne pas y aller mais de rester dans la misère et la pauvreté pendant que, eux, ils s'enrichissent,* explique un notable de l'Indénié-Djuablin.

Il faut noter qu'aujourd'hui, dans cet espace frontalier, le trafic du café-cacao est perçu comme l'expression d'un militantisme populaire en faveur de la libéralisation économique et de l'intégration. Et cela se dresse contre l'inefficacité et la corruption des économies nationales officielles (Igue et Soule)[169].

Selon un rapport de la Banque mondiale publié en 1989, ce commerce est un phénomène économique efficace et favorable au bien-être des populations, enraciné dans l'histoire et l'organisation traditionnelle des sociétés africaines (Banque mondiale)[170]). Cette situation témoigne aussi de ce que les populations remettent en cause certaines limites territoriales qu'elles considèrent comme injustes et peu viables car abusivement héritées

---

[168] BACH Daniel C., « Intégration et régionalismes : le renouvellement des problématiques », in *Intégration et régionalismes,* 1994.

[169] IGUE John O., *L'État-entrepôt au Bénin : Commerce informel ou solution à la crise,* Paris, Karthala, 1992.

[170] BANQUE MONDIALE : Rapport sur *L'Afrique subsaharienne : de la crise à une croissance durable,* Washington, D.C., 1989.

de la colonisation (Bennafla)[171]. *Moi, mon grand-père est originaire du Ghana. J'ai des parents là-bas et j'y vais souvent. Il y a aussi des personnes dans ce village ivoirien qui ont des plantations de l'autre côté au Ghana. Alors, de quelle frontière parle-t-on ? Ce sont les Blancs qui ont envoyé ces histoires de frontières. Nous vendons nos produits en Côte d'Ivoire ou au Ghana, c'est la même chose pour nous* s'exprime un chef coutumier à Bettié.

Ce rejet des cadres sociaux hérités est conforté par une exceptionnelle solidarité ethnique des populations frontalières et les périphéries commerciales informelles qui constituent une riposte à la mise en place de frontières jugées iniques (Igue)[172] et cela amène à s'interroger sur la fiabilité même de ces tracés coloniaux qui ne sont pas véritablement intégrés par les populations frontalières.

Ainsi, malgré son aspect illégal, le trafic de cacao vers le Ghana s'effectue avec beaucoup plus de légitimité chez les populations et apparaît même comme normal, d'autant plus que, pour les habitants de ces zones, c'est plutôt le tracé territorial effectué par le colon qui est anormal. L'Etat, quant à lui, en tant qu'autorité normative, s'en trouve discrédité car dépassé par le développement d'activités affectant les confins de son territoire, qu'il subit plus qu'il ne contrôle (Meagher)[173]. Ainsi, dans un contexte de bouleversement des règles du jeu économique, la corruption des autorités locales vient encore faciliter la tâche des trafiquants, en leur permettant d'exercer leur activité en toute impunité (Darley)[174].

Or, de nombreux auteurs classiques soulignent, à l'instar de Marx, que l'image de corruption ou d'injustice renvoyée par les classes dirigeantes attise les désirs d'enrichissement et la tentation est donc grande de voir dans le trafic de cacao un moyen de les assouvir. En somme, on assiste dans l'Indénié-Djuablin à une autostimulation de l'illégalité (de Tinguy)[175] et la présence de réseaux criminels induisant la corruption des agents de sécurité, profite au trafic illicite de cacao.

6.1.2. Difficultés d'insertion socioprofessionnelle

De l'indépendance à la fin des années 1970, la Côte d'Ivoire connaît un succès économique basé sur une économie de plantation menée par les

[171] BENNAFLA Karine, « La fin des territoires nationaux ? État et commerce frontalier en Afrique Centrale », in *Politique africaine,* n°73, 1999, pp. 25-49.
[172] IGUE John Ogunsola, *Le Territoire et l'État en Afrique : Les dimensions spatiales du développement,* Paris, Karthala, 1995.
[173] BACH Daniel C., op. cit p. 151.
[174] DARLEY Aurélie Mathilde, *La lutte contre la traite des femmes en provenance d'Europe de l'Est. Constitution d'un enjeu international de politique publique et observation de la mise en œuvre dans les pays baltes,* Paris, Institut d'études politiques, 2004.
[175] TINGUY Anne de, « Europe, ouvertures à l'Est », in *La lutte contre la traite des femmes en provenance d'Europe de l'Est,* Paris, Institut d'études politiques, 2001, p. 47.

autorités coloniales puis par les gouvernements ivoiriens successifs. Cette politique contribue à modifier l'équilibre démographique par le recours à une force de travail composée de nationaux et d'étrangers provenant notamment du Mali et du Burkina Faso, encouragée à venir mettre en valeur les terres du sud du pays (Chauveau)[176]. La ruée des immigrants va s'accentuer au lendemain des indépendances, avec la mise en valeur de chantiers comme l'aménagement de la vallée du Bandama et l'aménagement de la région du Sud-ouest autour des années 1970, nécessitant une haute intensité de main-d'œuvre.

Passée la mise en œuvre des gros chantiers, ces populations, à la recherche d'un travail, d'un emploi mieux rémunéré ou de meilleures conditions de vie, vont s'installer dans les zones forestières pour l'exploitation agricole. En effet, la migration internationale des ressortissants de la sous-région est perceptible dans les mutations induites au niveau de leur pays d'origine. Les immigrés jouent un rôle important dans les stratégies de survie et d'investissement de leur pays d'origine où l'agriculture, principal employeur, est mise à rude épreuve par la sécheresse et la baisse des cours mondiaux des produits d'exportations (Fall)[177].

Cependant, avec la récession des années 1990 et l'augmentation du chômage, les jeunes urbains furent amenés à reconsidérer le travail agricole. Mais les meilleures terres étant déjà cultivées, les litiges fonciers se sont accentués. Par ailleurs, les crises successives ont amenuisé les possibilités d'insertion et d'intégration socioéconomique des nouveaux arrivants qui sont, pour la plupart, sans qualification et sans moyen de subsistance. Selon les statistiques fournies par les structures d'insertion de jeunes, plus de 2,8 millions de jeunes de 15 à 40 ans étaient sans emploi en 2003 (Kouadio)[178], et sur 550.000 emplois existant avant la crise de 2002, le pays en comptait moins de 300.000 en 2006, soit une baisse de l'offre de 44% des emplois du secteur privé (FMI)[179].

D'une manière générale, le chômage s'est accru, passant de 6,4% en 2002 à 15,7% en 2008, avec 4 millions de jeunes en quête d'emploi. La crise économique des années 1980 a également contribué à miner les mécanismes d'intégration de nombreux jeunes (Mucchielli)[180] et à engendrer un mode de vie individualiste (Tenaerts)[181]. Les structures de solidarités traditionnelles

---

[176] CHAUVEAU Jean-Pierre, « Question foncière et construction nationale en Côte d'Ivoire : Les enjeux silencieux d'un coup d'État », in : Côte d'Ivoire, la tentation ethno-nationaliste, *Politique africaine*, n°78, 2000, pp. 94-125.

[177] FALL Abdou Salam, « Enjeux et défis de la migration internationale de travail ouest-africaine » n°62 F, in *Cahiers des migrations internationales*, 2003, p. 5.

[178] KOUADIO Koffi Lucien, op.cit., p. 23.

[179] Id.cit.p. 15.

[180] MUCCHIELI Laurent, « La déviance : normes et transgression, stigmatisation », in *Approches sociologiques de la déviance*, 1999, p. 3.

[181] TENAERTS Marie-Noëlle, *Approches sociologiques de la déviance*, Bruxelles, UFAPEC, 2008.

qui fonctionnaient jadis comme des filets de sécurité sociale se sont déliées et révélées de plus en plus inaptes à répondre aux sollicitations sociales pourtant croissantes.

Ainsi, le renchérissement du coût de la vie et la paupérisation ont conduit de plus en plus de personnes à se réfugier dans les activités du secteur informel ou à adopter des pratiques illicites par rapport à leur espace et leur temps de vie. La faiblesse de l'insertion de la population active dans le tissu économique et l'accès difficile à l'emploi pour les jeunes vont accroître cette déliquescence morale. Devant les contraintes morales et financières auxquelles elles sont confrontées, nombre de ces personnes adoptent des attitudes de soumission ou de débrouillardise, pour répondre aux attentes d'une société de consommation (Grell)[182].

Un acheteur de produit arrêté pour abus de confiance explique : *Si on fait cela, c'est pour s'en sortir. Vous voyez, il y a les enfants à scolariser, la famille à nourrir, les médicaments à acheter pour les parents, les funérailles ; de temps en temps, tu fais du business pour renforcer le peu que le patron te donne.*

Dans un tel climat général d'incertitude, qui laisse apparaître le sentiment de ne pas savoir à quel saint se vouer pour échapper à la précarité et à l'indigence, plusieurs n'hésitent pas à céder à une tentation et à tirer profit d'une opportunité pour commettre un délit afin de répondre aux exigences de la société de consommation. La consommation n'est plus seulement une condition d'existence mais également une façon d'afficher son statut et de se définir par rapport à son environnement. Plus encore, elle est devenue avec le temps, un mode de vie en soi, dans la mesure où certains jeunes se trouvent dans l'obligation de posséder divers biens afin de fonctionner efficacement (Doyon et Bussières)[183]. Toutefois, ce mode de vie transmet des valeurs difficiles à concilier avec la réalité économique et place les individus dans une position inconfortable, ne pouvant concrétiser leurs désirs par les moyens légitimes. En définitive, la réduction des possibilités de réussite sociale conduit certains acteurs à la définition de leurs propres règles et logiques d'insertion sociale quelques fois en contradiction avec les normes en vigueur.

Il a été découvert au domicile d'un coupeur de route, à Soubré, 5 postes téléviseurs, 3 chaînes hifi, des bijoux et bien d'autres appareils qu'il utilisait pour, dit-il, manifester son aisance financière. Les gains du crime augmentent l'estime de soi et contribuent à une intégration sociale, dans la mesure où le manque d'accès aux ressources socioéconomiques nuit à

[182] GRELL Paul, « Le sentiment d'aliénation comme opérateur de mouvance : réflexion à partir d'expériences de vie de jeunes en situation précaire », in *Sociologie et sociétés*, vol. 34, n°1, 2002, pp. 20.

[183] DOYON Brigitte, BUSSIERES Martin, *Recherche sur la criminalité et la délinquance : une distinction selon le sexe*, Laval, Université de Laval, 1999.

l'établissement des réseaux sociaux qui pourraient assumer un contrôle social informel de la criminalité. La période de traite du café-cacao dans le Nawa comme dans l'Indénié-Djuablin semble offrir cette opportunité à plusieurs individus.

Dans ce contexte de réduction des possibilités d'affirmation et de satisfaction individuelles, la délinquance va apparaître aux yeux de certains immigrés comme le moyen le plus sûr d'assouvir leurs besoins sociaux. L'immigration va pour ainsi dire être un facteur de développement de la criminalité dans ces régions, du fait de la densité de l'activité agricole.

6.2. Environnement économique criminogène en période de traite du café-cacao

Selon le tableau n°23, l'environnement économique est considéré comme facteur criminogène par 50,33% de producteurs, 50% d'autorités administratives, 42% de polices privées, 35% des forces de défense et de sécurité, 33,33% d'acheteurs, 30% d'acteurs de justice, 25% d'opérateurs économiques et 27% d'autorités coutumières.

6.2.1 Forte circulation d'argent

La période de traite du café cacao est marquée par un afflux important des populations vers les zones de production. Pour un ancien gendarme à la retraite et fils de la région : *La reprise des activités économiques se manifeste par une plus grande animation des villes et des campagnes. La journée, la circulation devient plus dense dans les rues et les marchés. Les embouteillages de véhicules sont courants. Les bars et restaurants sont bondés de monde, les boissons, en particulier l'alcool, n'arrêtent pas de couler à flot.*

Au niveau de la commercialisation proprement dite, les principaux opérateurs (pisteurs, acheteurs et coopératives) parcourent villages et campements avec d'importantes sommes d'argent pour l'achat des produits aux paysans. Les propos de ces acteurs interrogés me situent sur les différents montants en circulation pour les transactions, tels que synthétisés dans le tableau ci-dessous :

Tableau 25 : Sommes d'argent en circulation en millions de FCFA en période de traite selon les enquêtés

Catégories / Sommes	Planteurs		Coopéra-tives		Acheteurs		Pisteurs		Rabatteurs		Total	
	EFF	%	EFF	%	EFF	%	EFF	%	EFF	%	EFF	%
[0-1[	78	43,09	0	0	0	0	6	12	12	44,44	96	29,27
[1-3[	51	28,18	2	6,90	5	12,20	11	22	9	33 ,33	78	23,78
[3-5[	34	18,78	7	24,14	20	40,82	20	40	4	14,81	85	25,91
[05-10[	9	4,97	7	24,14	5	12,20	6	12	2	7,41	29	8,84
[10-20[	8	4,42	7	24,14	6	14,63	6	12	0	0	27	8,23
[20-30[	1	0,55	6	20,69	5	12,20	1	2	0	0	13	3,96
Total	181	100	29	100	41	100	50	100	27	100	328	100

Source : Traitements d'enquêtes

L'analyse du tableau n°25 indique qu'en période de traite du café-cacao, la majorité des opérateurs soit 78,96% ont en leur possession moins de 5 millions de FCFA. Près de 21,03% ont entre 5 et 20 millions tandis que seulement 3,96% disposent de plus de 20 millions. Ces chiffres ont été donnés par 328 enquêtés qui ont bien voulu communiquer les sommes d'argent qu'ils détiennent pendant la commercialisation. Les pisteurs qui s'occupent des achats bord-champ sillonnent quotidiennement villages et campagnes avec en moyenne 3 millions de FCFA.

Les montants varient entre 1 et 5 millions pour les petits acheteurs, entre 5 et 20 millions pour les moyens et plus de 20 à 30 millions pour les plus riches. A Méagui, un acheteur a affirmé avoir parcouru la zone pendant deux semaines avec 30 millions de FCFA. Cependant, c'est à l'Indénié-Djuablin que les pisteurs possèdent le plus d'argent en raison de l'importance des ventes.

Selon les témoignages, un seul village peut commercialiser entre 300 et 400 tonnes car, même le plus petit producteur fait en moyenne une tonne de cacao. Cela suffit pour amener les pisteurs à avoir suffisamment d'argent pour éviter les ruptures de paiement et céder le marché à des concurrents. C'est aussi le cas pour les acheteurs ghanéens installés le long de la frontière et qui mènent une concurrence déloyale aux acheteurs locaux, avec en leur possession des sommes avoisinant parfois 20 millions de FCFA. En ce qui concerne les coopératives, il faut noter que les dépôts varient en fonction de leur importance. Ainsi, on a 5 à 10 millions pour les petites coopératives, et entre 20 à 30 millions pour les structures plus renommées.

Toutefois, ces fonds restent insuffisants en raison de l'étendue de leurs activités et des quotas exigés par les textes. Selon le décret 2000-585 du 17 août 2000, les coopératives doivent satisfaire à certaines conditions comme la production de 5.000 tonnes au moins, la dotation d'un capital minimum en numéraire de 50 millions et souscrire à une caution bancaire de 25 millions de FCFA (Gourdon)[184].

Il s'avère que la libéralisation a entraîné une réduction sensible de leur rôle dans la filière en raison des difficultés de financement qui les ont conduites à développer leurs achats à crédit auprès des paysans. De nombreuses coopératives ne disposent pas de fonds propres et ont un accès limité au crédit bancaire, alors que les transactions s'effectuent au comptant car les paysans préfèrent généralement être payés en espèces. A cet effet, mon enquête a montré que seulement 20,69% des coopératives disposaient entre 20 et 30 millions, contre 24,14% qui avaient entre 10 et 20 millions et 5 et 10 millions.

Bien qu'elles soient largement minoritaires parmi les opérateurs de cacao, les coopératives restent tout de même une cible pour les bandits qui s'attaquent aux magasins de dépôts, aux responsables après les ventes. Les producteurs qui restent le maillon privilégié de la chaîne en cette période circulent ou conservent chez eux d'importantes sommes d'argent. Toutefois, en raison du sentiment d'insécurité qui règne dans les zones d'exploitation du café-cacao, la plupart de mes enquêtés n'ont pas voulu se prononcer sur leur propre gain.

Dans l'Indénié-Djuablin, deux producteurs ont reconnu avoir obtenu respectivement 25 millions et 29 millions au cours de la campagne 2007-2008. Ces informations viennent confirmer les données de l'enquête qui montrent que 28,18% des planteurs dans les deux régions obtiennent entre 1 et 5 millions de FCFA après les ventes, tandis que 4,97% gagnent entre 5 et 10 millions de FCFA. Les groupes criminels qui sont informés de ces transactions investissent les campagnes pour commettre des vols et des agressions sur les populations.

L'environnement de traite est aussi marqué par des comportements provocateurs de certains acteurs, par les modes d'épargne qu'ils utilisent pour sécuriser leurs biens et le non-respect des contrats informels qui sont sources de criminalité.

6.2.2 Modes d'épargne informels

Les infractions commises sur les planteurs, acheteurs et coopératives sont liées aux modes d'épargne souvent informels auxquels ont recours ces opérateurs pour sécuriser leur argent. Ce facteur est évoqué par 72,07% des producteurs, 82,22% des pisteurs et acheteurs et 91,43% des coopératives interrogées. Pour tous ces acteurs, avoir de l'argent sur soi en permanence ou à son domicile, c'est-à-dire le conserver en dehors du système bancaire,

---

[184] GOURDON A., *Etude-diagnostic des organisations et des procédures de la filière café-cacao de Côte d'Ivoire*, Bruxelles, Cabinet ECO, 2006.

explique sans doute les vols et agressions dont ils sont victimes. Ces moyens de conservation sont la thésaurisation, les tontines et le placement chez un tiers, comme le montre le tableau ci-dessous.

Tableau 26 : Modes d'épargne utilisés par les opérateurs du secteur café-cacao

CATEGORIES SOCIALES	MODES D'EPARGNE	DEGRES D'UTLISATION
PLANTEURS	Banque	Faible
	Thésaurisation	Fort
	Tontine	Moyen
	Placement chez un tiers	Très faible
COOPERATIVES	Banque	Fort
	Thésaurisation	Moyen
	Tontine	Nul
	Placement chez un tiers	Nul
ACHETEURS	Banque	Fort
	Thésaurisation	Faible
	Tontine	Faible
	Placement chez un tiers	Fort
PISTEURS	Banque	Moyen
	Thésaurisation	Moyen
	Tontine	Faible
	Placement chez un tiers	Moyen
RABATTEURS	Banque	Faible
	Thésaurisation	Fort
	Tontine	Moyen
	Placement chez un tiers	Moyen
MANŒUVRES	Banque	Nul
	Thésaurisation	Fort
	Tontine	Nul
	Placement chez un tiers	Faible
AUTRES (Fonctionnaires, Commerçants…)	Banque	Moyen
	Thésaurisation	Fort
	Tontine	Moyen
	Placement chez un tiers	Faible

Source : Données de l'enquête sur le terrain

Le tableau n°26 présente les modes d'épargne tels qu'usités dans les régions du Nawa et de l'Indénié-Djuablin. Les tendances se dégagent selon les usages, les catégories sociales (structurées ou non) en tenant compte des fréquences. La bancarisation est nulle chez les manœuvres, faible chez les rabatteurs, moyenne chez les pisteurs et forte chez les coopératives et les planteurs. Ce relatif faible taux de fréquentation des établissements financiers par ces individus s'explique par leur état d'analphabètes, d'illettrés et leur manque de confiance en ces institutions. En plus, celles-ci sont en général éloignées des zones rurales. Néanmoins, certains opérateurs motivés ou convaincus par des proches optent pour les banques. Mais à cause des contraintes liées aux conditions d'ouverture des comptes, de retraits, d'obtention de prêts, ils finissent par s'en détourner.

D'autres, par contre, admettent difficilement les nombreux prélèvements effectués sur leurs avoirs et les désagréments constatés lors des opérations bancaires (longues attentes, coupures d'électricité) de même que les cas de fermeture, en cas de troubles sociaux. Un producteur témoigne : *Moi, je gagne combien pour aller à la banque ? A la banque, tu fais des papiers, on te coupe aussi et souvent quand tu réclames ton argent, on te dit que l'argent est fini ou bien la banque ne travaille pas aujourd'hui. Tout cela est compliqué.* Par ailleurs, en milieu rural, la culture de l'épargne reste l'apanage des plus riches paysans qui ont les moyens de déplacement et sont bien informés du fait qu'ils ne courent pas le risque de perdre leur argent à la banque.

Les producteurs de café et de cacao pratiquent donc, en majorité, la thésaurisation. Ce mode de gestion financière semble s'accommoder des réalités du milieu rural. Dans la tradition africaine, le trésor est précieusement gardé sous la couchette, dans le canari ou dans un coin de la cabane au champ. L'utilisation des gains au jour le jour fait que ces producteurs ne jugent pas nécessaire d'aller les déposer dans les institutions financières. Ils préfèrent les avoir à portée de main.

Pour répondre aux exigences du métier qui nécessite une liquidé permanente, les pisteurs pratiquent aussi la thésaurisation. Ils gardent dans leurs domiciles des sommes importantes. Pour ces mêmes raisons, plusieurs coopératives sont équipées de coffres-forts. Toutefois, ces méthodes de sécurisation des gains dans les domiciles ou dans les endroits secrets exposent leurs détenteurs aux actes délictuels. Certains individus indélicats informés de ces pratiques s'engagent dans des braquages ou des vols.

Le tableau n°25 indique les modes d'épargne utilisés par des exploitants et des marchands de café-cacao. Il s'agit de l'épargne bancaire, de la thésaurisation, de la tontine et du placement chez un tiers. Concernant l'épargne bancaire, elle est courante dans les milieux des coopératives et des acheteurs. Les raisons évoquées par ces acteurs sont, entre autres, le risque qu'ils couraient en conservant par devers eux des sommes élevées qui, en moyenne, dépassent cinq millions.

S'il est courant que les pisteurs manipulent des sommes relativement importantes, moins de la moitié parmi eux fréquentent cependant les banques, parce que l'argent qu'ils possèdent sert de façon presque quotidienne à l'achat des produits en période de traite. Faire régulièrement les dépôts et retraits d'argent constituerait des tâches supplémentaires qui ne sauraient s'accommoder avec les exigences de leur métier qui nécessite qu'ils soient toujours sur le terrain, à l'affût des vendeurs de produits. En plus, fréquenter régulièrement les institutions financières ferait d'eux des cibles potentielles des criminels qui n'hésiteraient pas à les filer.

En réalité, les faibles gains de ces catégories qui vivent au jour le jour favorisent la thésaurisation plutôt que l'épargne bancaire. Le problème est que les vols sont courants dans ces milieux car des éléments indélicats, issus en général de familles de victimes et qui connaissent leurs habitudes, n'hésitent pas à faire main basse sur les fruits de leur labeur. Il est régulier que des délinquants cagoulés tiennent en joue des planteurs, s'approprient leur économie et s'évanouissent dans la nature.

Les tontines consistent en une formule mixte d'épargne et de crédit dans laquelle les adhérents versent régulièrement des cotisations de montant fixe à un fonds commun qui est distribué à tour de rôle à chacun des membres. Il faut noter que le membre qui reçoit le fonds bénéficie d'un prêt sans intérêt. Le cycle peut être hebdomadaire ou mensuel. Dans tous les cas, la somme reçue équivaut à l'économie que l'individu aurait pu faire en épargnant régulièrement à titre individuel. Les tontines permettent aux adhérents d'assouvir certains besoins ponctuels (dépenses familiales, scolaires ou de santé). Elles permettent aussi à certains acheteurs de mobiliser leur épargne au moment de la traite. Dans le milieu de la tontine, on assiste souvent à des détournements d'argent exécutés par des individus dont certains prennent des destinations inconnues.

Le placement chez un tiers consiste à confier son argent à une personne (parent, instituteur ou cadre du village) chargée de le sécuriser sans rémunération ni intérêt et de le rendre à son propriétaire à sa demande ou suivant un délai consensuel. Le problème est qu'aussi bien les tontines que les placements chez un tiers révèlent des cas de détournement et d'abus de confiance perpétrés par des gérants et des adhérents.

Quant aux manœuvres, ils sont payés à la fin de leur contrat. Toutefois, d'autres exécutent quelques travaux qui leur procurent de l'argent. Ils ne fréquentent presque jamais les banques. Leur préférence est la thésaurisation. Les « autres » sont tous ceux qui détiennent régulièrement de l'argent mais n'ont pas été cités dans l'une des rubriques précédentes. Il s'agit de petits commerçants, d'ouvriers, d'instituteurs... Ils fréquentent très peu les banques et sont souvent victimes de petits vols dont les auteurs sont, la plupart du temps, leurs parents ou protégés.

En définitive, j'observe que les circonstances dans lesquelles les infractions sont perpétrées, révèlent l'existence d'opportunités dont profitent les délinquants, comme le soulignent les approches situationnelles du crime, qui indiquent que la commission d'un acte délinquant dépend des motivations ou objectifs que poursuit le criminel (les profits et les gains) et de la présence de facteurs de risques (Isenring et Killias)[185].

---

[185] GIANG Ly Isenring, KILLIAS Martin, « L'étude de la délinquance économique dans les entreprises suisses par l'approche situationnelle en vue d'une meilleure prévention », in *RICPTS*, n°1, 2005, pp. 3-24.

6.2.3 Attitudes et comportements d'aisance financière

Les victimes ont très souvent une part de responsabilité dans l'agression ou le préjudice qu'elles subissent. En effet, de nombreux acteurs adoptent rarement une attitude de discrétion, d'autoprotection ou de défense, lorsque leur situation financière s'améliore. Les cas de figure les plus courants en matière de criminalité liée à la traite du café-cacao sont, entre autres, l'attractivité, la frustration, l'absence de précaution sécuritaire et une certaine aisance financière affichée. Il arrive souvent que l'attitude richissime de certains individus contraste avec l'indigence économique des travailleurs, manœuvres et jeunes déscolarisés vivant dans la même localité. Le commandant de brigade d'Ebilassokro, ville frontalière du Ghana, indique qu'il y a beaucoup de millionnaires dans cette région, mais qu'on y trouve aussi de nombreux pauvres qui s'alimentent à peine une fois par jour. Selon le sous-préfet de ladite ville, la délinquance prend de l'ampleur en période de traite par le fait de comportements attrayants et provocateurs de certains individus nantis qui se font quelquefois agresser par les plus nécessiteux. Il arrive aussi que certains propriétaires se rendent coupables d'indélicatesse en refusant de payer leur manœuvre après la commercialisation de leurs produits. Il s'en suit alors des comportements de vengeance dont des attaques à main armée, voire des assassinats.

Parfois, malgré le contexte peu sécurisé des zones rurales, où l'on rencontre rarement les services de police et de gendarmerie, certains opérateurs circulent sans protection avec des moyens financiers considérables, s'exposant ainsi à toutes sortes d'agressions. D'autres, comme les pisteurs, manquent de discrétion quant aux sommes d'argent dont ils disposent pour la campagne.

La vulnérabilité des victimes est aussi liée au mode de paiement en liquide des producteurs qui se fait sans aucune indiscrétion, au vu de tous, souvent à la place publique du village ou au magasin acheteur, en présence des manœuvres et autres curieux. Préférant l'argent en espèces aux chèques et virements bancaires, le vendeur est généralement suivi, espionné dans tous ses faits et gestes, puis agressé au moment opportun.

Enfin, des personnes deviennent vulnérables de par leur mode de vie provocateur qui met en évidence une certaine position sociale élevée, ou affiche leur puissance économique et financière. Ainsi, on a des néologismes comme le "boucantier" à Soubré et "Kouakou l'argent" à Abengourou. Jeunes et toujours tirés à quatre épingles, les porteurs de ces dénominations font croire, à tort ou à raison, qu'ils sont riches. Ils distribuent l'argent à tour de bras dans les lieux publics, notamment lors des manifestations funéraires et festives.

A ce propos, le commandant de la brigade de gendarmerie de Méagui m'a confié ceci : *Dès qu'ils ont les moyens, certains se retrouvent régulièrement dans des débits de boissons avec d'importantes sommes d'argent, faisant des dépenses de nature à attirer vers eux l'attention des délinquants.*

Ces comportements, comme on peut le constater, sont provocateurs et rendent compte d'agressions de certains acteurs imprudents. C'est donc l'indiscrétion de certains acteurs de la filière, leur volonté d'exposer, coûte que coûte, les fortes sommes d'argent en leur possession qui font d'eux des victimes potentielles ou réelles en dehors de toute protection. Ainsi, comme l'explique la théorie des habitudes de vie, la commission d'un délit nécessite un délinquant potentiel, une cible convenable et l'absence de gardien (Felson et Dijk)[186].

6.2.4 Limites de la confiance dans la gestion des contrats

L'enjeu de la traite ne laisse personne indifférente dans les zones de production. Financiers, exportateurs, acheteurs, producteurs, pisteurs, commerçants, mais aussi les délinquants sont tous à pied d'œuvre pour tirer le maximum de profit des différentes activités qu'ils exercent. En cette période, les délits contre les biens, en particulier les détournements, vols, abus de confiance et escroqueries, s'accentuent également. Plusieurs opérateurs économiques s'engagent dans des transactions sans la moindre garantie, se basant sur la confiance et la nature des rapports qu'ils entretiennent.

Les cas d'abus de confiance représentent 21,53% des causes d'agressions. Ils sont dénoncés par 20,72% des producteurs, 11,11% des pisteurs et 8,57% des coopératives qui en sont les victimes les plus fréquentes. Selon le directeur départemental de l'Agriculture, il procède des us et coutumes du peuple N'dénien que la parole donnée doit être impérativement respectée, au risque d'une condamnation devant le tribunal coutumier : *Ici, la parole donnée vaut une signature.*

C'est pourquoi les contrats verbaux sont fréquents et ont une valeur presque juridique. Ces pratiques ont lieu dans des cas urgents, tels que des soins de santé ou des funérailles, pour lesquels des paysans contractent des dettes financières sur la base d'un remboursement en nature, le cacao, notamment. Ils s'engagent à vendre toute leur future récolte à leur créancier, à un prix inférieur à celui que l'Etat aura fixé. Cependant, au moment du remboursement, certains débiteurs se rétractent et cela crée un environnement malsain empreint de vengeance. A ce propos, un Libanais acheteur de produits, visiblement très en colère, explique sa mésaventure : *Je lui ai prêté 300.000 FCFA au mois d'août pour les funérailles de sa belle-mère. Nous sommes tombés d'accord pour qu'il me vende son cacao à 300*

[186] FELSON Marcus, van DIJK Jan J-M, « La théorie des opportunités et l'erreur de généralisation », in *Criminologie,* vol 26, n°2,1993, pp. 29-36.

FCFA le kg. Aujourd'hui, il refuse et il va le vendre ailleurs à 800 FCFA. Je ne peux pas accepter cela.

Des abus de confiance existent aussi entre planteurs et contractuels, comme le témoigne un enquêté : *Je l'ai tué parce qu'il m'a volé. J'ai travaillé chez lui pendant 5 ans. Il devait me payer 100.000 FCFA par an, ce qui devait faire 500.000 FCFA. Je n'ai reçu que 150.000 FCFA. Il m'a roulé et menacé de mentir à la gendarmerie pour qu'on me mette en prison.* Dans ce cas-ci, ce n'est pas la victime elle-même qui est blâmée, mais plutôt la relation qui existe entre les parties.

Tel que le mentionne Baril[187], la relation malsaine prend le plus souvent la forme d'une relation dominant-dominé dans laquelle le meurtrier agit par vengeance contre son employeur qui a décidé de ne pas honorer ses engagements.

De nombreux producteurs cèdent souvent l'exploitation de leur plantation à une main-d'œuvre rémunérée, en général immigrée, sur la base de contrats rarement codifiés par écrit, ou souvent passés sans témoins, dont le métayage, le travail annuel et le contrat de garantie qui aboutissent quelquefois à des conflits d'intérêts. Le plus fréquent de ces accords est le métayage. Il fait obligation à l'emprunteur, c'est-à-dire le métayer, d'exploiter une partie ou la totalité de la plantation moyennant : soit la moitié de la récolte (cas de l'"abougnon"), soit le tiers (cas de l'"aboussan"). Ce mode d'exploitation est plus courant chez les producteurs de l'Indénié-Djuablin (50 %) que dans la zone du Nawa (30%). Ces contrats ayant permis à de nombreux travailleurs agricoles de disposer de leur propre exploitation, au détriment des descendants des propriétaires terriens, sont de plus en plus remis en cause par ces derniers et donnent lieu à des conflits entre autochtones, allochtones et allogènes.

En effet, de nombreux producteurs, pour maintenir un manœuvre ou lui manifester leur gratitude après des années de travail, n'hésitent pas à lui léguer une partie de l'exploitation. Ce dernier devient ainsi propriétaire foncier, en offrant en retour quelques présents symboliques au bienfaiteur.

Mais, il a été donné de constater, au cours de l'enquête, que certains individus, dont les parents avaient signé des accords de cession foncière avec des immigrés, se sentant spoliés, réfutent ces dits accords et s'en prennent aux nouveaux propriétaires. Il arrive aussi que certains producteurs et manœuvres, voulant augmenter leurs gains, s'adonnent à des détournements de produits, des ventes anticipées ou à de fausses accusations pouvant aboutir à des conflits, voire même à des crimes.

Plusieurs producteurs mettent également en gage leur plantation en règlement d'une dette ou en contrepartie d'un revenu immédiat (environ 200.000 FCFA pour 2 hectares) afin de répondre à des besoins urgents de scolarité, de soins médicaux ou de frais funéraires. C'est donc un contrat de

[187] BARIL Micheline, *L'envers du crime*, Paris, L'Harmattan, 2002.

location portant sur une partie ou la totalité de la plantation à un acquéreur (acheteur de produits, producteurs, manœuvres), moyennant un paiement en espèce, sur une période déterminée au terme de laquelle elle est restituée à son propriétaire.

Toutefois, l'instabilité et la baisse des revenus ne favorisant pas souvent le remboursement des prêts dans le délai requis, le gage se transforme en une propriété temporaire pour le créancier et cela peut durer plusieurs années. Il arrive qu'à la fin du gage, le producteur débiteur retrouve une exploitation mal entretenue entraînant à moyen terme une chute de production et donc une baisse de revenus.

Enfin, pour éviter le partage de leur production, comme c'est le cas dans les contrats "abougnon" et "aboussan", certains producteurs ont recours au travailleur annuel dont la rémunération est fixée et connue par avance. Ce dernier est par ailleurs logé, nourri, soigné et habillé par son employeur, en plus du salaire annuel qu'il perçoit. Il arrive que certains producteurs, de façon délibérée ou pour des difficultés financières, n'honorent pas toujours leurs engagements et cela conduit à des actes de vengeance récurrents dans la région du Nawa.

En somme, les pactes ou arrangements financiers en dehors des normes réglementaires apparaissent souvent comme les causes de multiples conflits. La forte circulation d'argent en période de traite va engendrer des comportements d'indiscrétion et de manifestations d'aisance financière dont vont profiter certains criminels pour s'attaquer aux acteurs. On peut, par exemple, mentionner le fait que les acheteurs circulent sans la moindre précaution, avec des sommes considérables, quand les paysans, eux, conservent l'argent de la vente de leurs produits au su et au vu de toute la communauté. L'environnement en période de traite se présente donc comme un espace d'opportunités criminelles.

6.3 Faiblesse des prix d'achat aux producteurs

Selon le tableau n°24 la faiblesse des prix d'achat aux producteurs est considérée comme facteur criminogène par 56% des autorités coutumières, 45% des forces de défense et de sécurité, 33% des polices privées, 21% d'acteurs de justice, 13,33% d'acheteurs, 12,67 % de producteurs, 12,5% d'autorités administratives et 4% d'opérateurs économiques.

6.3.1 Dysfonctionnement de la filière café-cacao

Au lendemain de la libéralisation de la filière café-cacao, l'Etat de Côte d'Ivoire s'est doté de structures spécialisées pour veiller au bon fonctionnement des opérations commerciales. La régulation avait pour effet de permettre une amélioration des revenus des producteurs, maintenir l'équilibre entre les opérateurs économiques de forces inégales et de favoriser le respect des règles du jeu de la libre concurrence.

Cependant, on observe une baisse du revenu des paysans due à une faiblesse du prix indicatif annoncé par les structures de gestion de la filière café-cacao en début de campagne et à l'écart entre ce prix et celui effectivement perçu par les producteurs. En début de chaque campagne, la BCC, qui a pour principale mission de gérer la commercialisation de la production, détermine en concertation avec les opérateurs un prix minimum indicatif de référence pour le café-cacao après que tous les acteurs intermédiaires aient prélevé leurs coûts et marges (Esso)[188].

Les prélèvements concernent l'ensemble des taxations opérées par l'Etat de Côte d'Ivoire et les structures de gestion de la filière pour des utilisations bien spécifiques. Il s'agit de montants ponctionnés par le ministère de l'Economie et des Finances pour les caisses publiques de l'Etat (fiscalité), des montants prélevés pour les fonctionnements des organes en charge de la gestion de ces filières et ceux destinés au financement d'opérations particulières (investissements ruraux, contrôle poids et qualité, sacherie, cotisations consulaires et internationales) tels que regroupés dans le tableau ci-dessous.

---

[188] ESSO Lœss Jacques, « Dynamique des recettes du café et du cacao en Côte d'Ivoire », *Bulletin de Politique Economique et Développement (BUPED),* Abidjan, CIRES, 2009.

Tableau 27 : Types de prélèvements constatés dans la filière café-cacao

TYPES DE PRELEVEMENTS	TYPES DE CULTURES	
	Cacao	Café
Fiscalité	❖ Droit Unique de Sortie (DUS) ❖ Taxe d'Enregistrement (TE)	❖ Droit Unique de Sortie (DUS) ❖ Taxe d'Enregistrement (TE)
Parafiscalité	❖ Fonctionnement des structures BCC, FRC, FDPCC, ARCC et CGFCC ❖ Fonds d'Investissement en Milieu Rural ❖ Fonds d'Investissements ❖ Réserve de prudence ❖ Sacherie brousse, Pesage ❖ Contrôle qualité ❖ Cotisations Ico ❖ Cotisations chambre d'agriculture et FIRCA	❖ Fonctionnement des structures BCC, FRC, FDPCC, ARCC et CGFCC ❖ Fonds d'Investissement en Milieu Rural ❖ Fonds de relance café ❖ Réserve de prudence ❖ Sacherie brousse, Pesage ❖ Contrôle qualité ❖ Cotisations Ico, Oiac... ❖ Cotisations chambre d'agriculture et FIRCA

Source : Bourse du café-cacao

Les prélèvements considérés concernent la redevance FDPCC, la redevance sacherie-brousse, les redevances ARCC et BCC, la réserve de prudence et le droit de sortie unique répartis comme suit : une redevance versée à l'ARCC de 3,43 FCFA/kg, une redevance FIRCA payable à l'ARCC de 0,50 FCFA/kg, une redevance contrôle qualité payable à l'ARCC de 1,50 FCFA/kg, une redevance pesage payable à l'ARCC de 2.000 FCFA/tonne, une redevance versée à la BCC de 4,67 FCFA/kg, une redevance versée au FRC de 2,66 FCFA/kg, un prélèvement versé au FDPCC de 24,50 FCFA/kg, un prélèvement au titre de la réserve de prudence de 10 FCFA/kg, une redevance sacherie de 5 FCFA/kg et enfin un droit unique de sortie fixé à 220 FCFA. A chaque niveau de la filière correspond un régime fiscal qui a pour conséquence de peser sur le prix bord-champ difficilement respecté par les acheteurs.

Ces derniers sont assujettis à tous les impôts et taxes à l'exclusion de la TVA sur les achats de produits et matériels agricoles. Les prestataires de services agricoles (coopératives agricoles agréées, structures d'appui et de gestion du secteur) dont les activités sont le traitement de produits de la filière café-cacao, le transport, le contrôle qualité sont soumis au régime d'imposition de droit commun (Esso)[189].

C'est cependant le DUS qui favoriserait la fuite du cacao vers le Ghana, comme l'explique l'ex-vice-président de l'Union des coopératives agricoles de Côte d'Ivoire : *Au titre de l'exercice 2008, notre coopérative (Coopai) a payé 200 millions de FCFA de DUS à l'Etat de Côte d'Ivoire. Cette année (2011), on nous impose entre 300 à 500.000 FCFA sur chaque chargement pour aller à Abidjan, alors que le cacao qui rentre au Ghana n'apporte aucune devise dans les caisses de l'Etat*, fait remarquer (Bomo)[190].

Pour la campagne 2009-2010, la parafiscalité sur l'exportation de cacao a été réduite de 5%, passant de 220 FCFA à 210 FCFA, conformément aux attentes des partenaires au développement, dont la Banque mondiale et le FMI. Ces institutions avaient souhaité début septembre 2009 que la prochaine réforme relative au cacao ivoirien ne se limite pas à des aménagements à la marge, mais profite d'abord aux paysans dont les revenus sont fortement liés au niveau très élevé des taxes. Malgré ces réductions, les prix payés aux paysans sont restés faibles en raison des manœuvres frauduleuses des acheteurs, du non-respect des prix bord-champ et des prélèvements abusifs. Ces prélèvements fiscaux et parafiscaux qui se font sur la base de niveaux fixes sont censés être ajustés à l'évolution du marché, mais il apparaît que même en cas de baisse des cours mondiaux, le niveau des prélèvements reste inchangé au détriment des producteurs.

Il ressort donc que le mécanisme de fixation du prix bord-champ est peu profitable aux producteurs qui supportent les coûts des prélèvements effectués. De plus, en l'absence de tout contrôle, le prix annoncé par la BCC (indicatif) n'est pas celui appliqué pendant les achats bord-champ. Dans la réalité, les acheteurs profitent de l'inorganisation des producteurs, de la faiblesse de leur pouvoir de négociation et surtout des spécificités de chaque région (état des routes) pour réduire le prix d'achat aux paysans. Le mauvais état des pistes villageoises qui rend le transport des marchandises difficile favorise également la victimisation des populations. A la fois dégradées et non sécurisées, elles sont des nids de bandits qui profitent des crevaisons ou des accidents pour dépouiller les passagers.

---

[189] Id. p. 165.

[190] BOMO Ange, op.cit. p. 96.

Toutefois, l'état des voies constitue un moyen d'enrichissement pour les acheteurs qui font des prélèvements pour les frais engendrés par le transport des marchandises : *Le mauvais état des routes nous cause beaucoup de pannes, de dégâts et de préjudices financiers ; cela nous oblige à acheter le cacao et le café en deçà des prix indicatifs bord-champ ou à revendre ces produits au Ghana.* Cette réaction n'est pas isolée car la presque totalité de ces marchands adhèrent à ce processus qu'ils considèrent comme un auto-dédommagement.

Les prix payés aux producteurs de cacao sont statistiquement différents des prix annoncés par la BCC au cours des campagnes allant de 2005 à 2009. En d'autres termes, les prix annoncés par la BCC et le prix moyen payé aux producteurs pour ces années étaient nettement divergents comme le montre le tableau ci-dessous.

Tableau 28 : Processus de détermination des prix d'achat du café et du cacao

Campagnes / Prix pratiqués	2004/ 2005	2005/ 2006	2006/ 2007	2007/ 2008	2008/ 2009
Producteur	329	343	380	467	620
Indicatif	390	398	400	488	700
CAF	829	839	885	998	1250
Marché mondial	812	836	924	1 122	1 251

Source : Archives du ministère de l'Agriculture de Côte d'Ivoire

Comme le montre le tableau, les prix payés effectivement aux producteurs sont restés inférieurs au cours des cinq années aux prix annoncés par la BCC. Les différences de prix se situent entre 20 FCFA et 80 FCFA, soit un écart de 47,5 FCFA en moyenne. Les écarts observés entre le prix annoncé par la BCC et le prix payé aux producteurs sont liés au fait que les producteurs n'ont pas souvent le choix par rapport au prix proposé par les acheteurs (pisteurs, acheteurs traitants et même coopératives) qui arrivent dans leurs villages. En effet, très peu d'acheteurs arrivent au même moment dans le même village ou chez le même producteur ; lorsqu'ils sont nombreux, ils adoptent diverses stratégies pour maximiser leurs gains. Les différences sont encore plus considérables entre les prix pratiqués au marché mondial et les prix indicatifs fixés par les structures de régulation.

Les écarts varient entre 422 FCFA et 734 FCFA, soit en moyenne 533,8 FCFA. Ainsi, c'est en moyenne 581 FCFA que les producteurs perdent au profit des taxes et des prélèvements légaux et illégaux. Selon les enquêtés (25,31%), les missions de régulation et de contrôle ont laissé place à l'enrichissement illicite et ont plongé le secteur dans l'anarchie, tout en accentuant la pauvreté des paysans.

Le manque de contrôle s'observe par la recrudescence de coopératives fictives, d'acteurs illégaux et de nombreux prélèvements de taxes. Toutes ces indélicatesses contribuent à rendre compte de l'anarchie qui règne dans la filière café-cacao. La libéralisation a entrainé des conséquences profondes sur le mode d'organisation de la filière et les conditions de vie des producteurs, en réduisant l'activité coopérative et en incitant un fort mouvement de concentration des acheteurs. Les paysans, n'ayant jusque-là connu que le système de prix garantis et stabilisés, sont désormais confrontés au risque et à l'instabilité des prix qui varient également d'une région à l'autre, voire d'une exploitation à l'autre, en fonction des coûts d'accès, de la qualité du produit et du degré de concurrence entre acheteurs et du pouvoir de négociation des paysans à travers leurs coopératives. Alors qu'ils ne disposent pas des instruments nécessaires (crédits, assurances, outils d'information) pour gérer le risque lié à l'instabilité des cours internationaux, certains paysans s'endettent auprès des usuriers, achètent des intrants à crédit et recrutent une main-d'œuvre salariée. Le remboursement de ces prêts se fait quelquefois au détriment du producteur qui se tourne alors vers des pratiques frauduleuses pour augmenter ses gains (vente au Ghana, non-paiement des travailleurs, etc.).

La filière café-cacao est mal organisée ; on y constate de nombreuses violations des lois et règlements sans compter les palabres entre dirigeants, s'indigne un secrétaire général de préfecture. Comme cet administrateur, de nombreux témoignages dénoncent vertement le désordre qui règne dans la filière café-cacao. En l'absence de fonds propres et d'accès au crédit bancaire, les coopératives, contraintes d'acheter à crédit dans un contexte où toutes les transactions s'effectuent au comptant et où les paysans ont un besoin pressant de liquidités, voient leurs parts de marché diminuer.

Ces dysfonctionnements favorisent le développement de coopératives illicites et d'acheteurs clandestins qui envahissent les zones de production en période de traite. Aussi, beaucoup de producteurs, ne percevant plus les avantages apportés par l'adhésion à une coopérative et le respect de ses règles, préfèrent-ils les ventes individuelles, laissant un terrain propice aux acheteurs indélicats, aux fraudes sur les prix et sur les produits.

Faute d'un contrôle rigoureux, l'achat et la vente de cacao échappent de plus en plus aux professionnels. *Il suffit d'avoir 50.000 FCFA ; tu peux acheter quelques kg de cacao avec des paysans en-deçà du prix réel et tu attends l'arrivée des vrais pisteurs pour le revendre,* explique un jeune habitant d'Aniansué, dans le département d'Abengourou.

De nombreuses coopératives restent encore débitrices des producteurs pour les campagnes 2005-2006 ou 2006-2007 écoulées, sans se soucier du paiement de ces arriérés. Sur les coopérateurs rencontrés, 73% dénoncent les attitudes des coopératives passées maîtresses dans le détournement ou la vente illicite des produits phytosanitaires, bottes et autres outils destinés à être distribués aux planteurs affiliés.

La réforme de la filière s'est accompagnée de l'imposition de nombreux prélèvements et d'un mouvement de concentration d'acheteurs et d'intermédiaires qui répondaient à la politique du libre marché. L'analyse des circuits de commercialisation montre une complexité des opérations qui engendre des coûts supportés essentiellement par les producteurs. Le nombre important d'intermédiaires conduit à de multiples prélèvements qui se répercutent sur le prix d'achat au producteur.

Selon un enquêté, membre d'une coopérative de l'Indénié-Djuablin, l'on assiste à de multiples prélèvements qui occasionnent la baisse des revenus des paysans : *Depuis qu'on a libéralisé la filière cacao, nous avons d'énormes difficultés. Les structures qu'on a créées pour gérer la filière n'apportent rien aux producteurs ; elles ne font que les exploiter.*

Dès lors, pour faire face au faible prix d'achat qui leur est imposé, nombre de producteurs ont recours à des pratiques illégales ou des manœuvres « ingénieuses ». Il faut toutefois préciser qu'il existe deux types de prélèvements sur la vente du cacao. Un prélèvement effectué par les acheteurs sur le compte des producteurs tout au long du circuit de commercialisation et un autre effectué par l'Etat par l'intermédiaire de la BCC au détriment des exportateurs, appelé "fiscalité".

6.3.2 Paupérisation des populations

Une des principales conséquences de la libéralisation est d'avoir non seulement introduit une instabilité des prix et des revenus au sein de la campagne, mais d'avoir en même temps conduit au démantèlement des réseaux traditionnels de crédit dont pouvaient bénéficier auparavant les producteurs de cacao. Il en résulte une contraction des dépenses, notamment des dépenses d'éducation et aussi un changement sensible du comportement des producteurs qui investissent moins dans leurs plantations et cherchent à diversifier leurs sources de revenu.

En effet, après les campagnes de 2001, 2002, 2003 marquées par la hausse du prix à 700 FCFA/kg alors que les producteurs attendaient de la libéralisation une augmentation de leur pouvoir d'achat, les prix bord-champ n'ont pas cessé de s'effondrer. Cette baisse a eu des conséquences directes sur l'accès des ménages aux circuits informels du crédit, seules sources de financement de certaines dépenses courantes avant le début de la campagne.

Or, dans le système de prix stabilisés, le revenu futur de l'emprunteur pouvait être facilement évalué et sa variabilité suffisamment faible permettait de sécuriser le prêt. Ainsi, en l'absence d'épargne et de système de crédit permettant au producteur de lisser son revenu à l'intérieur de la campagne, le sentiment d'insécurité économique a des répercussions sur sa consommation. Les dépenses de scolarisation qui interviennent normalement en septembre avant le début de la campagne cacaoyère sont particulièrement touchées. Plusieurs élèves de parents paysans ne s'inscrivent pas dans les délais requis ou débutent les cours sans les fournitures. Les producteurs ont aussi moins investi dans leurs plantations et réduit l'utilisation d'intrants et de main-d'œuvre.

Face à ces insuffisances dans l'Indénié-Djuablin, le trafic transfrontalier du cacao-café gagne du terrain, en raison de sa rentabilité financière. Les prix d'achat pratiqués au Ghana sont plus élevés qu'en Côte d'Ivoire et l'investissement initial du trafiquant (coûts des barrages et de la corruption) est très réduit comparativement aux profits escomptés. Pour preuve, en 2007, tandis qu'en Côte d'Ivoire le prix du kilogramme de cacao bord-champ était fixé en à 400 FCFA et que les prix pratiqués variaient entre 250F et 300 FCFA, il était de 650 francs CFA au Ghana. Par ailleurs, selon les témoignages, pour un convoi de cacao, il fallait payer à la police et à la gendarmerie entre 15.000 et 30.000 FCFA par camion. Les eaux et forêts quant à eux empochaient entre 50.000 et 100.000 FCFA. Des agents de la douane présents prélevaient 1.000 FCFA par sac, quand les agents de l'ANADER et de l'Agriculture rançonnaient la somme de 10.000 FCFA par camion.

Les retombées de la vente illicite au Ghana sont donc très avantageuses pour les paysans et certains acteurs de la filière, notamment les forces de l'ordre, comme le souligne un agent des douanes à la retraite : *Le trafic de cacao vers le Ghana est une poule aux œufs d'or, dont la mort serait préjudiciable tant aux trafiquants qu'aux agents de sécurité.* Un planteur de Niablé ajoute : *Tant que les prix resteront mauvais en Côte d'Ivoire, nous vendrons toujours le cacao au Ghana.*

Au regard des profits qu'il génère, le trafic illicite est devenu au fil des ans le meilleur moyen pour améliorer les conditions de vie de certains paysans. En effet, la plupart des producteurs que j'ai rencontrés sur le terrain disposent de petites exploitations familiales. Leurs revenus annuels étant faibles, ils vivent dans des conditions difficiles.

Les périodes de rentrée scolaire et de fêtes constituent de véritables soucis pour nombre d'entre eux qui ont d'importantes charges familiales : *De nos jours, le planteur est devenu plus pauvre que jamais, tout simplement parce que le cacao est acheté à bas prix, malgré le coût de la vie qui augmente. Nous n'arrivons plus à payer correctement nos travailleurs et à nous soigner. Je pense qu'il est mieux de vendre nos produits aux étrangers que de voler la chose d'autrui* rapportent des planteurs à Aboudoukro.

S'il est indéniable que certains planteurs sont à l'abri des petits besoins financiers, les propos susmentionnés indiquent bien l'existence de nombreuses difficultés face auxquelles beaucoup d'entre eux trouvent pour palliatif la vente illégale, en dépit des risques encourus. Les paysans s'orientent donc là où le cacao s'achète le mieux. A ce propos, un grand planteur de Niablé m'avoue sans réserve les raisons de sa déviance : *Qui est fou pour vendre son cacao en Côte d'Ivoire ? On accuse les gens de la région de ne pas être des nationalistes. Qui mange le nationalisme ? Qu'on me le dise ! Et puis, qui peut accepter de travailler à perte dans ce pays ? Je pense que personne ne peut admettre cela. Mais pourquoi veulent-t-ils que les paysans soient les éternels sacrifiés ? Nous irons toujours au Ghana pour vendre nos produits, quelles que soient les interdictions, tant que les prix seront inférieurs ici.* Ainsi, dans les villages frontaliers tels qu'Akati, Aprompon, Adama béhibro, de nombreux paysans refusent de vendre leurs productions de café et de cacao aux acheteurs locaux.

Ils retiennent des stocks qu'ils exportent clandestinement entre 22 heures et 3 heures du matin, à bord de camions de marque Kia, parfois avec la complicité et l'escorte de certains éléments des forces de défense et de sécurité, à raison de 20.000 FCFA par agent. D'autres fraudeurs, sans se faire escorter, payent la somme « conventionnelle » de 20.000 FCFA à chaque poste de contrôle jusqu'à la livraison transfrontalière.

Dans le département de l'Indénié-Djuablin, c'est un fait constant de voir de nombreuses personnes abandonner leur travail initial pour se livrer au trafic frauduleux du cacao. On dénombre, parmi ces indélicats, des commerçants, des chauffeurs, des maçons, de petits fonctionnaires et des agents de sécurité. En définitive, l'importance des retombées financières issues du trafic favorise son ampleur. Ainsi, au lieu d'être combattu, il est au contraire encouragé.

6.4 Facteurs liés à la spécificité criminelle de chaque zone

Les déterminants qui font que la criminalité est violente dans le Nawa et astucieuse dans l'Indénié-Djuablin sont d'ordre géographique et culturel.

6.4.1 Déterminants géographiques

6.4.1.1 Frontière comme facteur d'enrichissement

La position frontalière de l'Indénié-Djuablin offre aux criminels la possibilité de gagner facilement de l'argent par la fraude. Ainsi, mettre en péril sa propre vie, en allant s'en prendre violemment à autrui pour lui arracher ses biens, leur paraît inutile.

Par contre, la région du Nawa n'étant pas frontalière, elle n'offre pas les mêmes conditions au délinquant. Celui-ci, n'ayant pas la possibilité de s'enrichir par la fraude, s'en prend le plus souvent aux biens d'autrui dont il craint cependant la réaction ; d'où une propension à la violence dans l'action criminelle.

6.4.1.2 Zone de prolifération d'armes à feu

Depuis la guerre du Libéria et les crises successives que connaît la Côte d'Ivoire à partir de 2002, les armes à canon scié et les armes légères de guerre circulent massivement dans le Nawa. Les criminels en font souvent usage pour dépouiller leurs victimes de leurs biens.

Il n'est pas aussi facile de posséder une arme de façon illégale dans l'Indénié Djuablin. Même s'il existe des attaques à main armée, elles sont de moindre importance, en comparaison avec le Nawa.

6.4.1.3 Criminels sous effets de stupéfiants

A l'image des armes, le Nawa est marqué par l'usage des drogues par les délinquants. Selon les autorités policières de la région, on y trouve des champs de drogue souvent insérés à l'intérieur des plantations de café-cacao. Sous les effets de ces stupéfiants, les auteurs de crime deviennent nerveux et violents, n'hésitant pas à mettre fin aux jours de leurs victimes.

Dans l'Indénié-Djuablin, la drogue semble peu utile aux délinquants qui ont plutôt besoin de toutes leurs facultés pour atteindre leur fin de façon astucieuse. D'ailleurs, l'usage de la drogue ou des stupéfiants y est moins répandu.

6.4.2 Déterminants culturels

6.4.2.1 Lien entre le criminel et la victime

Dans le Nawa, il existe d'une part, une population homogène, les autochtones de l'ethnie Bakwé, un sous-ensemble du groupe Krou et d'autre part, des groupes hétérogènes, les allochtones, venus des autres régions de la Côte d'Ivoire et les allogènes d'origine étrangère, particulièrement de l'Afrique de l'Ouest.

Cette imbrication de cultures fait que l'influence éducative connaît peu de succès, les leaders de la délinquance y étant les individus les plus audacieux voire téméraires. D'ailleurs, si la victime est le plus souvent connue, la relation avec l'auteur ou les auteurs est rarement parentale voire ethnique, d'où le manque de lien affectif qui pourrait retenir le criminel ou le rendre moins violent. Ainsi, dans le Nawa, les criminels n'hésitent pas à ouvrir le feu, l'essentiel pour eux étant de pouvoir atteindre leur but, tout en ne courant pas le risque de se faire prendre sur le champ ou plus tard.

A la différence du Nawa, même s'il existe des allochtones et des allogènes dans l'Indénié-Djuablin, la plupart des criminels sont des autochtones. La structure sociale est donc relativement homogène, d'où le plus souvent un lien affectif entre le criminel et sa victime. Alors, le criminel choisit en général d'utiliser des astuces pour désapproprier la victime sans attenter à sa vie.

6.4.2.2 Influence paternaliste de la chefferie traditionnelle

Les autorités royales et leurs substituts, les chefs de canton et de village constituent, dans l'Indénié-Djuablin, une garantie pour les sujets, les populations, quant à la possibilité de les sortir de situations moins graves, lorsqu'elles ont affaire à la police, à la gendarmerie ou à la justice. Cette interférence dans les affaires qui relèvent de la police judiciaire fait que le « petit criminel » ne craint pas de se retrouver devant les services officiels de sécurité.

Aussi, la fraude n'est-elle pas toujours perçue comme une grave infraction dans la conscience collective de la région. Le comportement du criminel est moins violent dans cette région car il ne craint pas pour sa vie, y compris dans le cas où il serait arrêté.

CHAPITRE VII :

IMPACTS DE LA CRIMINALITE EN PERIODE DE TRAITE DU CAFE ET DU CACAO

En portant atteinte à l'intégrité physique des personnes et de leurs biens, la criminalité de traite a des effets néfastes sur la société dans sa globalité. Ce chapitre analyse l'impact de cette criminalité au plan psychologique, économique et social.

7.1. Au plan psychologique

L'insécurité a une réelle influence psychologique sur les populations dans les différents secteurs d'activité. Elle suscite chez les acteurs ruraux des sentiments ambivalents quant au mode d'épargne à adopter. Habitués à thésauriser, ils craignent désormais d'être dépouillés de leurs gains. Cependant, d'autres raisons telles que le manque de confiance dans les institutions financières et leur éloignement des villes font qu'ils n'ont pas envie d'épargner dans les banques.

Ainsi, les opérateurs économiques deviennent très circonspects dans leurs activités et déplacements. Les longs trajets nocturnes sont évités du fait de la multiplicité des agressions dont celles des coupeurs de route. La récurrence des violences sur les routes a même conduit des transporteurs et opérateurs économiques (acheteurs, pisteurs, coopératives, rabatteurs) à délocaliser pour exercer dans des zones supposées plus sécurisées.

La criminalité en période de traite du café-cacao crée une psychose au sein des populations du fait des préjudices engendrés par les expériences de victimation. Toute rumeur d'agression, avérée ou pas, fait l'objet de propagande et réduit la mobilité des personnes et des biens. Ainsi, chaque fois qu'un opérateur économique est victime des coupeurs de route (perte de vie ou simple blessure), on observe la fermeture systématique de boutiques et magasins.

Il arrive même que les fonctionnaires entrent en grève du fait de l'agression ou de la mort d'un des leurs. Selon un inspecteur de l'enseignement primaire, plusieurs instituteurs servant dans les villages demandent une réaffectation pour cause d'insécurité. Le manque de sérénité lié à la crainte d'une agression est perceptible au sein de la population : *Nous rencontrons des difficultés avec les fonctionnaires qui se plaignent beaucoup de l'insécurité dans la région. Certains ne veulent pas venir ici ou préfèrent dormir en ville et aller travailler dans les villages. Cela se répercute sur le niveau des élèves,* déplore un sous-préfet de la région du Nawa.

Pour comprendre les impacts psychiques de la criminalité sur les populations, on peut se référer à Baril et Morissette[191] cités dans le rapport de la table ronde sur la prévention de la criminalité au Québec (1993) : *Une fois que le criminel s'est enfui, pour lui l'infraction est terminée. Toutefois, pour la victime, il est possible que les problèmes ne fassent que commencer.*

Cet auteur pense que l'apparition et la résorption des séquelles peuvent s'expliquer différemment. D'abord, il faut considérer les facteurs liés au crime lui-même. Ensuite, prendre en compte les éléments sociodémographiques dont l'âge, le sexe, la condition économique, etc. En fin de compte, les déterminants doivent être des variables psychosociales telles que la personnalité de la victime, la fréquence de l'agression et le soutien psychologique de l'entourage.

Dans le cas de cette étude, les victimes ont rarement l'opportunité d'une assistance psychologique. Pourtant, la violence avec laquelle les coupeurs de route posent leurs actions devrait nécessiter une telle assistance. Les victimes sont parfois sous l'effet d'un choc émotionnel puissant. Les réactions de stress peuvent subsister pendant des jours, des semaines voire des mois et perturber sérieusement la personne dans son fonctionnement. Sa santé physiologique et mentale risque de prendre un coup. Le traumatisme occasionné peut faire apparaître des troubles psychologiques importants chez la victime. Parmi ces troubles, on relève l'hyperexcitation se traduisant par l'agitation, l'impatience, les troubles de concentration et du sommeil. En plus, il y a des souvenirs intrusifs récurrents : flash-back, cauchemars.

On observe également des troubles obsessionnels, des phobies, des peurs, des sentiments d'impuissance, d'insécurité, de honte, de culpabilité, de dégoût, de rage, de paralysie émotionnelle, d'anxiété, de vulnérabilité, d'injustice, de dévalorisation, etc.

Même si je n'ai pas pu avoir les preuves cliniques des traumatismes liés à la criminalité dans cette région, je peux dire, de façon empirique, me référant aux résultats de la table ronde organisée sur la prévention de la criminalité au Québec, que beaucoup parmi les victimes de coupeurs de route, particulièrement dans le Nawa où la criminalité se caractérise par sa violence, souffrent de ces maux.

Enfin, vu qu'une des particularités de l'Indénié-Djuablin est que les auteurs sont autochtones pour la plupart, on peut encore faire référence aux résultats de la table ronde sur la prévention de la criminalité au Québec, pour dire que s'il existe une relation entre la victime et l'agresseur ; la dévalorisation ressentie est aiguë et atteint assurément son plus grand degré lorsqu'il s'agit de violence familiale. Alors, quand bien même l'enquête a

[191] BARIL Micheline, MORISSETTE Anne, *Les Victimes et la prévention du vol à main armée,* Université de Montréal, Centre international de criminologie comparée, 1985.

démontré que la criminalité dans l'Indénié-Djuablin est astucieuse, elle reste traumatisante et insupportable à cause de sa récurrence.

Aussi, les personnes qui en souffrent développent-elles progressivement une agressivité qui prend parfois des proportions alarmantes et peut les pousser à s'armer avec la ferme intention de se faire justice elles-mêmes la prochaine fois.

Le plus souvent, des personnes voient leur vie transformée à jamais, après avoir subi des actes criminels. En effet, surmonter les conséquences émotionnelles de la victimisation est extrêmement difficile dans ces régions où l'accès aux services de santé et aux prestations sociales est limité. Cette difficulté est renforcée par le fait que la prise en charge psychosociale des victimes de crimes est presqu'inexistante.

Il en va de même pour ceux qui subissent les viols. Plus haut, j'ai rapporté qu'une ONG qui lutte pour la sauvegarde des droits des enfants dénombre 117 cas d'abus sexuels non protégés dont 12 cas de viols d'enfants dans le Moyen-Comoé.

Solano[192] a énuméré les impacts que cette violence exerce sur les personnes qui l'éprouvent. L'auteur trouve d'abord qu'après un viol, la vision du monde change chez la victime. Elle se sent en permanence en danger. Elle a peur de tout. Elle croit que tout peut arriver, même le pire, malgré la longueur du temps qui s'écoule après l'événement. Ainsi, elle vivra difficilement en milieu rural. En effet, dans ce milieu, au gré des activités, on se retrouve, le plus souvent, seul sur le chemin des champs, sous les cacaoyers, sous les caféiers, lors de la traite ou en dehors de cette période.

En outre, le viol peut entraîner une dépression profonde chez la victime, violemment agressée. Son humeur peut changer du tout au tout. Elle peut voir la vie en noir, penser à la mort et même laisser venir des idées suicidaires ou aller jusqu'à se suicider, par profonde déprime.

On a en plus l'idée selon laquelle, après un viol, la confiance peut être impossible. Faire confiance à un homme ou à une femme, après cet épisode douloureux de la vie, devient quasi-impossible. Pour s'en convaincre, Solano cite ces propos de Laurène, violée il y a 7 ans : *Pourtant je sais très bien qu'ils ne sont pas tous comme mon violeur. Je le sais avec ma tête, mais mon cœur et mon corps disent non. Je ne peux pas faire confiance à un homme. C'est devenu impossible pour moi. Alors, je suis seule et pour longtemps. Je n'ai pas envie de rencontrer quelqu'un. Cette réaction ne perturbe pas seulement les relations amoureuses, mais tout simplement les relations aux autres.* Ce témoignage est dans le fond quasiment identique à celui d'une femme violée par deux coupeurs de route, à 5 kilomètres d'Anuansieu, dans

---

192 SOLANO Catherine, SUTTER Pascal de, *La mécanique sexuelle des hommes : Petit traité du savoir éjaculer en plus de trente secondes et moins de deux heures*, Paris, Robert Laffont, 2011.

le département d'Abengourou : *Ils étaient nombreux, peut être dix. Pendant que les autres fouillaient les passagers couchés à même le sol, deux d'entre eux m'ont fait prendre appui sur le véhicule et alternativement, pendant que l'un me violait, l'autre me disait de me laisser faire pour ne pas être abattue. Depuis ce jour, tous les hommes m'énervent, me font peur et j'ai honte de coucher avec mon mari. Je suis humiliée pour la vie.*

Cette pathologie post-viol peut être à la base de conflits relationnels entre conjoints au sein d'une famille élargie voire d'une communauté tout entière. Ainsi, la sexualité peut dégoûter définitivement la victime. Le sexe a naturellement quelque chose d'animal qui peut être une belle énergie vitale. Cependant, après un viol, la victime peut vivre cette force comme quelque chose de bestial, de violent et d'agressif. Du coup, pour elle, la sexualité est une horreur. Pour illustrer ce point, Solano rend compte de la réaction de Karine et d'Armand. La première, après un viol avoue ceci : *Je trouve tout ça dégueulasse. Quand je fais l'amour, c'est comme si je restais à distance, sans beaucoup d'émotions* et le second qui a subi un viol sous la forme d'une fellation imposée affirme : *J'ai souvent envie de vomir pendant l'amour. Pourtant, j'aime ma copine, mais quelque chose provoque un fort dégoût chez moi.*

Dans les zones rurales, avoir des enfants et être marié sont socialement valorisant. Dans ce contexte, l'individu qui trouve dégoûtant les relations sexuelles ne pourra pas avoir un conjoint, fonder une famille. De ce fait, il sera vu comme un déviant, un inadapté. Son statut de célibataire rendra réticente la communauté quant à lui confier certaines responsabilités, certains secrets.

A cela s'ajoute l'idée qu'un viol peut rendre le plaisir sexuel impossible parce que lorsqu'elle est stimulée mécaniquement, même sans désir, la zone sexuelle peut être excitée lors d'un viol. C'est peu connu et pourtant fréquent. Le problème, c'est que la victime se sent atrocement mal. Elle imagine souvent que puisque son corps réagit, c'est elle qui a cherché (inconsciemment) à se faire violer. Elle pense : *Je l'ai bien mérité.* Du coup, par la suite, elle va s'empêcher de laisser monter son excitation qui lui rappelle trop cette horrible expérience. Le plaisir sexuel devient hors d'atteinte.

Le chercheur soutient aussi qu'un viol peut conduire à une hyper sexualité. Pour oublier l'agression, certaines victimes multiplient, par la suite, les partenaires et les expériences sexuelles, allant parfois même jusqu'à la prostitution. Cela peut paraître étrange, mais le but est d'essayer d'effacer le viol en le recouvrant d'expériences multiples. Il peut aussi s'agir de chercher à prendre le contrôle de sa sexualité sur l'autre, de devenir chasseur plutôt que victime. Cette manière de réagir rend souvent extrêmement malheureux et mal dans sa peau. Chez une femme, ce comportement paraîtra antisocial dans les zones rurales où il lui est recommandé d'être fidèle à son époux, d'éviter de papillonner d'un homme à un autre.

Le viol peut perturber l'orientation sexuelle. Ainsi, certains garçons violés sont attirés par l'homosexualité, alors même qu'ils ne l'auraient pas été sans cette agression. Ils cherchent à contrôler ce qui leur a été imposé. Pour les filles, on observe aussi, parfois, des conduites homosexuelles, par évitement des hommes plus que par attraction par les filles. Au village où la dépravation des mœurs n'est pas accentuée comme en ville, l'homosexualité est vue comme une abomination. De ce fait, l'individu qui la pratique risque d'être rejeté, chassé par la collectivité.

De surcroît, on souligne qu'un viol peut entraîner des complexes sexuels. Pour étayer ceci, Solano évoque la situation de Samuel, violé à 8 ans. Maintenant qu'il est adulte, il a le complexe du petit pénis alors que son sexe est parfaitement normal. En réalité, il garde en tête l'image du sexe de son agresseur qui lui paraissait énorme. Il compare son sexe à cette image qui l'a traumatisé. Il a beau savoir qu'il est normal, émotionnellement, il ne peut pas l'intégrer. Le viol perturbe les repères.

Enfin, pour Solano, les agressions sexuelles peuvent produire les mêmes effets. Ce qui produit des conséquences, ce sont les émotions ressenties pendant et après l'agression sexuelle, encore plus que l'agression physique elle-même. C'est pourquoi une agression qui peut paraître moins importante vis-à-vis de la loi peut avoir des conséquences tout aussi dramatiques qu'un viol. Toutes ces conséquences du viol montrent que cette pratique induit chez la victime des conduites, des réactions pénibles qui ne cadrent pas avec les normes et valeurs auxquelles les populations rurales sont attachées.

Les effets néfastes de la criminalité atteignent aussi les proches des victimes. Les enfants, le conjoint, les membres de la famille peuvent également endurer des souffrances psychologiques. Ces douleurs sont plus vives lorsque la victime meurt brutalement des suites de coups de feu, de coups d'arme blanche ou d'arme contondante reçus de l'agresseur. La mort d'un proche plonge souvent dans le deuil. Le deuil est une période de tristesse et de remise en cause, voire de dépression nerveuse dont le processus se fait en trois phases.

D'abord, on a la phase de déni ou sidération pendant laquelle la mort de l'être cher n'est pas encore intégrée ; elle dure relativement peu de temps. Ensuite, vient la phase des états dépressifs avec des manifestations de douleur physique (perte du sommeil et de l'appétit, boule dans la gorge, courbatures, etc.). A ces douleurs physiques s'ajoute la douleur mentale (manque de concentration, perte de confiance en soi). La durée de cette phase est variable selon chaque individu. Enfin, il y a la phase de restructuration pendant laquelle on essaie de reprendre goût à la vie. Selon les personnalités, la réaction de sidération peut se traduire par un choc, une grande agitation ou une paralysie.

Dans le refus de croire l'information, arguments et comportements de contestation, rejet de l'information apportée sont observés. Une discussion intérieure ou/et extérieure peut porter sur la vraisemblance de l'événement annoncé : *Ce n'est pas vrai, pas possible...* La durée de ce moment est succincte, mais cela ne signifie pas que l'état n'est pas important. Il arrive que des personnes restent bloquées dans cet état ou qu'elles y reviennent, comme dans un refuge. C'est ce qui est nommé le déni. A cet état succède la colère. Elle s'exprime par des attitudes de révolte, tournée vers soi et les autres. Les intensités sont variables, selon l'amplitude du système affectif de la personne. Dès lors, la pensée de la personne se nourrit de fortes contradictions.

Elle peut passer de l'accusation à la plus grande considération. Emportée par des réactions paradoxales liées à son système de fonctionnement et à ses interactions, elle peut être entraînée dans le plus grand mutisme ou aller dans une volubilité incontrôlable. Elle vit, de la même manière, des sentiments de culpabilité. Elle intériorise ou/et exprime toutes sortes de critiques, de jugements. La personne est dans des états hors de soi. Des pulsions de vengeance peuvent ainsi la pousser à avoir des comportements qu'elle ne comprend pas elle-même. Confrontée à l'impossibilité d'un retour à la situation dont elle doit faire le deuil, la personne vit avec incompréhension une répétitivité de la cause du deuil. Elle subit ses propres reproches, ses remords, ses ressentiments, des dégoûts, de la répulsion.

Elle se bat et se débat. Elle peut agir de manière déroutante pour autrui. Tout en elle cherche à ne pas « plonger ». Selon ses ressources, elle va agir en séduction ou en agression. Mais tout semble la ramener sur le sujet qui l'obsède.

C'est la colère animée par une sorte de disque rayé et parfois une frénésie compensatoire pour contrecarrer l'éventuel sentiment de rejet ou de dévalorisation. Ainsi, Kouamé s'en prendra à la femme de son frère, estimant que c'est son infidélité qui a attiré la malchance à son frère qui a été tué.

La tension violente que peut provoquer l'état de colère, entretenu malgré soi, peut engendrer un épuisement organique. Mêlant tout à la fois le choc initial, le déni et la colère, la personne peut en arriver à vivre un abattement plus ou moins profond. La personne subit un état de résistance à la soumission, une guerre en soi, avec le sentiment déchirant d'une guerre perdue d'avance. Cet état peut aller jusqu'à la dépression, laquelle peut se caractériser par des douleurs physiques, maux de tête, de ventre, douleurs dans le dos, courbatures ainsi que des attitudes et comportements suicidaires.

Néanmoins, l'ensemble interagissant des états internes peut lui faire revivre les émotions et les comportements antérieurs. Elle devient ici particulièrement « difficile à vivre ». Le plus souvent, elle est dans la fuite intérieure et parfois extérieure, avec des tentatives dispersées, imprévisibles de recherche du retour qu'on peut désigner comme des régressions dans les divers états vécus depuis le début du processus. Cet état qui se développe pour arriver parfois à des points culminants de la dépression et de destruction peut être exprimé de manière paradoxale : dramatique en soi et non exprimé vis-à-vis des autres. Sa durée n'est pas liée à l'intensité des sentiments que la personne éprouvait pour le tiers. C'est au moins en tout cas un état de désespérance qui peut s'estomper, mais rarement disparaître soudainement. Le fils héritier d'un planteur explique ses émotions intermittentes dues au décès de son père, victime des coupeurs de route : *Je pleure très souvent quand j'arrive dans la zone du champ où se trouve un gros baobab sous l'ombre duquel s'asseyait mon père, dans ses moments de repos.*

La résistance de l'organisme peut ensuite conduire la personne vers l'abandon de cette lutte au cours de laquelle elle peut avoir le sentiment d'avoir tout essayé pour revenir à la situation perdue. Elle peut parfois se réfugier dans l'étape du déni. C'est le cas de ces personnes qui mettent le couvert des personnes décédées (ou parties). Le plus souvent, suivant cette « boucle infernale », elle en arrive à un véritable abandon. Parfois dépressive, parfois redevenant sociable, la personne se laisse porter par le déroulement de la vie. Elle n'a aucune visibilité de ce qu'elle peut faire. Elle agit au gré des circonstances, selon ce à quoi lui renvoie l'événement auquel elle est confrontée. C'est la résignation. Mais cette résignation peut se composer de soumission ou de rejet. Le précédent état a provoqué une relative ouverture. Le caractère obsédant de la cause du deuil s'estompe. C'est la vie. L'heure est au fatalisme. Il arrive encore que la personne manifeste des états antérieurs. L'intensité est plus faible. Les périodes d'abattement sont moins longues. Elle conçoit quelques projets. C'est l'acceptation. Ce contexte interne est fortement entretenu dans nombre de cultures, avec la fatalité, l'attente du revers de la fortune, la volonté de Dieu.

Dans le cas d'une mort survenue brutalement après un passage à l'acte criminel, les victimes indirectes manifestent leur désapprobation et réclament que justice soit faite. Elles finissent par être habitées par un sentiment d'insécurité. Aussi, envisagent-elles de quitter la zone, de peur de subir le même sort. C'est le cas des fonctionnaires qui entrent en grève ou demandent à être affectés dans une autre localité après l'agression ou la mort d'un des leurs. Le sentiment d'insécurité influence également les rapports sociaux.

7.2. Au plan social

Les impacts de la criminalité au niveau de la société correspondent aux impacts individuels que je viens de décrire. Ils ne font que se répandre à l'ensemble de la société, provoquant un sentiment général d'injustice, d'insécurité, d'impuissance et de colère.

La recrudescence de la criminalité violente suscite des polémiques qui engendrent la rupture de la cohésion entre groupes sociaux (autochtones, allochtones et allogènes). Les conflits récurrents entre ces différentes communautés mettent donc à mal la cohésion sociale. Il se développe des suspicions vis-à-vis de certaines communautés étrangères accusées à tort ou à raison d'être responsables d'actes d'agression des producteurs et autres acteurs de la filière (pisteurs, acheteurs, rabatteurs, etc.), comme en témoignent les propos d'un autochtone de la région du Nawa : *C'est toujours les mêmes noms qu'on retrouve quand on arrête les criminels. Les étrangers sont les auteurs de tous les grands crimes de la région.* Face à ces accusations récurrentes, des étrangers réagissent en des termes tout aussi récriminatoires : *Dans toutes les communautés, il y a des malhonnêtes. Ils nous accusent de vols ; pourtant, ils sont paresseux et leurs enfants, au lieu d'aller au champ comme les nôtres, ne font que se promener et s'organiser pour voler.*

Le sentiment de panique dans la population en général devient plus vif chez certains groupes de citoyens en particulier. Les personnes âgées, par exemple, se sentiront plus vulnérables et seront par conséquent plus sensibles aux informations liées aux délits perpétrés dans la région. Pour le même motif, les femmes pourront être bouleversées par une vague d'agressions sexuelles ou même par un seul cas.

La victimisation ou la peur de celle-ci amène l'individu à réduire ses rapports avec les autres membres du corps social, autrement dit, ses interactions sociales afin d'être moins exposé. Dans ce cadre, il peut refuser de sortir la nuit ou d'utiliser les transports publics. Ceci restreint son accès à des activités génératrices de revenus et à des infrastructures d'utilité publique (centres de santé, écoles, etc.).

Tous ces facteurs amenuisent le capital social et humain de ces deux régions. Selon la Banque mondiale, le capital humain désigne les normes et les réseaux qui permettent une action collective. Ainsi, la réalisation des projets d'utilité publique (écoles, dispensaires, hydraulique villageoise, etc.) peut être compromise.

La crise de confiance des producteurs et acteurs de la filière café-cacao s'étend également aux institutions du système pénal et de l'administration, soupçonnées d'obstruction à la justice ou de corruption. De ce fait, ces acteurs institutionnels ne bénéficient pas de la collaboration de certains témoins, voire des victimes qui craignent les représailles des délinquants ou de leurs proches. Le manque de confiance en ces agents de l'Etat fait que de nombreux citoyens finissent par considérer l'Etat lui-même comme un ennemi, une personne morale dont l'autorité n'est pas légitime plutôt que comme un organe impartial, digne de respect.

Lorsque les classes et les personnes privilégiées s'autorisent à bafouer la loi, celles qui sont au bas de l'échelle sociale leur emboîtent le pas, suivent leurs exemples. *Certains grands planteurs exportent frauduleusement une bonne partie de leurs produits au Ghana. C'est pourquoi, nous faisons comme eux,* dit un jeune planteur de Bettié, dans le département d'Abengourou.

L'affaiblissement de l'Etat et la généralisation de la corruption font que c'est une infime partie de la population qui s'accapare des richesses. Ceci fait naître de nombreux mécontentements et entrave les tentatives de sensibilisation en matière de lutte contre le phénomène de criminalité en période de traite du café-cacao.

A cet effet, les réunions de l'administration préfectorale avec les coopératives, les planteurs et les comités de lutte contre la fraude restent lettre morte, parce que la confiance est rompue ou quasi-inexistante. C'est le cas dans l'Indénié-Djuablin où, malgré les efforts du préfet de région, dans le cadre de la lutte contre le trafic illicite à la frontière avec le Ghana, le cacao continue d'être exporté frauduleusement.

L'impunité des crimes favorise un effet d'entraînement à la déviance, car certains criminels sont perçus comme des modèles de réussite à cause des biens illégalement acquis.

Ainsi, les fraudes, les détournements, les violences vont prendre de l'ascendance sur les moyens légaux de réussite sociale jusqu'à être légitimés par la communauté, en particulier dans l'Indénié-Djuablin. *Dans ce village, de nombreux planteurs ont vendu et continuent de vendre leur cacao au Ghana. Ils n'ont jamais été arrêtés par la police ou la gendarmerie. Ils sont devenus très riches et sont respectés de tous. Ils occupent des responsabilités dans le village*, relate un homme qui tente de me faire comprendre la perpétuation de l'exportation frauduleuse du cacao au Ghana.

Aussi, le taux presqu'inexistant des poursuites pour trafic illicite de produits agricoles vers le Ghana, a-t-il fini par susciter des vocations cyniques et par ébranler la légitimité des organismes d'application de la loi. D'ailleurs, en novembre 2006 deux agents de la direction régionale de l'Agriculture d'Abengourou, en mission à Diby (village situé dans ledit département) dans le cadre de la lutte contre le trafic de cacao, ont été pris en otage et séquestrés par des villageois qui leur demandaient de quitter les lieux.

De même, comparant leurs modestes acquis aux avantages générés par la fraude, des groupes qui, initialement s'opposaient à la vente clandestine du cacao, ont fini par y adhérer. Dans ce climat d'insécurité, les liens de solidarité mécanique cèdent la place aux liens de solidarité organique. Cette situation favorise une concurrence déloyale qui entraîne la suspicion.

Selon les données empiriques, les conflits d'intérêt se multiplient et le besoin pour les acteurs sociaux d'assurer leur sécurité individuelle devient pressant. Les voies illicites mais apparemment plus faciles sont utilisées pour s'offrir une arme à feu moderne ou artisanale, selon ses moyens ou l'occasion qui se présente. Plutôt que de faire baisser la criminalité, la multiplicité des détenteurs d'armes lui donne de l'ampleur. Des groupes d'autodéfense se constituent pour prendre en charge la protection communautaire (campement, village, ville).

La détention d'armes à feu par des individus non habilités et non entraînés crée des sentiments de surpuissance, favorisant ainsi des déviances telles que des extorsions de fonds, des séquestrations, des vols, des violences et voies de faits, etc. Ces déviances, à leur tour, viennent amplifier chez les populations et les opérateurs économiques la psychose, la peur, le sentiment d'être grandement exposés à toutes formes de criminalité.

L'acquisition d'armes par un nombre considérable de citoyens constitue une grave menace pour la tranquillité de la collectivité. En effet, elle peut être un catalyseur qui transforme les petites querelles, les petites altercations en des conflits majeurs à tendance intercommunautaire. Elle rend la criminalité beaucoup plus organisée, violente et meurtrière. Elle donne aux délinquants une débordante confiance en soi et le sentiment d'avoir une force de frappe égale à celle des forces publiques. Ceci va les amener à asseoir une véritable organisation criminelle à travers laquelle ils multiplieront les attaques et les agressions contre les personnes et les biens. Leurs actions se sont amplifiées en quantité et même du point de vue de l'audace. Dans la région du Nawa, des criminels ont plusieurs fois mené des attaques contre des gendarmes en poste de contrôle, causant des morts parmi eux.

La vengeance, la justice privée expéditive et les affrontements communautaires vont conséquemment accroître la fracture sociale : *Quand un manœuvre immigré est tué, ses proches accusent son patron autochtone. De même, quand c'est un producteur qui meurt dans des conditions confuses, la population accuse nos frères allochtones. L'insécurité a altéré les rapports de fraternité qui ont toujours existé entre les communautés,* explique un cadre de la région du Nawa.

Par ailleurs, l'exploitation et le travail des enfants dans les plantations favorisent des problèmes sociaux. Dans les régions du Nawa et de l'Indénié-Djuablin, les tâches effectuées par les enfants dans les plantations de café et de cacao sont diverses : entretien des plants, épandage des pesticides, épandage d'engrais, récolte, collecte des cabosses, cassage des cabosses, fermentation, transport, séchage des fèves.

Les enfants ont souvent des problèmes de peau et d'autres maladies provoquées par le manque d'hygiène. A la faveur des travaux agricoles, ils portent de lourdes charges, manipulent des outils tranchants (machettes), utilisent des produits toxiques (engrais, pesticides, etc.), sans connaître les précautions à prendre. Or ceci peut intoxiquer leur fragile organisme et leur causer de nombreux désagréments.

Le contact avec les pesticides et l'exposition au soleil intense les exposent au développement des maladies. Ils subissent également des morsures d'animaux (serpents, insectes, etc.) et contractent, en plus, le tétanos, alors qu'ils sont généralement dans des localités enclavées, dépourvues de centre médical. De surcroît, ils risquent des déformations du squelette, des troubles de croissance, compte tenu du fait que les tâches qu'ils accomplissent ne sont pas adaptées à leur jeune âge.

Enfin, le fait de passer la grande partie de leur temps dans les plantations les éloigne de l'école. Cette situation réduit leur chance d'être instruits et d'obtenir, plus tard, des qualifications professionnelles.

L'étude a révélé, en plus, que l'âge occupe une place importante dans le comportement des individus vis-à-vis de la criminalité en période de traite aussi bien dans l'Indénié-Djuablin que le Nawa. En effet, les enquêtes empiriques ont montré que, dans le Nawa, les individus qui s'adonnent à la criminalité, lors de la traite du café et du cacao, sont majoritairement jeunes. 62,65% de cette catégorie de population ont un âge compris entre 30 et 35 ans quand 21,91% se situent entre 25 et 30 ans. Ceux qui ont plus de 40 ans ne représentent que 7,41%.

Le nombre significatif de jeunes impliqués dans les activités criminelles dans le Nawa (84,56%) traduit un certain malaise social. Cette forte représentation des jeunes parmi les criminels fait que ce phénomène perdure et conserve, sur une longue période, son caractère violent, le temps que le délinquant gagne de l'expérience et de la maîtrise. Un prisonnier de la maison d'arrêt de Daloa m'a dit ceci : *Quand j'étais jeune, je tirais sur mes victimes lorsqu'elles faisaient le moindre geste que je ne comprenais pas. Aujourd'hui, je regrette quelquefois d'avoir tué certaines personnes, alors que ce n'était pas nécessaire puisqu'elles n'avaient pas de moyens de défense.*

Les jeunes qui s'adonnent aux crimes sont les adultes de demain. De ce fait, ils sont appelés à éduquer, à former, à socialiser les générations futures. Pourtant, ils sont des criminels, donc attachés à des us et coutumes déviants, à des normes et valeurs dérogatoires, à des manières de faire et d'être asociales. Il y a donc un grand risque qu'ils transmettent leurs pratiques délinquantes, leurs techniques délictuelles et leurs habitudes répréhensibles aux générations dont ils auront en charge l'éducation et la formation. Ceci fera que la société sera de plus en plus confrontée à des marginalités, à des inadaptations et déviances.

Dans l'Indénié-Djuablin, par contre, ce sont des adultes de 40 ans et plus qui constituent la catégorie sociale la plus impliquée dans la criminalité liée à la traite. Ils constituent d'ailleurs plus de la moitié des auteurs d'infractions, aux dires des enquêtés (54,63 %).

Cette réalité sociale témoigne de ce que les adultes dans l'Indénié-Djuablin, ne sont pas toujours des références en ce qui concerne les comportements pro-sociaux. De telles attitudes pourraient sans doute servir de modèle aux plus jeunes. Ce qui contribuerait à pérenniser et à valoriser les illégalismes sociaux. On peut donc comprendre assez aisément que la criminalité astucieuse qui a cours dans cette région soit une conduite ancrée dans le vécu des populations.

Le trafic de la drogue a également des inconvénients sociaux graves. Selon le CAAT (Conseils, Aide et Action contre la Toxicomanie), le trafic de la drogue est nuisible, du point de vue social. Chaque drogue présente un potentiel dangereux dans trois domaines : un potentiel intoxicant, un potentiel agressogène, un potentiel additif. Par potentiel intoxicant, on entend la capacité de léser certains organes dont ceux des sens de la vue, du goût, de l'odorat, de l'ouïe. La destruction de certains de ces organes peut conduire à la mort par overdose.

Le potentiel agressogène est le propre des produits stimulants qui suppriment les inhibitions et donnent un sentiment de toute-puissance, mais aussi de l'alcool et de certains produits dopants. Il conduit à surestimer ses capacités et son appréciation du danger et à passer à l'acte, d'où les actes de violence (agressions, violences conjugales et familiales) et les accidents (accidents de la route, professionnels ou domestiques).

Quant au potentiel addictif, c'est la propriété des drogues à conduire à la dépendance. Le potentiel addictif est variable selon les drogues, en puissance et rapidité d'installation, mais toujours présent. Très rapide pour le tabac, le crack, la méthamphétamine et les opiacés, il se manifeste plus ou moins vite avec les autres drogues (cocaïne, benzodiazépines, cannabis), en fonction du mode de consommation et de l'état psychique de l'usager.

En ce qui concerne les hallucinogènes, on ne peut parler de dépendance car il serait impossible de vivre en permanence avec les effets produits par leur consommation. Cette dépendance peut être physique et/ou psychique.

Les dangers et les risques varient d'une drogue à l'autre selon son potentiel de nuisance et sont de différentes natures. Comme les effets, ils dépendent aussi de la sensibilité du consommateur, de son état physique et psychique. On peut avoir quatre genres de risques : le risque somatique (physique), le risque psychique, le risque maternel et fœtal, et le risque social.

Au niveau somatique, on relève la capacité de la drogue à léser certains organes (foie ou système nerveux pour l'alcool, destruction des neurones pour l'ecstasy, cancer pour le tabac ou le cannabis, etc.) et à induire des maladies. Au niveau psychique, ce sont les troubles psychiques temporaires ou durables, plus ou moins graves : modification de l'humeur, anxiété, dépression, crises d'angoisse et de panique, perte de contrôle de soi, troubles du comportement, délire, épisodes psychotiques, troubles de la personnalité, paranoïa. Ces troubles, s'ils sont répétés, deviennent durables et peuvent conduire à des affections psychiatriques graves : dépression, psychose, paranoïa ou schizophrénie chronique.

Au niveau maternel et fœtal, on souligne que consommées par une femme enceinte, les drogues, pour la plupart, traversent le placenta et atteignent le fœtus. Elles ont alors un effet délétère aussi bien sur le déroulement de la grossesse que sur l'enfant qui va naître. Elles entraînent : fausse couche, mort in utero, accouchement prématuré, malformations du fœtus, mort subite du nourrisson, retard de croissance, anomalies mentales. Les conséquences peuvent être immédiates ou n'apparaître et être détectées que plusieurs mois ou même plusieurs années plus tard, notamment en ce qui concerne la croissance de l'enfant ou les anomalies mentales. Il faut remarquer qu'une dose absorbée considérée comme faible pour la mère peut s'avérer très forte pour un fœtus dont la masse corporelle est infiniment moindre.

Les risques sociaux peuvent être ponctuels ou durables, selon la quantité consommée et le niveau de dépendance. Dans le premier cas, on a essentiellement des risques d'accident : accidents de la route, accidents domestiques, accidents professionnels mais également des risques de violence souvent exprimée en violence conjugale ou violence familiale envers les enfants. Un accident, selon sa gravité, peut entraîner des blessures et un handicap à vie pour les autres ou pour soi-même, ainsi que des dommages à réparer et à payer durant des années, voire une vie entière.

Les risques durables sont liés à la répétition des consommations et particulièrement à la dépendance. Il s'agit des échecs scolaires et professionnels causés par la démotivation ou l'incapacité à accomplir certaines tâches ; des échecs de la vie conjugale et familiale causés par la difficulté, pour les proches, de supporter le comportement et les réactions du consommateur, que ce soit des comportements de passivité excessive ou au contraire, de violence. On note également la délinquance pour se procurer l'argent nécessaire à l'achat de drogue (vol avec ou sans violence, chantage, etc.), que cette délinquance s'exprime à l'extérieur ou au sein de la famille. Cette délinquance peut conduire à la prison et à de lourdes peines d'amende. Il y a, enfin, la marginalisation allant de la mise à l'écart de l'individu au sein de la famille ou de son cercle d'amis, jusqu'à la perte de son emploi et/ou de son logement et à la mise à la rue.

Du fait que les drogues causent la mort chez ceux qui en consomment, l'altération des organes du corps humain, les troubles mentaux, les accidents de circulation, leur trafic risque de réduire les ressources humaines surtout la main-d'œuvre agricole dans le Nawa et l'Indénié-Djuablin. Ce trafic est également une menace pour la croissance de la population, parce que ces stupéfiants portent atteinte à l'intégrité physique et psychique des fœtus, des nourrissons et des enfants. Pour leur caractère stimulant qui supprime les inhibitions, les scrupules et donne un sentiment de toute-puissance, la prise massive de ces psychotropes peut attiser, dans le milieu rural, des conflits inter ou intra-communautaires. Cette prise conduisant également aux violences conjugales, peut constituer une entrave à la cohésion familiale, donc à l'éducation et à la formation des enfants. A ceci s'ajoute le fait que la dépendance à ces drogues rend non seulement violente la criminalité, mais augmente également sa fréquence dans ces régions.

Dans l'Indénié-Djuablin comme dans le Nawa, les catégories sociales impliquées dans la commission des infractions sont diverses. En effet, les délinquants se recrutent chez les producteurs, les acheteurs, les coopératives, les transporteurs et même chez les forces de l'ordre censées assurer le respect, l'intangibilité des lois sur le territoire régional. Cette réalité est un signe d'anomie, de déviance généralisée et montre que la criminalité liée à la traite peut encore perdurer dans ces deux localités. Ces zones sont également confrontées au phénomène des coopératives fictives.

Les individus qui mettent en place ces coopératives ne sont pas toujours des producteurs. Les fonds et autres avantages dont ils bénéficient de la part du FDPCC ne sont pas utilisés à bon escient. De surcroît, aux dires des enquêtés, derrière les responsables de ces structures se cachent de nombreux dirigeants des institutions de régulation de la filière.

Cette forme de déviance s'apparente à un crime en col blanc, c'est-à-dire un crime commis par les privilégiés, les élites, ceux qui appartiennent à des hautes sphères sociales. Il est donc quasi-impossible de rechercher, arrêter et punir ses auteurs, comme édicté par les lois en la matière. Ces affirmations des enquêtés, même si elles ne sont pas étayées par des preuves tangibles, méritent qu'on y prête attention.

7.3. Au plan économique

Les coupures de route, les vols à main armée, les vols de produits en fermentation ou séchés et des intrants agricoles, le racket, etc. appauvrissent les victimes, amenuisent leur revenu et leur causent d'importants manques à gagner.

Le sentiment d'insécurité et les tracasseries routières ont un impact négatif sur le revenu des paysans. Selon plusieurs opérateurs du Nawa et de l'Indénié-Djuablin, les frais payés lors de l'acheminement de leurs produits s'élèvent entre cent mille (100.000 FCFA) et deux cent cinquante mille FCFA (250.000 FCFA) par camion et par voyage. Les acheteurs, pisteurs et rabatteurs, victimes de racket, développent des stratégies de "rattrapage" en profitant de la nature indicative du prix bord-champ pour acheter à moindre coût les produits aux planteurs, réduisant ainsi leur pouvoir d'achat. A ce propos, un acheteur de produits dans le Nawa affirme : *Nous sommes obligés de ne pas respecter le prix d'achat bord-champ parce que les agents nous prennent trop d'argent sur les routes.*

Abondant dans le même sens, un pisteur de Méagui indique : *Aucun acheteur ne peut respecter le prix bord-champ, car il y a trop d'argent à payer aux agents sur les routes.*

Les nombreux barrages, dont la vocation officielle est d'assurer la sécurité, constituent pour les usagers de véritables "postes à péage". Ces déviances affectent l'activité économique et font l'objet de nombreuses critiques de la part des acteurs de la filière.

Un des adjoints au maire de Méagui soutient que : *Pour éviter d'être rackettés par des agents de l'ordre, des transporteurs utilisent les chemins de contournement qui conduisent, à cause de leur longueur, à des pertes de temps et d'argent. Pour combler ces manques à gagner, certains producteurs s'engagent dans des systèmes informels de prêts tels que l'usure, les tontines, les prêts familiaux à des taux d'intérêt prohibitifs, les enfermant dans une spirale de pauvreté.*

Les données du terrain confortent le fait que le faible prix d'achat des produits aux paysans ne permet pas à ces derniers d'acquérir une autonomie sur le plan économique. Ainsi, des paysans mélangent des produits de mauvaise qualité à ceux qui sont de bonne qualité ou les font sécher passablement pour obtenir un poids plus élevé.

La victimation liée à l'insécurité, notamment les assassinats, les meurtres, les disparitions, les violences contre les individus contribuent à apeurer ou à rendre méfiante la main-d'œuvre immigrée dont l'acquisition devient difficile. Cette main-d'œuvre par ailleurs coûteuse est de plus en plus remplacée par des travailleurs familiaux et à bon marché. Ces attitudes et comportements portent atteinte à la qualité des produits et donnent une mauvaise image de l'environnement du café-cacao ivoirien qui occupe pourtant une place de choix sur le marché international.

Il arrive que devant les vicissitudes des acheteurs indélicats, certains producteurs organisés en coopératives mettent le feu à leur production pour exprimer leur désarroi aux autorités de la filière et à l'Etat.

Ces coopératives, elles-mêmes, ne sont pas toujours exemptes de reproches car souvent citées dans des affaires de détournements et de malversations. Ceci va favoriser la déception, l'individualisme des paysans au détriment des coopératives dont certaines feront rapidement faillite.

L'insécurité suscite chez les populations agricoles des sentiments ambivalents quant au mode d'épargne à adopter. Habitués à thésauriser, elles craignent désormais d'être dépouillées de leurs gains. Cependant, d'autres raisons, telles que le manque de confiance dans les institutions financières, et leur éloignement des villes font que les planteurs n'ont pas envie d'épargner dans les banques.

L'exportation frauduleuse du café et du cacao vers le Ghana réduit considérablement la production régionale et nationale, d'autant plus qu'une quantité importante disparaît au noir et ne peut être prise en compte dans les données statistiques. Selon les experts de la filière, ce sont près de 300.000 à

400.000 tonnes de cacao qui chaque année sortent du territoire à destination du Ghana, mais aussi de la Guinée, du Mali et du Burkina Faso. Ceci constitue un manque à gagner important pour les pouvoirs publics comme le fait remarquer le préfet du département d'Abengourou : *le département à lui seul produit 80.000 tonnes de cacao dont 50.000 tonnes se retrouvent chaque année au Ghana par la faute de certains producteurs individuels, de certaines coopératives et pisteurs. Cette quantité qui traverse la frontière fait perdre plus de 10 milliards de FCFA à la Côte d'Ivoire.*

Ainsi, ce trafic réduit les stocks de la Côte d'Ivoire et par conséquent les recettes financières. Les recettes d'exportation de la filière café-cacao représentent une part relativement élevée des recettes extérieures globales. Elles se situent depuis quelques années entre 36% et 40%, constituant 10% du produit intérieur brut (PIB).

Face à cette situation, le découragement gagne les opérateurs économiques de ces régions. Ils perçoivent la criminalité comme un signe d'instabilité sociale qui augmente le coût de l'activité économique.

La montée de la criminalité fait qu'ils craignent pour leur propre sécurité, celle du personnel et des équipements de leurs entreprises. Cette situation les oblige à se barricader, à dépenser beaucoup d'argent pour se faire installer des grilles et des portails électrifiés, des murs hauts, des systèmes d'alarmes, des portes de sécurité, des systèmes de vidéosurveillance, des télécommandes dans les voitures, etc.

D'ailleurs, *l'Economist Intelligence Unit*[193] a un service appelé « Riskwire » (évaluation des risques) qui évalue la situation sécuritaire dans certains pays pour le compte d'hommes d'affaires étrangers. Dans le cadre de cette évaluation en Afrique subsaharienne, la criminalité et la justice pénale figurent parmi les sujets dont on tient le plus compte. Ceci se perçoit, par exemple, dans le discours prononcé par l'ambassadeur des Etats-Unis, John Campell, sur l'investissement de son pays au Nigeria, devant la chambre de commerce de Lagos : *Les sociétés américaines n'investiront pas au Nigeria tant que la sécurité physique de leur personnel et de leurs biens ne sera pas garantie* (UNODC)[194].

Il va sans dire que l'ampleur des déviances liées à la traite du café-cacao favorise la réticence des opérateurs économiques étrangers à investir dans les différentes régions productrices en particulier et dans le pays en général.

---

193 L'*Economist Intelligence Unit (EIU)* est une entreprise indépendante. Par ses recherches et ses analyses, elle offre des prévisions et du conseil à ses clients. Elle fournit aux pays, industries et aux entreprises des analyses mondiales. Elle est connue en particulier pour ses rapports mensuels par pays, ses prévisions nationales sur cinq ans, ses rapports de risques des pays, et ses rapports industriels.

194 UNDOC : Bureau des Nations Unies contre la Drogue et le Crime.

Cette ampleur peut être également un frein à l'arrivée des touristes dans les deux régions. Ceci peut réduire considérablement le chiffre d'affaires des complexes hôteliers, ce qui alimente le chômage.

La corruption dans la filière, qui se remarque par la sollicitation de pots-de-vin de la part d'agents publics en échange de services, d'autorisations ou autres avantages, rend moins compétitives les petites et moyennes entreprises et accroît, par ricochet, le monopole des gros exportateurs.

De surcroît, cette corruption rend malsain le monde des affaires dans le Nawa et dans l'Indénié-Djuablin ; ce qui se répand sans doute sur la Côte d'Ivoire. D'ailleurs, le pays s'illustre très négativement en matière de corruption sur le plan international. En effet, dans le classement mondial sur l'indice de perception de la corruption publié par *Transparency International* en 2011, le pays a reculé de plusieurs rangs. De 154ème en 2009 et 146ème en 2010, la Côte d'Ivoire s'est retrouvée à la 154ème place en 2011 sur 182 pays et avec une note de 2,2 sur 10.

Le coût économique de cette situation est considérable. A la fin du séminaire de réflexion organisé avec certains médias et la société civile, en mai 2013, le Secrétaire national ivoirien à la Gouvernance et au renforcement des capacités, Meité Sindou, a indiqué que la corruption ferait perdre annuellement plus de 300 milliards de FCFA à l'Etat de Côte d'Ivoire. Cette réalité semble décourager un nombre non négligeable d'investisseurs à venir entreprendre dans le pays, a fortiori dans le Nawa et l'Indénié-Djuablin.

Par ailleurs, la criminalité nuit à la qualité de la vie et force les travailleurs qualifiés à quitter ces régions. Les conséquences directes des déviances peuvent empêcher la progression de ceux qui y restent.

En restreignant les déplacements, la criminalité réduit l'accès à des emplois par la population. Les paysans vont de moins en moins au champ, les élèves et instituteurs de moins en moins à l'école, les infirmiers et autres fonctionnaires de moins à moins à leurs lieux de travail.

Sur le plan microsocial, on note que le décès et les invalidités dus à la criminalité privent les ménages de leur unique soutien de famille. Ceci fait baisser le pouvoir d'achat de la famille et dégrade fortement ses conditions socioéconomiques.

Chez des groupes vulnérables, surtout en milieu rural, l'insécurité inhibe la volonté de créer des entreprises et d'accroître les revenus. En effet, la création d'une entreprise expose davantage son chef à la victimisation et le patrimoine risque d'être saccagé. Ceci fait que la criminalité réduit le développement économique au niveau local.

Au niveau individuel, le fait de subir le crime entraîne des pertes financières directes et indirectes pour la victime. Parmi ces dommages, il y a la perte de productivité liée au décès ou aux blessures, les coûts des soins médicaux et des services juridiques, d'autant plus que très peu d'individus en milieu rural ont une assurance-vie ou d'autres filets de sécurité privée.

Ces conséquences économiques sont beaucoup plus fortes chez un individu qui effectue des tâches physiques pour gagner sa vie comme les paysans.

Enfin, on note le fait que l'Etat, pour la prévention, le traitement et la répression de la criminalité, dégage des fonds pour implanter les commissariats de police, les brigades de gendarmerie, les tribunaux, les hôpitaux. Il investit également dans le fonctionnement, l'entretien et l'équipement de ces institutions en ressources humaines et matérielles.

7.4. Au plan juridique

La recherche a montré qu'en période de traite du café-cacao, les déviances prennent de l'ampleur aussi bien dans le Nawa que dans l'Indénié-Djuablin.

En effet, les manœuvres criminogènes de certains individus, favorisées par la circulation de fortes sommes d'argent, contribuent à fragiliser le milieu judiciaire. Par des stratégies concoctées en amont ou en aval, ils tentent souvent avec succès de faire arrêter les procédures ou d'influencer les décisions de justice. Ainsi, la traite apparaît comme une période favorable non seulement pour les criminels, mais aussi pour nombre de policiers, gendarmes, douaniers, agents des eaux et forêts qui trouvent là, en raison de la circulation massive d'argent, de multiples opportunités d'enrichissement illicite. *Ces agents assermentés n'hésitent pas alors à se faire complice de toutes sortes d'infractions et à falsifier des procédures judiciaires, quand ils ne les interrompent pas illégalement*, affirme un substitut du procureur.

Ces actions délictueuses ont une influence négative sur la procédure judiciaire qui devrait permettre au magistrat de rendre des décisions impartiales. La corruption n'est pourtant pas l'apanage exclusif de la police judiciaire, car *au niveau du tribunal, certains magistrats, à l'image des policiers, gendarmes, douaniers et agents des eaux et forêts, commettent ce qu'on pourrait qualifier de criminalité judiciaire*, me fait comprendre un maire. *Là encore, l'argent généré par la traite du café-cacao sert à corrompre des magistrats qui n'hésitent pas, de façon arbitraire, à classer des dossiers sans suite, à suspendre des procédures, disqualifier des peines, condamner ou acquitter des individus. Parfois, le jeu des intérêts fait que la victime devient l'accusé ou le prévenu. D'autres fois, la confusion est expressément entretenue entre une procédure à caractère purement civil et une procédure pénale*, condamne un greffier près le tribunal d'Abengourou.

Compte tenu de sa fonction de greffier, cet initié, au-delà d'un discrédit, a des paroles qui amènent à s'interroger sur l'impact réel de la criminalité en période de traite du café-cacao.

Par ailleurs, l'ampleur que prend la criminalité lors de la traite fait que le nombre d'affaires portées devant la justice augmente considérablement alors que l'appareil judiciaire souffre d'un manque criard de moyens humains sur le plan national et régional. En effet, l'effectif national de policiers est estimé en 2008 à près de 17.500 agents. Cet effectif correspond à un ratio de 1 policier pour 1.500 habitants, contre la norme internationale de 1 policier pour 200 habitants. En plus, la Police nationale est confrontée à des difficultés d'équipements et d'infrastructures (DSRP).

Au niveau de la justice, en 2008, en tout et pour tout, la Côte d'Ivoire compte 482 magistrats assistés de 648 greffiers. De même, plusieurs professionnels concourent quotidiennement à l'œuvre de justice, notamment 420 avocats, 120 notaires, 285 agents d'affaires, 98 conseils juridiques, 1.053 agents de l'administration pénitentiaire et 68 maîtres d'éducation surveillée. La couverture en termes de ratio donne 1 magistrat pour environ 40.000 habitants contre 1 magistrat pour 10.000 habitants selon les normes internationales (DSRP).

Au niveau régional, mes investigations ont révélé que dans la région de l'Indénié-Djuablin, en 2013, il existe 14 sous-préfectures pour seulement 6 brigades de gendarmerie, 4 commissariats de police et un seul tribunal, celui d'Abengourou. On compte 1 gendarme pour 2.538 habitants. Ce ratio est en-deçà par rapport au plan national où on a 1 gendarme pour 1.235 habitants.

Les conséquences de toutes ces faiblesses sont multiples. D'abord, de nombreuses infractions, commises lors de la période de la traite ne sont pas élucidées. Ensuite, la lourdeur du système judiciaire entraine un long délai avant le jugement des crimes. Enfin, on note le nombre important d'affaires non découvertes, non signalées et non portées à la connaissance des agents du contrôle social.

Cette dernière réalité a également des facteurs non liés à l'appareil judiciaire. Parmi ceux-ci, on a l'attitude des victimes. Beaucoup d'entre elles sont pauvres. En effet, dans le Sud-Ouest du pays où se trouve la région du Nawa, en 2002, le taux de pauvreté était de 41,3%.

En milieu urbain, ce taux est descendu à 15,1% et est monté à 47,4% dans les villages. En 2008, dans la même région, sur 100 individus, on dénombrait 45,5% de pauvres. Quand on se retrouve en milieu rural, ce taux est de 49,6 % tandis qu'en ville, on enregistre 26,6% (DSRP, 2009:19).

Dans le Centre-Est du pays où se situe la région de l'Indénié-Djuablin, en 2002, 44,90 % d'individus n'avaient pas une condition socioéconomique aisée. Dans les zones urbaines, c'est le quart de la population (25,3%) qui se trouve dans cette situation. Mais en milieu rural, c'est environ la moitié des habitants qui sont déclarés pauvres. Six ans plus tard, c'est-à-dire en 2008, dans la même région, cette catégorie sociale représente 53,3% de la population. Mais un peu moins des 2/3 des ruraux (63,3%) et les 3/10 des citadins (29,8%) font partie de cette catégorie de la population (DSRP).

Cette situation fait que de nombreuses victimes d'actes immoraux et répréhensibles ne portent pas plainte à la justice. A cette condition de pauvre, s'ajoute l'illettrisme qui fait que la plupart des ruraux ne connaissent pas leurs droits, ignorent ce qui est condamnable et ce qui ne l'est pas. En outre, la solidité et la diversité des liens sociaux et parentaux font que les victimes ne trouvent pas utile de traduire l'agresseur devant les tribunaux et préfèrent que les contentieux soient réglés à l'amiable. Ce comportement des victimes est aussi renforcé par le fait que dans certaines localités de l'Indénié-Djuablin, par exemple, l'autorité des responsables coutumiers et royaux est prépondérante sur celle des agents formels du contrôle social des crimes.

De surcroît, il y a le fait que parmi les victimes, se trouvent des enfants qui sont des personnes immatures socialement, moralement et physiquement. Dans cette catégorie sociale, on compte également des femmes qui, dans ces régions, occupent une position sociale marginale. Vient, en sus, la peur des représailles qui retient les victimes dans leur volonté de saisir les autorités judiciaires. Enfin, certaines personnes qui subissent la délinquance sont elles-mêmes asociales. Ceci les motive peu à se plaindre devant les tribunaux.

Toutes ces données concourent à amplifier le chiffre noir de la criminalité en période de traite du café et du cacao. Ceci consacre l'impunité qui, à son tour, constitue un facteur de pérennisation de cette forme de criminalité.

CHAPITRE VIII : PERSPECTIVES ET PROPOSITIONS DE SOLUTIONS

Après la crise postélectorale de 2011 en Côte d'Ivoire, le nouveau gouvernement a entrepris de réorganiser la traite du café-cacao. L'analyse empirique de l'ancienne situation ajoutée aux nouvelles réformes permet de dégager des solutions susceptibles de réduire significativement la criminalité en période de traite café-cacao.

8.1. Perspectives

8.1.1. Présentation de la nouvelle structure de régulation

Face à ce problème (la fuite du cacao)*, il fallait une réponse structurelle. Depuis la réforme, nous avons le même système de mise à marche que le Ghana. Les prix que nous proposons aux paysans sont pratiquement les mêmes. Il n'y a donc plus de raisons économiques de vouloir vendre son cacao au Ghana.*

Ces propos de Coulibaly Sangafowa, ministre ivoirien de l'Agriculture, rapportés par Hala dans un article paru dans Fraternité Matin (Agro-industrie spécial) de novembre 2012, illustrent en quelques points, les raisons qui ont conduit les autorités du pays à mettre sur pied le Conseil du café-cacao.

Le Conseil de régulation, de stabilisation et de développement de la filière café-cacao, en abrégé " Conseil du café-cacao ", a été créé par l'ordonnance n°2011-481 du 28 décembre 2011 fixant les règles relatives à la commercialisation du café et du cacao. La tutelle de ce Conseil est assurée par le ministère de l'Agriculture au plan technique et par le ministère de l'Economie et des Finances au plan financier. Il est administré sur une base paritaire entre l'Etat et l'interprofession au sein d'un Conseil d'administration. Ce Conseil d'administration est composé de douze membres nommés par décret pris en Conseil des ministres : six (6) représentants de l'Etat et six (6) représentants de l'interprofession de la filière café-cacao et l'organisation professionnelle des banques et assurances.

Le Conseil du café-cacao est dirigé par un directeur général assisté de deux directeurs généraux-adjoints, l'un en charge de la commercialisation et l'autre en charge de la production, de la durabilité et des opérations techniques.

Les objectifs que poursuit le Conseil du café-cacao sont multiples : d'une part, le renforcement de la bonne gouvernance et de la transparence dans la gestion des ressources, d'autre part, le développement d'une économie cacaoyère et caféière durable à travers la réorganisation de la production et l'amélioration de la productivité. En sus, on note la sécurisation du revenu des producteurs par la mise en place d'un prix minimum garanti ainsi que l'amélioration de la consommation intérieure et extérieure. En outre, il y a la mise en place d'une interprofession forte et assise sur des organisations de producteurs crédibles.

Au regard de ces objectifs, le Conseil a trois sortes de missions. D'abord, il y a des missions de régulation. Cette catégorie de mission a plusieurs déclinaisons. La première est d'assurer la gestion de toutes les activités de la filière ; la deuxième est de contrôler la qualité des produits ; la troisième est d'agréer les opérateurs de la filière. La quatrième est l'assistance du gouvernement dans les négociations des accords internationaux portant sur la commercialisation du café et du cacao. Ensuite, on a la consolidation de la participation financière de l'Etat aux organisations internationales du café et du cacao. A ceci s'ajoute l'encadrement du développement des projets visant à contribuer à l'amélioration de la qualité des produits agricoles.

Par ailleurs, le Conseil est chargé de missions de stabilisation. Ces missions ont plusieurs volets. L'une d'elles consiste à la réalisation des prévisions des récoltes. Une autre est de procéder au suivi des stocks physiques. A ceci s'ajoute la tâche de fixer les prix d'achat aux producteurs et de veiller au respect de l'application de ces prix.

Une autre encore consiste en l'organisation et au contrôle de la commercialisation intérieure et extérieure. Puis vient la gestion de la messagerie électronique pour les opérations de vente à l'exportation.

On note également la mise en œuvre des mécanismes de stabilisation des prix au bénéfice des producteurs, la gestion des opérations de conditionnement et d'exportation, la mise sur pied d'un système de compensation entre le prix d'achat garanti aux producteurs et le prix de vente à l'exportation. Les autres points sont : la production, la diffusion des statistiques au plan national et international, la conception et l'exécution des programmes d'actions commerciales.

Enfin, la dernière catégorie de missions du Conseil est constituée des missions de développement. Celles-ci consistent d'abord à rechercher et à mettre en œuvre toutes les mesures visant à accroître la productivité du café et du cacao. En plus, il y a le rapprochement des innovations technologiques et la recherche scientifique des producteurs. On a également l'aide à apporter au gouvernement dans la lutte contre les pires formes de travail des enfants dans la cacao-culture.

On note également la mission de favoriser l'amélioration de la qualité de la production et le conditionnement du café et du cacao. La tâche suivante est la promotion de ces deux produits sur le marché international et leur transformation industrielle. Vient ensuite la promotion des opérateurs nationaux exportateurs. S'ajoute également l'élaboration, avec les structures d'accompagnement et de développement, ainsi qu'avec les partenaires de la filière, des conventions dans les domaines de la recherche, de la vulgarisation, du conseil agricole et du suivi de leur exécution.

Les travaux suivants incombent à cette institution : l'organisation de la veille stratégique et sanitaire de la filière en vue de l'anticipation des enjeux et des défis du secteur, la promotion de la consommation nationale. Enfin, le Conseil du café-cacao doit favoriser la contribution de la filière au développement rural et réaliser toutes autres activités entrant dans le cadre des missions et attribution sauf avis contraire du gouvernement.

Pour accomplir ces missions, cet organe a conçu trois programmes. D'abord, il y a le programme Fonds d'investissement en milieu rural (FIMR). C'est un outil d'amélioration des conditions de vie et de travail des communautés productrices. Il finance en milieu rural, notamment en zone de production, la construction, la réhabilitation et l'équipement d'infrastructures économiques et sociales de base (pistes rurales, points d'eau, établissements scolaires, centres de santé, infrastructures de sécurité en milieu rural).

Le programme quantité-qualité-croissance (2QC) vient en seconde position. La quantité équivaut ici à la hausse de la productivité par l'introduction des semences améliorées et l'utilisation des produits phytosanitaires. Quant à la qualité, elle renvoie à l'amélioration de la qualité avec la mise en œuvre des bonnes pratiques post-récolte. Concernant la croissance, elle signifie l'augmentation des revenus des producteurs. L'objectif global de ce programme est d'améliorer les revenus des producteurs et de leurs communautés, notamment par l'optimisation de la productivité, la qualité du café et du cacao.

Enfin, nous avons la plate-forme de partenariat public-rivé (PPPP). Le partenariat public-privé est un cadre encouragé par l'Etat de Côte d'Ivoire dans tous les secteurs d'activités. Dans le secteur du café et du cacao en particulier, la PPPP vise une concertation et un dialogue permanents entre les acteurs impliqués dans la chaîne des valeurs de la filière.

En outre, elle cherche à regrouper tous les acteurs de la filière : les producteurs et leurs organisations, les ministères concernés, l'organe de gestion de la filière, les institutions impliquées dans les activités de la filière, les acheteurs, les traitants, les usiniers, les transformateurs, les transporteurs, les exportateurs, les banquiers, les fournisseurs d'intrants.

Le Conseil du café-cacao accorde donc une grande importance au partenariat public-privé car pour lui, ce partenariat apparaît comme une approche sûre pour combler le déficit de financement des projets de développement de la filière en préservant les intérêts mutuels.

Relativement à la mise en place de ce Conseil, les producteurs ont conçu un mémorandum qu'ils ont remis aux administrateurs de la Banque mondiale. Dans ce document, ils suggèrent que pour améliorer la qualité du café et du cacao et obtenir une hausse des prix, l'accomplissement d'un certain nombre de tâches s'avère nécessaire. Parmi celles-ci, il y a le fait d'avoir de puissants moyens de production. Dans cette optique, ils trouvent nécessaire d'acquérir des matériels végétaux performants, des outils phytosanitaires et autres intrants. En outre, ils désirent disposer d'efficaces techniques de commercialisation. Dans ce cadre, les producteurs souhaitent la création, dans les importantes zones de production, de grands magasins appartenant au Conseil du café-cacao et en relation avec les usines de traitement et d'assainissement des produits.

Ces magasins permettront de centraliser les collectes des récoltes et de lutter contre la pauvreté et le chômage des jeunes en milieu rural. Ils allègeront les frais de transport des coopératives de base. Leur implantation fera que les fonds alloués par le Conseil seront beaucoup plus proches des acteurs locaux.

Les producteurs pensent en outre que leurs capacités doivent être renforcées. Dans cette visée, ils demandent le financement des centres de formation de proximité auprès des grands magasins et l'équipement de ces centres en matériels didactiques. Cette formation qui aura pour but de les rendre plus professionnels consistera à présenter, à l'aide de diapositives, de courts métrages, la collecte, le séchage, la qualité, l'usinage, l'exportation. Ainsi, ils apprécieront au mieux la lourdeur du processus de production et de commercialisation qui entraîne les coûts intermédiaires.

Les planteurs souhaitent également rendre plus fiable la comptabilité des coopératives en mettant en place des outils de contrôle appropriés. Enfin, ils trouvent nécessaire que les OPA-café-cacao soient assainies et professionnalisées intégralement. Dans ce cadre, ils exigent l'élimination des OPA saisonnières, de complaisance.

Ils demandent, en outre, que chaque OPA en début de campagne fournisse un procès-verbal de l'assemblée générale de campagne, un rapport du commissaire aux comptes, une attestation de bonne gouvernance des fonds alloués par les banquiers, la nouvelle liste des nouveaux administrateurs et gérants de la coopérative.

En plus, chaque OPA doit dresser le bilan de fin d'exercice avec un rapport ou une note explicative sur les différents débiteurs hors normes. A ceci s'ajoute l'exigence de la tenue et de la publication des statistiques par ces organisations. Enfin, chacune d'entre elles, doit rendre compte de l'état physique des bâtiments et locaux professionnels pour la gestion des produits et leur bonne conservation.

8.1.2. Actions menées par le Conseil du café-cacao dans le cadre de la lutte contre la criminalité liée à la traite

Dans le cadre de la lutte contre la criminalité liée à la commercialisation du café et du cacao, cette structure a appréhendé un certain nombre d'individus qui se sont livrés au non-respect des prix fixés, ainsi qu'au trafic illicite de ces deux matières agricoles. Au total, on dénombre huit cas de condamnations pour non-respect du prix minimum garanti et deux dossiers pendants dont l'un pour trafic illégal de cacao et l'autre pour non-respect du prix minimum garanti et usage d'instrument de mesure non autorisé.

Le Conseil a fait publier dans la presse[195] toutes ces mesures répressives en vue de leur donner un important effet dissuasif. Profitant de l'occasion, il a rappelé à tous les acteurs de la filière qu'il entend être intransigeant avec tout contrevenant aux dispositions en vigueur.

Cette volonté affichée du Conseil de lutter contre la criminalité liée à la commercialisation du binôme café-cacao augure d'un meilleur avenir. Mais pour que cette lutte soit optimisée, il importe de prendre un certain nombre d'autres mesures.

8.2. Propositions de solutions

8.2.1. Propositions d'ordre général

8.2.1.1. Mesures préventives

En 2008, on dénombre 49,6 % et 63,3 % de pauvres en milieu rural, respectivement dans le Nawa et l'Indénié-Djuablin (DSRP).

Les taux de pauvreté dans ces localités ne sont donc pas négligeables. A cet effet, il convient d'améliorer les conditions socioéconomiques des populations si on veut réduire chez elles les penchants criminels.

Dans ce cadre, il est nécessaire de doter ces régions de suffisantes infrastructures sanitaires et scolaires. Elles ont également besoin de routes. En effet, les villages se trouvant dans ces régions sont pour la plupart enclavés et difficiles d'accès. Les pistes qui y conduisent sont impraticables, jonchées de nids de poule et de boue pendant les saisons pluvieuses. Il faut donc désenclaver ces zones en reprofilant les tronçons qui y mènent.

Par ailleurs, on note que la corruption, l'enrichissement illicite font partie des infractions qui gangrènent l'administration et le monde des affaires en Côte d'Ivoire. Les régions de l'Indénié-Djuablin et du Nawa ne sont pas à l'abri de ces phénomènes. Il importe donc que l'Etat, par l'entremise des ministères et du secrétariat national à la Gouvernance et au renforcement des capacités, sensibilise et éduque les citoyens à s'acquitter de leurs tâches avec probité et équité.

Ceci permettra de redorer l'image de l'Etat, de sorte à ne pas être vu par les administrés comme un ennemi, comme une personne morale dont l'autorité est illégitime, indigne de respect.

---

[195] *Le Nouveau Réveil* n°3443, p. 9 du 22 juillet 2013 ; *L'Expression* n°1184 du 23 juillet 2013.

La filière café-cacao est, elle aussi, confrontée à ces problèmes. C'est pourquoi, il s'avère important que des campagnes de sensibilisation soient menées à l'intention des policiers, des gendarmes et des membres du corps judiciaire. Cette sensibilisation doit s'accompagner d'une large diffusion auprès de ces agents de l'Etat de la charte d'éthique et du code de déontologie de leurs corps de métiers respectifs.

Ces campagnes de sensibilisation doivent s'étendre également aux autres acteurs de la filière (producteurs, acheteurs, pisteurs, coopératives, exportateurs).

Cette sensibilisation ne peut être optimale si une partie importante des personnes en milieu rural ne savent ni lire, ni écrire. Il convient donc de créer des centres d'alphabétisation à l'intention des adultes dans les villages. Ces centres auront comme tâches supplémentaires d'instruire les ruraux sur leurs droits et devoirs.

Ceci permettra de réduire chez ces populations des comportements déviants et de ne pas être taillables et corvéables à souhait par les acheteurs, les coopératives et exportateurs véreux.

Pour que ces populations aient la motivation et les possibilités de saisir la justice lorsqu'elles sont victimisées, il faut créer, à leur intention, des conseils publics juridiques. Ces conseils, à l'image des avocats commis d'office par l'Etat au bénéfice des citoyens économiquement indigents, pourront les instruire sur leurs droits, les assister et les guider dans les procédures judiciaires.

Pour réduire le chômage des jeunes, il faut installer dans le Nawa et l'Indénié-Djuablin des usines de transformation du café et du cacao. Il faut en plus construire des centres de formation et d'apprentissage de métiers qui accueilleront les déscolarisés. Ceci permettra de leur donner une seconde chance de réussite sociale, d'insertion socioprofessionnelle et de ne pas être avilis par l'oisiveté.

En plus de l'apprentissage d'un métier, la jeunesse doit être formée, instruite sur ses droits et devoirs, sur les institutions, les symboles de l'Etat. Cette formation doit intégrer également la connaissance et le respect des droits et de la dignité de l'homme.

L'utilisation des enfants dans les plantations constitue également une violation des droits de l'homme. Ainsi, elle doit être considérablement réduite par le biais des campagnes de sensibilisation. En plus de ces campagnes, l'ampleur de ce phénomène pourrait être diminuée si l'école était rendue obligatoire et si les salles de classes, les tables-bancs, les matériels didactiques et les enseignants étaient en nombre suffisant et de qualité dans ces deux régions.

Pour que les traumatismes psychologiques des victimes d'actes dérogatoires soient atténués dans les villages, il faut créer la profession d'assistant social rural. Ce professionnel sera aux côtés des personnes qui souffrent directement des actes délictuels, mais aussi de leurs proches. La prise en charge psychosociale qu'il leur apportera pourra réduire chez eux les sentiments de dévalorisation, d'injustice, d'impuissance, d'insécurité, de culpabilité, de vulnérabilité et surtout de rage et de vengeance. Ceci permettra de prévenir les réactions vindicatives qui sont souvent à la base de l'escalade de la violence.

L'absence des forces de l'ordre dans les villages et l'éloignement de ces zones des centres urbains font que les criminels se sentent en territoire conquis où ils posent sans crainte et en toute impunité des actes asociaux. Il convient donc de mettre en place des unités de police et de gendarmerie rurales. Ces détachements des forces publiques pourront mettre sur pied un plan de sécurisation particulier, adapté aux réalités locales. Ce plan, grâce à, son caractère spécifique, permettra de mieux prévenir les comportements antisociaux et d'anticiper la réaction sociale contre la criminalité liée à la traite du binôme café-cacao.

Pour que les déviances dans les villages soient rapidement portées à la connaissance des autorités compétentes, des numéros verts des forces publiques doivent être mis à la disposition des populations rurales.

Une synergie entre les actions de chacune de ces forces est nécessaire pour lutter efficacement contre la criminalité. Dans cette optique, il faut mettre en place dans chaque région un comité régional de sécurisation. C'est à cet organe qu'il appartiendra d'organiser les groupes d'autodéfense et autres polices privées. Ces structures informelles doivent être recensées et encadrées par des gendarmes.

La lutte contre la criminalité requiert que les différentes communautés rurales vivent en bonne intelligence. En effet, c'est en étant soudés que ces groupes sociaux pourront collaborer au mieux avec les forces de l'ordre et dérouter les malfaiteurs. Ainsi, la prévention des conflits intercommunautaires est nécessaire.

Dans cette veine, il importe de sensibiliser les populations rurales sur les bienfaits de la cohésion sociale. Pour optimiser cette sensibilisation, il s'avère nécessaire que soient renforcées les capacités des autorités villageoises, des agents de forces de l'ordre, des cadres, des élus locaux et des responsables de l'administration territoriale, en matière de prévention et de gestion des conflits. Pour consolider ces différentes actions, la mise en place dans chaque localité d'une institution étatique de cohésion et de maintien de la paix sociale est opportune.

Pour redynamiser la commercialisation des produits agricoles, il convient de mettre fin à l'existence d'acheteurs individuels, en imposant l'appartenance de tout producteur à une coopérative. Chaque village doit être doté d'un comité de commercialisation. Le contrôle des poids doit être attribué à un organisme itinérant compétent. Cet organe pourrait, de façon inopinée, visiter les magasins et lieux de pesage.

Des mesures nécessaires doivent être prises pour que les dispositions arrêtées par le Conseil du café-cacao et parfois contournées par l'acheteur au port soient respectées, notamment en ce qui concerne le grainage. Toute chose qui donne d'ailleurs aux fraudeurs l'opportunité de faire des mélanges avec des produits de bonne qualité.

Les magasins régionaux doivent être dotés de véhicules de transport adaptés à l'état des routes. Ces véhicules doivent être capables de se rendre dans toutes les contrées pour aider les producteurs à sortir leurs récoltes des brousses à moindre coût.

Pour mettre fin à l'existence des coopératives fictives, il faut rendre transparent le mécanisme de commercialisation. Dans cette optique, il faut procéder, dans chaque région, au recensement de toutes les coopératives agréées. Leur liste doit être remise aux forces publiques.

Un des problèmes que rencontrent les planteurs sont les prêts à usure. Il convient de lutter contre ces prêts sous toutes les formes, y compris ceux effectués par des acheteurs avec des taux d'intérêt de 100%. Dans ce cadre, les planteurs doivent être organisés pour que ceux qui sont crédibles bénéficient des prêts bancaires.

Pour éviter la circulation d'importantes sommes d'argent lors de la traite, il faut instaurer l'utilisation de cartes magnétiques dans les zones rurales. En plus, pour optimiser le rendement de leurs plantations, il s'avère nécessaire que les capacités des producteurs soient fréquemment renforcées. Dans ce cadre, il convient qu'ils soient régulièrement formés et informés par des centres de recherche agronomiques et des spécialistes en la matière.

Pour que les planteurs et leurs manœuvres bénéficient d'une sécurité sociale, des réflexions doivent être menées pour leur déclaration à la Caisse nationale de prévoyance sociale (CNPS) ou pour la mise en place d'un système équivalent à leur profit. Il faut également favoriser l'installation des sociétés d'assurance et d'épargne crédit au profit de ces catégories de travailleurs.

En plus, il est important de mettre fin aux arrêtés préfectoraux qui autorisent la répartition de l'argent gagné à partir de la vente des produits frauduleux saisis. Ces gains doivent servir à la réalisation d'infrastructures d'utilité publique.

Il importe de faire, en sus, une véritable évaluation des besoins des populations et revoir la répartition géographique des unités d'intervention en conséquence. Quand on y ajoute l'inaccessibilité à de nombreuses zones et le manque de moyens d'intervention, on comprend l'existence des comités d'auto-défense et par conséquent, l'anomie qui aboutit à des actes de vengeance et de justice privée disproportionnée. Il convient donc de prendre en compte à la fois les paramètres géographiques, démographiques, psychologiques et sociaux pour évaluer d'une part, le sentiment d'insécurité et d'autre part, l'insécurité réelle en vue de procéder à la création de nouvelles unités de sécurisation.

L'Etat doit en conséquence avoir recours à des spécialistes tels que les criminologues et les professionnels de la sécurité en vue d'une étude efficiente de la criminalité liée à la traite dans ces deux régions.

Pour qu'ils ne versent pas dans la déviance, les polices privées ou comités d'auto-défense devront préalablement bénéficier d'une accréditation de l'autorité compétente préfectorale, après avis des premiers responsables sécuritaires régionaux. Ces comités agréés devront être encadrés par ces derniers qui, informés régulièrement à partir de documents établis, corrigeront les inconduites et leurs donneront des conseils appropriés.

S'agissant de la prolifération des armes légères et de petit calibre, des efforts considérables ont été faits par les autorités ivoiriennes.

En effet, l'Etat a mis en place le 30 avril 2009, une commission nationale désignée sous le sigle de COMM-NAT-ALPC pour lutter contre cette prolifération. En outre, le 3 juin 2013, le gouvernement a signé le traité sur le commerce des armes adopté le 2 avril 2013 à New York, au siège des Nations Unies. A ceci s'ajoute le décret portant ratification de la convention de la CEDEAO sur les armes légères et de petit calibre, leurs munitions et autres matériels connexes, adoptée le 14 juin 2006 à Abuja (Nigeria).

Cependant, ce cadre institutionnel reste inachevé, puisque la loi autorisant le président de la République à ratifier le traité sur le commerce des armes n'a pas encore été votée par l'Assemblée nationale. Il importe donc que cette lacune soit comblée si l'on veut que la lutte contre ces armes soit efficace dans tout le pays et particulièrement dans les régions du Nawa et de l'Indénié-Djuablin.

8.2.1.2. Mesures répressives

Il faut saisir, et si cela s'impose, détruire le café et le cacao de mauvaise qualité. Il est également nécessaire de créer des unités d'achat et de transformation de cette catégorie de produits afin de ne pas donner l'occasion de les exporter frauduleusement.

L'Etat doit créer la police des polices qui, à la différence des unités de lutte contre le racket, devra contrôler la présence des unités sur le terrain et la bonne exécution des services par les différentes unités d'intervention. Cette structure itinérante doit être dotée de moyens adéquats pour surveiller efficacement les actions sécuritaires. Elle doit être composée d'éléments d'élite des différents corps : la police, la gendarmerie, les douaniers et les agents des eaux et forêts.

Ils doivent être rémunérés à la hauteur de la délicatesse de leur mission. Cette unité devra être outillée en connaissance et en capacité pour que son action contraigne les unités contrôlées à être là où il faut et quand il faut pour accomplir correctement leur devoir. Les infracteurs et autres violeurs des principes de la discipline de ces unités devront subir la rigueur de la loi et des règlements, afin de créer l'exemplarité.

Pour qu'il n'y ait pas de conflits de compétence entre les différentes structures de gestion de la filière d'une part, et entre les groupes d'exportateurs d'autre part, il convient, à travers des textes juridiques, de délimiter clairement les zones de compétences, les prérogatives de chacune de ces organisations.

Les responsables de coopératives fictives doivent être arrêtées et subir la rigueur de la loi. Les dirigeants des structures de régulation qui parrainent ou se cachent derrière ces coopératives doivent être dénoncés, démis de leurs fonctions et répondre de leurs actes devant la justice.

Pour que cette justice soit efficace, il faut qu'elle soit dotée de ressources humaines et matérielles, en quantité et en qualité.

8.2.2. Propositions au niveau de la région du Nawa

8.2.2.1. Mesures préventives

La criminalité violente, particulièrement dans le Nawa étant favorisée par la consommation de stupéfiants, la circulation massive d'armes et l'intégration approximative d'une frange importante de la population, des mesures adéquates doivent y être prises.

Il faut contrôler les foyers et les cultures de plantes prohibées, redynamiser la lutte contre la circulation de la drogue en donnant les moyens adéquats aux unités anti-drogue. En outre, il convient de sensibiliser la population sur les inconvénients de l'usage de la drogue sur la santé physique et mentale, sur la société et les sanctions judiciaires encourues. Enfin, il faut répertorier les zones concernées, rechercher et détruire les plantations de drogue.

Pour réduire la prolifération des armes légères et de petit calibre dans la région, les personnes qui les détiennent doivent être sensibilisées à les déposer. Pour les motiver, en contrepartie des dépôts, elles doivent bénéficier des fonds leur permettant d'avoir des activités génératrices de revenus.

Dans le cadre de cette lutte, le numéro vert de la COMM-NAT-ALPC doit faire objet d'une large diffusion auprès de la population. En plus, les agents de forces publiques doivent multiplier des perquisitions dans les localités et les domiciles soupçonnés d'être des caches d'armes.

Pour prévenir les actions des coupeurs de route, il faut sécuriser les convois en zones rurales en les faisant escorter par les forces publiques. Celles-ci doivent faire, dans ces zones, des patrouilles itinérantes, des contrôles inopinés. Elles doivent en plus, développer le renseignement.

Le renseignement consistera à recueillir, à glaner çà et là des informations susceptibles de dévoiler, spécifier et localiser les activités criminelles et leurs auteurs. Il permettra aux agents de contrôle social de se faire, d'avance, une idée du mode opératoire ou *modus operandi* des délinquants, des cibles qu'ils visent, des lieux qu'ils choisissent pour perpétrer leurs forfaits ainsi que leurs caches d'armes.

Pour être efficace, le renseignement doit se faire avec la contribution des indicateurs. Si l'on veut que ceux-ci soient motivés, ils doivent être suffisamment rétribués et rassurés. Ils doivent avoir le sentiment qu'ils seront protégés et mis à l'abri de tout soupçon et d'éventuelles représailles.

Les victimes de viols, d'agression à main armée, de coupage de route doivent bénéficier d'une assistance psychosociale immédiate, renforcée et personnalisée, sur une période raisonnable. Cette prise en charge doit être faite par des assistants sociaux et des psychologues professionnels. Les personnes qui souffrent des effets collatéraux de ces victimisations (enfants, conjoints, parents, etc.) doivent bénéficier de cette assistance.

Les criminels de la région du Nawa viennent le plus souvent des communautés étrangères. Il y a donc lieu de promouvoir l'intégration entre ces communautés et les autochtones à travers des campagnes de sensibilisation.

8.2.2.2. Mesures répressives

Les individus qui se rendent coupables du délit de « coupage de route » doivent, avec célérité et diligence, être recherchés, poursuivis et subir la rigueur de la loi. Les agents des forces publiques, en aval, et les juges, en amont, doivent se montrer particulièrement intransigeants à leur égard. Leur arrestation, leur jugement, les peines qui leur sont infligées et leur incarcération doivent faire objet de publicité accrue dans les journaux, sur les antennes des radios de proximité, par voie d'affichage, afin d'avoir un considérable effet dissuasif et d'apaiser les victimes et leurs proches, de rassurer les habitants de la région.

Ceci permettrait d'atténuer la psychose, les rumeurs, les craintes, les inquiétudes qui s'emparent de tous, lorsque des crimes de ce genre sont commis. Les populations, rassérénées, pourront vaquer librement à leurs occupations. Elles ne réduiront pas leur mobilité et ne se replieront pas sur elles-mêmes. Les manœuvres ne seront pas tentés de fuir la région. Les fonctionnaires se garderont de faire des grèves et de demander d'être réaffectés après la victimisation d'un de leurs. En outre, les suspicions qui dégradent les relations, les communications inter et intracommunautaires s'estomperont, tandis que les velléités de vengeance et de représailles seront rentrées et contenues. Toutes ces réalités motiveront les opérateurs économiques à ne pas délocaliser leurs entreprises.

8.2.3. Propositions au niveau de la région de l'Indénié-Djuablin

8.2.3.1. Mesures préventives

Le fait que les villages frontaliers soient coupés du reste du pays par manque de routes praticables, constitue l'un des facteurs de l'exportation des produits agricoles au Ghana. Pour combattre avec efficacité cette exportation frauduleuse, il faut désenclaver ces zones par le profilage des voies qui y conduisent. Ce désenclavement facilitera l'écoulement des produits issus de ces villages vers les magasins de regroupement.

L'ensachement gratuit ou à moindre coût doit être encouragé, afin de réduire les difficultés des paysans qui s'allouent souvent les services des Ghanéens dans le cas de l'Indénié-Djuablin.

Pour lutter contre l'exportation frauduleuse des produits agricoles vers les pays limitrophes, il convient de rehausser le prix bord-champ du café et du cacao. Cette hausse du prix doit tenir compte de celui usité au Ghana.

A ceci s'ajoute la nécessité de bien organiser les systèmes de fonctionnement des coopératives pour éviter, comme c'est le cas, que certaines soient financées par des bailleurs de fonds étrangers à qui elles sont obligées de fournir les produits.

Dans ces zones, l'administration, la chefferie traditionnelle et les populations doivent être sensibilisées sur le bienfondé de l'action du Conseil du café-cacao et sur la gravité des actes de ceux qui favorisent la fuite du cacao au Ghana.

A l'image de la lutte contre la cybercriminalité, il faut mettre en place une unité spécialisée dans la lutte contre la criminalité transfrontalière et donner à cette unité la formation adéquate et les moyens nécessaires pour lui permettre d'avoir une réaction adaptée à celle des individus qui vendent dans les pays frontaliers les produits agricoles ivoiriens.

Un prix doit être mis sur pied pour récompenser à la fin de chaque campagne, les planteurs qui auront vendu toutes leurs récoltes en Côte d'Ivoire malgré le fait qu'ils soient dans les localités frontalières.

8.2.3.2. Mesures répressives

Les individus qui se rendent coupables de la vente illicite du café et du cacao à l'extérieur du pays doivent être condamnés, conformément aux lois en vigueur.

Par le biais d'un travail professionnel de renseignement, toutes les pistes qu'empruntent ces individus pour contourner les postes des forces publiques et se rendre au Ghana doivent être répertoriées. En plus, des patrouilles doivent être faites sur ces voies, de manière régulière.

L'influence que les autorités coutumières exercent sur l'appareil judiciaire fait en outre que les déviances liées à la traite ne sont pas réprimées. Pour cette raison, ces autorités doivent être instruites sur le danger que fait peser leur attitude sur la région. Elles doivent être sensibilisées par les responsables de l'administration territoriale sur cette question.

CONCLUSION PARTIELLE

Cette troisième partie du travail a porté sur les impacts de la criminalité liée à la traite, les facteurs explicatifs, les perspectives et les propositions de solution.

Au sujet des facteurs explicatifs, on relève que la criminalité en période de traite est déterminée par quatre grandes catégories de facteurs. D'abord, il y a les faiblesses institutionnelles qui se traduisent par l'insuffisance de la prise en charge sécuritaire, la porosité des frontières et les difficultés d'insertion socioprofessionnelle dans les zones de production. Ensuite, il y a l'environnement économique criminogène favorisé par la forte circulation d'importantes sommes d'argent, les modes d'épargne informels et l'indélicatesse de certains acteurs de la filière. En plus, on a la faiblesse des prix d'achat du café et du cacao qui pousse les paysans à vendre leurs produits à un meilleur prix au Ghana. Enfin, il y a les spécificités criminogènes de chaque région (la frontière, l'interférence de la chefferie traditionnelle dans les affaires de justice au niveau de l'Indénié-Djuablin ; la circulation des armes, le trafic des stupéfiants et la présence massive des étrangers, dans la région du Nawa).

Au sujet des impacts, on retient que cette criminalité a des conséquences tant au niveau psychosocial, qu'économique et juridique.

Sur le plan psychosocial, on note que le sentiment d'insécurité devient beaucoup plus fort chez les populations en général et chez les acteurs de la filière en particulier. A cet effet, ces individus deviennent méfiants, prudents et circonspects. La crainte d'une agression fait qu'ils ne sont pas sereins. Les opérateurs économiques ferment certaines de leurs boutiques et aménagent dans les localités plus sécurisées. Il arrive même que des fonctionnaires entrent en grève pour protester contre l'agression d'un des leurs. Cette psychose fait également que les groupes sociaux se suspectent, se soupçonnent les uns les autres d'être responsables des crimes constatés. Cette situation met à mal la cohésion sociale. En réaction à l'insécurité, il se forme ainsi des groupes d'auto-défense qui versent, à leur tour, dans de nombreuses déviances.

Au niveau économique, les tracasseries routières augmentent les frais de transport des produits. Ceci fait que les acheteurs revoient au rabais les prix d'achat des produits, ce qui réduit considérablement les revenus des producteurs. Du fait du sentiment d'insécurité, l'acquisition de la main-d'œuvre immigrée devient difficile ; la fuite du cacao et du café vers l'étranger réduit les recettes d'exportation du pays.

Sur le plan judiciaire, on relève que les procédures ne vont pas jusqu'au bout, écourtées à cause de la corruption. Ainsi, une partie considérable des individus qui passent à l'acte délictueux ne sont pas recherchés, poursuivis et punis.

Au sujet des perspectives, on relève que face à l'échec de la politique de libéralisation de la filière café-cacao, une nouvelle structure a été mise sur pied. Il s'agit du Conseil du café-cacao. Il est cogéré par l'Etat et les autres acteurs de la filière (producteurs, banquiers, assureurs, exportateurs, etc.).

Il vise principalement la bonne gouvernance, la transparence dans la gestion de la filière et la sécurisation des revenus des producteurs. Pour atteindre les objectifs qui lui sont assignés, ce Conseil a mis sur pied trois principaux programmes : le FMIR, le 2QC et la PPPP.

Concernant les solutions proposées, on note que les unes visent la prévention et les autres la répression des déviances liées à la traite, dans chaque région et sur le plan national.

CONCLUSION GENERALE

La Côte d'Ivoire, sur le plan économique, tire l'essentiel de ses ressources de la commercialisation du café et du cacao. Lors de la traite de ces deux matières premières agricoles, il se développe dans les zones de production de nombreux comportements criminels. Peu de recherches se sont préoccupées de l'étude de ces comportements.

Or, il importe d'appréhender suffisamment ce phénomène, si on veut mettre en place une politique criminelle efficace en la matière. Ce problème de recherche soulève entre autres les questions suivantes : qu'est-ce qui explique l'ampleur de la criminalité en période de traite du café-cacao ? Quelle est la part de responsabilité des victimes dans le passage à l'acte délinquant en cette période ? Qu'est ce qui explique la spécificité de la criminalité lors de la traite dans les différentes zones de production ? Pourquoi le système sécuritaire existant ne parvient-il pas à juguler le phénomène ? Pour mieux élucider ces interrogations, je me suis fixé comme objectif général d'analyser la criminalité en période de traite du café-cacao dans les régions de l'Indénié-Djuablin et du Nawa, à travers son ampleur, ses déterminants et le système institutionnel de sa régulation. Spécifiquement, il s'agit de déterminer les causes de l'ampleur de la criminalité en période de traite, d'identifier les déterminants de la victimisation en cette période, de rechercher les facteurs explicatifs des spécificités de cette forme de criminalité et d'identifier les limites du système sécuritaire qui ne parvient pas à la juguler.

S'agissant de la thèse, je soutiens que la criminalité en période, de traite du café-cacao est multifactorielle. Son ampleur est due au fait qu'en cette période le nombre des opportunités criminelles s'accroît et le passage à l'acte délictueux devient plus gratifiant. Ce passage à l'acte est beaucoup plus astucieux dans l'Indénié-Djuablin et beaucoup plus violent dans le Nawa. L'hypothèse générale qui se dégage est alors que la criminalité en période de traite du café-cacao dans les régions du Nawa et de l'Indénié-Djuablin s'explique par une conjugaison de facteurs d'ordre économique, individuel et institutionnel.

Hypothèse spécifique 1 : l'ampleur de la criminalité en période de traite du café-cacao s'explique par la disponibilité abondante des ressources d'ordre financier et matériel.

Hypothèse spécifique 2 : le comportement victimogène de nombreux acteurs de la filière lors de la traite de café-cacao, favorise la criminalité.

Hypothèse spécifique 3 : les opportunités qu'offre chaque région font que la criminalité est astucieuse dans l'Indénié-Djuablin et violente dans le Nawa.

Hypothèse spécifique 4 : les faiblesses institutionnelles expliquent les difficultés du système sécuritaire à juguler la criminalité en période de traite du café-cacao.

Sur le plan méthodologique, les régions du Nawa et de l'Indénié-Djuablin ont constitué le terrain d'étude. La population d'enquête se compose de producteurs, d'acheteurs de produits, de forces publiques, d'autorités locales, des administrateurs de la filière et des auteurs d'infractions liées à la traite. L'échantillon d'enquête a été constitué de manière arbitraire. Il comprend 328 personnes. Les méthodes de recherche employées sont la méthode comparative et la méthode dialectique. Les données ont été recueillies à l'aide de la recherche documentaire, du questionnaire, de l'entretien et de l'observation. Ces données ont été analysées de manière qualitative et quantitative. Comme difficultés rencontrées, on a noté le refus de certains enquêtés de répondre aux questions, la méfiance des populations due au contexte sociopolitique qui prévalait, etc.

Les résultats obtenus portent d'abord sur la traite et les manifestations du phénomène.

Au sujet de la traite, l'étude a relevé qu'elle comprend diverses étapes. En premier lieu, il y a la pré-récolte. Au cours de celle-ci, le producteur procède au désherbage régulier, à l'élagage des branches indésirables ou à la réduction de la prolifération des capsides (insectes). Ensuite, à travers l'usage de produits phytosanitaires, il cherche à protéger les plantes contre leurs ennemis naturels comme les mirides ou capsides et les champignons (pourriture brune des cabosses). Cette pré-récolte est généralement marquée par un vaste mouvement migratoire vers les zones rurales et une intensification du travail agricole. La récolte proprement dite consiste en la cueillette des cabosses mûres, jaunâtres. Elle court d'octobre à janvier, pour la grande traite, et d'avril à juin, pour la petite. Dans la post-récolte, on procède à l'écabossage, à la fermentation, au séchage, au stockage primaire.

Après ce stockage, intervient la commercialisation des produits. A ce sujet, on relève, en premier lieu, la commercialisation intérieure. Elle porte sur les achats bord-champ et ceux effectués dans les centres de groupage et centres de conditionnement. Les acheteurs ici, sont les coopératives, les pisteurs et traiteurs individuels. Le circuit de la commercialisation extérieure est réservé aux entreprises exportatrices disposant de gros moyens financiers.

Concernant les manifestations de la criminalité lors de la traite, l'étude a montré que dans l'Indénié-Djuablin, les auteurs de crimes se composent de planteurs, d'acheteurs, de manœuvres et de forces de l'ordre. Ces individus ont entre 15 et 45 ans ; trois-quarts d'entre eux sont Ivoiriens. Les étrangers, en nombre marginal, sont issus des pays limitrophes (Burkina Faso, Mali, Ghana, Togo et Bénin). Dans cette région, de nombreux crimes sont commis lors de la traite, notamment : les coopératives fictives, les vols de produits, les exportations frauduleuses, la réfaction, la surcharge de véhicules de transport, l'exploitation d'enfants, les coupages de route, les attaques à main armée, les meurtres, les vols en réunion, les viols, la corruption et les tracasseries routières, les abus de confiance, le trafic de stupéfiants. Ces crimes augmentent d'intensité entre les mois d'avril et de juin, puis entre septembre et janvier. La première période correspond à la petite traite du cacao, et la seconde à la grande traite du café et du cacao. Par ordre décroissant, les personnes qui sont les plus victimisées sont : les planteurs, les acheteurs, les coopératives, les commerçants et les transporteurs.

Quant au mode opératoire des crimes, les données de l'étude ont révélé que, pour dépouiller leurs victimes, les criminels recourent à des complices qui leur fournissent assistance, informations, moyens matériels et financiers.

La contribution de ces complices est soit active, soit passive. Dans cette région, divers types d'armes détenues par des délinquants ont été saisies. On dénombre 14 armes légères de guerre (kalachnikovs, mitrailleuses, pistolets automatiques), 26 fusils de chasse (calibre 12), 200 armes blanches (machettes, couteaux, marteaux), 56 munitions de guerre, 6.692 munitions de chasse et 114 armes diverses (revolvers, canons sciés).

Dans le Nawa, les déviances sont le fait des acteurs de la filière (rabatteurs, pisteurs, acheteurs) et des individus non acteurs de la filière communément désignés sous l'appellation de bandits. En plus, on a les groupes d'autodéfense et les agents de forces publiques. Ces individus ont majoritairement entre 30 et 35 ans. Ils sont, dans une forte proportion, des ressortissants de pays voisins. Ils victimisent le plus souvent les acheteurs, les pisteurs et les planteurs. Ils commettent plusieurs crimes : coupages de routes, attaques à main armée, vols en réunion, meurtres, trafics de drogue, abus de confiance, corruption et tracasseries routières, viols, exploitation des enfants, surcharge des véhicules de transport, réfaction, exploitations frauduleuses et coopératives fictives. Ces crimes prennent de l'ampleur lors de la traite du café-cacao qui coïncide avec les fêtes de fin d'année ou de Pâques. Ils sont commis à l'aide de multiples armes : armes de guerre, armes de chasse, armes blanches.

A titre comparatif, mon travail montre que la principale similitude entre les deux régions est que, dans l'une comme dans l'autre, la criminalité croît pendant la période de traite.

S'agissant des divergences, l'étude montre que, dans l'Indénié-Djuablin, prédomine la criminalité astucieuse, alors que dans le Nawa, c'est la criminalité violente qui est beaucoup plus prégnante.

Concernant les facteurs explicatifs du phénomène, l'étude a révélé, en premier lieu, les faiblesses des institutions de contrôle social (laxisme des forces publiques, porosité des frontières, racket et tracasseries routières, difficultés d'insertion socioprofessionnelle). En second lieu, il y a l'environnement criminogène en période de traite (forte circulation d'argent, faible bancarisation et usage ostentatoire des avoirs, etc.). En outre, il y a la faiblesse des prix d'achat des produits agricoles qui induit la paupérisation des populations. Cette faiblesse est due au dysfonctionnement de la filière café-cacao.

Dans l'explication des spécificités de la criminalité dans chaque zone, les investigations ont fait ressortir que dans l'Indénié-Djuablin, il y a une multiplicité des occasions de fraude due à la proximité de la frontière, à l'influence de la chefferie traditionnelle sur l'appareil judiciaire, aux liens affectifs et de parenté entre auteurs et victimes. Tous ces facteurs font que le criminel dans cette zone est moins violent et s'adonne beaucoup plus à la criminalité astucieuse.

En revanche, dans le Nawa, il y a une forte présence d'étrangers, de sorte qu'il y a peu de filiation entre le délinquant et la personne à laquelle il s'attaque. La prolifération des armes rend aisée leur acquisition. L'intense circulation des drogues favorise leur consommation par les infracteurs avant leur passage à l'acte. Toutes ces réalités favorisent une criminalité violente dans cet espace.

Au sujet des impacts du phénomène, l'étude montre qu'au niveau psychologique la criminalité crée chez la population une psychose, un sentiment d'insécurité. Cela fait qu'elle devient très circonspecte et méfiante. Ces sentiments amènent certains acteurs de la filière à réduire leur mobilité, à délocaliser ou à fermer leur boutique. Au niveau de la collectivité, l'ampleur de la criminalité provoque des suspicions qui fragilisent la cohésion sociale. Cette ampleur est aussi à la base de la mise sur pied des groupes d'autodéfense qui versent à leur tour dans la déviance : extorsions de fonds, séquestrations des usagers de la route, vols. Le système judiciaire ne bénéficie cependant pas de la collaboration de la population, de peur de subir des représailles. D'ailleurs, ce système est soupçonné d'être corrompu. Au niveau économique, la hausse des frais d'acheminement des produits entraîne l'achat des récoltes à bas prix, ce qui réduit considérablement les revenus des producteurs. Ceux-ci s'engagent donc dans des tontines ou des prêts aux taux d'intérêt prohibitifs.

Pour réduire tous ces problèmes, d'une part, il faut redynamiser le système de commercialisation du cacao et du café. Dans cette optique, il convient de mettre fin à l'existence d'acheteurs individuels, de rendre gratuit ou moins cher l'ensachement, de mettre en place un organe itinérant de contrôle des poids, de fixer des prix bord champ en tenant compte de celui pratiqué au Ghana, de désenclaver les zones de production. Enfin, il importe d'organiser les planteurs pour qu'ils aient des comptes en banque et bénéficient de prêts bancaires.

D'autre part, il faut optimiser la lutte contre les conduites déviantes liées à la traite. Dans ce cadre, il convient de mettre en place une unité spécialisée dans la lutte contre la criminalité transfrontalière, doter les zones productrices de brigades de gendarmerie et de commissariats de police, en tenant compte de leurs spécificités géographiques, démographiques et sociologiques. En plus, le recours à des spécialistes et professionnels de la sécurité et la mise sur pied d'une police des polices sont souhaitables. Enfin, il faut arrêter la circulation des stupéfiants et des armes légères.

BIBLIOGRAPHIE

PREMIERE PARTIE

AILLET Véronique, LE QUEAU Pierre et OLM Christine, « De l'anomie à la déviance : réflexions sur le sens et la mesure du désordre social », *Cahier de recherche,* n°145, Paris, CREDOC, 2000.

ALLAH Isidore S, *Café-cacao pour une refondation de la filière,* Côte d'Ivoire, Editions du cacao (UCCI), 2006.

BABO Alfred, DROZ Yvan, « Conflits fonciers. De l'ethnie à la nation : rapports interethniques et « ivoirité », *Cahier d'études africaines,* n°192, Paris, EHESS, 2008.

BACHELARD Gaston, *Le nouvel esprit scientifique*, Paris, PUF, 1991.

BACHELORA et JOSHI Purushottan, *La méthode phénoménologique de recherche en psychologie,* Québec, Les presses de l'Université Laval, 1986.

BAILES Matthew,"Pulsars: Problems and Progress", IAU, Johnston, San Francisco, 1996.

BAREL Yves, *La marginalité sociale,* Grenoble, PUF, 1979.

BEAULIEU Julie, *Victimisation par les pairs à l'école et dépression à l'adolescence : une étude franco-québécoise,* Québec, Université Laval, 2007.

BECKER Howard, *Outsiders : Études de sociologie de la déviance,* traduit de l'anglais par Briand J-P et Chapoule J-M, Paris, Editions A-M. Métailié, 1985.

BENICOURT Emmanuelle, « Etudes rurales », *La pauvreté selon le PNUD et la Banque mondiale », http://www.cairn.info/revue-etudes-rurales-2001-3-page-35.htm,* consulté le 20 juillet 2013.

BERISTAIN Antonio, *Protagonismo de las victimas de hoy y manana (Evolucion en el campo juridico, penal, prisional y élico),* Valencia, tirant lo blanch, 2004.

BESNARD Philippe, *L'anomie, ses usages et ses fonctions dans la discipline sociologique depuis Durkheim,* Paris, PUF, 1987.

BOUDON Raymond et BOURRICAUD François, *Dictionnaire Critique de la Sociologie,* Paris, PUF, 2004.

BOULAY Alain, *Victimes de l'image à la réalité,* Paris, L'Harmattan, 2003.

BRASSARD Renée, « Les coups de l'itinérance : une étude sur la victimisation criminelle du point de vue des itinérants », in *Les cahiers de recherches criminologiques,* n°34, Montréal, Centre de recherche de criminologie comparée, 2002.

BRUCKERT Chris, PARENT Colette, « La traite » des êtres humains et le crime organisé : Examen de la Littérature », http:www.rcmp-grc.gc.ca/pubs/ccaps-spcca/pdf/traffick-fra.pdf, accès le 21 septembre 2008.
CARIO Robert, « Les victimes et la médiation pénale en France » in *Justice réparatrice et médiation pénale,* Montréal, L'Harmattan, 2003.
CHANTRAINE Gilles, *Par-delà les murs : Expériences et trajectoires en maison d'arrêt,* Paris, PUF/Le Monde, 2004.
CHOLLET Mona, « La critique de la victimisation : une dévalorisation de revendications légitimes », *Les droits des victimes d'infraction,* Paris, La Documentation française, 2007.
CIRES, *Commercialisation du café-cacao en Côte d'Ivoire*, Abidjan, 2012.
COLLET Bete, *Modes d'intégration nationale et mariage mixte en France et en Allemagne : à propos d'un processus de construction de comparaison internationale*, Paris, CNRS, 2003.
COSLIN Pierre G, *Psychologie de l'adolescent,* Paris, Armand Colin, 2013.
COSLING. Pierre, *Les adolescents devant les déviances. Psychologie d'aujourd'hui*, Paris, PUF, 1996.
CROZIER Michel, « La transformation des modes de contrôle social et la crise des régulations traditionnelles », *La Revue Tocqueville,* n°1, Toronto, Presses Universitaires, 1980.
CUSSON Maurice, *Délinquants pourquoi,* Paris, Dalloz, 1987.
CUSSON Maurice, *Le contrôle social du crime*, *La défense sociale nouvelle,* Paris, Cujas, 1966.
CUSSON Maurice, *Le contrôle social du crime,* Paris, PUF, 1983.
CUSSON Maurice, « Déviance », *Traité de sociologie,* Paris, PUF, 1992.
DELMAS-MARTY Mireille, *Modèles et mouvements de politique criminelle,* Paris, Economica, 1983.
DEMUYLDER Régis, « Pauvreté et développement. Réflexion sur des indicateurs », ATD Quart Monde, http://www.atd-quartmonde.be/lodel/index.php?id=287, consulté le 31 juillet 2013.
DEROCHE-GURCEL Lilyan, *La Sociologie de Georg Simmel,* Paris, PUF, 2002.
DONATI Pierpaolo, *« La relation comme objet spécifique de la sociologie ».*
DONNEDIEUH de Vabres, *Précis de droit criminel,* Paris, Dalloz, 1953.
DORVIL Henri, MAYER Robert, Problèmes sociaux : *Théories et méthodologies*, Québec, Presses de l'Université du Québec, 2003.
DOYON Brigitte et BUSSIERES Martin, *Recherche sur la criminalité et la délinquance: une distinction selon le sexe,* Laval, Université Laval, 1999.
DURKHEIM Emile, *Le suicide,* Paris, PUF, 1897.
FATTAH Abdel Ezzat, « La victimologie : entre les critiques épistémologiques et les attaques idéologiques », in *Déviance et société*, vol.5, n°1, 1981, pp. 71-92.
FERREOL Gilles, *Dictionnaire de sociologie,* Paris, Armand Colin, 2002.
FILLIEULE Renaud, *Sociologie de la délinquance,* Paris, PUF, 2001.

FMI, *Rapport d'étape sur la stratégie de réduction de la pauvreté,* Côte d'Ivoire, 2009.
FRECHETTE Marcel et LEBLANC Marc, *Délinquance et délinquants,* Chicoutimi, Gaétan Morin, 1987.
GBAGBO Michel, *Réintégration sociale des personnes ayant souffert de maladie mentale à Abidjan,* Abidjan, PUCI, 2009.
GHIGLIONE Rodolphe, MATALON Benjamin, *Les enquêtes sociologiques : théories pratiques,* Paris, Armand Colin, 1978.
GRAWITZ Madeleine, *Méthodes des sciences sociales,* Paris, Dalloz, 1986.
GUERIN Suzanne, Eilis HENNESSY, *Aggression and bullying*, Oxford, Paperback, 2002.
HOUEDJISSIN Arnaud M., *Les victimes devant les juridictions pénales internationales,* Grenoble, Université de Grenoble, 2011. http:www.scienceshumaimes.com/les-pauvres-1908_fr_25715.html, consulté le 31 juillet, 2013.
KIMOU Jean-Claude, *Politique publique de dissuasion de la criminalité en Côte d'Ivoire,* Abidjan, Université de Cocody, 2006.
KOFFI Sie, *Les Agni-Diabè : Histoire et Société,* Paris, Université de Paris, 1976.
KOUDOU Opadou, « Insécurité urbaine, analyse criminologique et prévention situationnelle intégrée », *Revue africaine de Criminologie*, n°2, Université de Cocody, Abidjan, EDUCI, 2009.
LAPERRIERE Hélène, *Promenades montréalaises*, Québec, Fides, 2003.
LAZERGES Christine, « La politique criminelle », *Que sais-je ?,* n°2.356, Paris, PUF, 1983.
LEBLANC Marc, *La rééducation évaluée,* Préface de Gilles Gendreau, Montréal, Éditions Hurtubise HMH, 1983.
LEHALLES Sandra, *Le contrôle social des établissements de détention : le cas de la France et du Canada*, Thèse, Montréal, Université de Montréal, 2006.
LOUBET DEL BAYLE Jean Louis, *Police et Politique : une approche sociologique,* Paris, L'Harmattan, 2006.
MARCHANDA Alain, « L'analyse quantitative des données hiérarchiques avec les modèles multi-niveaux », *Problèmes sociaux : théories et méthodologies*, Québec, Presses de l'Université du Québec, 2001.
MAUSS Marcel, *Manuel d'ethnographie,* Paris, Editions Sociales, 1926.
MBOUGUENG Valentin, « Côte d'Ivoire, le vrai prix du cacao », *Jeune Afrique* n°1969, 1998.
MOLENAT Xavier, Sciences Humaines, Hors-série, 18.
MPALA Abbé, *La dialectique comme méthode de recherche scientifique*, Lubumbashi, 2001.
NAMIAN Dahlia, GRIMARD Carolyne, « Pourquoi parle-t-on de sérendipité aujourd'hui ? Conditions sociologiques et portée heuristique d'un néologisme barbare », *Revue de sociologie,* Paris, Flammarion, 2013.

N'DA Paul, *Méthodologie de la recherche : de la problématique à la discussion des résultats,* Abidjan, EDUCI.
OUELLET Patrice, *Matériaux pour une théorie générale des problèmes sociaux : le développement régional réinterprété,* Montréal, Université de Montréal, 1998.
PERETZ Henry, *Les méthodes en sociologie : l'observation,* Paris, La Découverte, 2007.
PICCA George, *La Criminologie,* Paris, PUF, 2009.
PIGNOUX Nathalie, *La réparation des victimes d'infractions pénales,* Université de Pau et des pays de l'Adour, 2007.
PIPARD Olivier, GRANE Jean, « L'expérience de l'observation en bureau d'étude », *User, observer, programmer et fabriquer l'espace public*, Lausanne, Presses Polytechniques et Universitaires Romandes, 2001.
PITRE-JOYA Gabrielle L, *Victimisation par les pairs et idées suicidaires chez les adolescents : Rôle médiateur de la dépression et de l'estime de soi,* Québec, Université Laval, 2010.
QUELOZ Nicolas, « Lien social et conformation des individus. Examen critique », *Déviance et Société*, Zurich, Rüegger, 1989.
RAULET-CROSET Nathalie, « La méthode ethnographique appliquée aux ressources humaines » : *Encyclopédie des ressources humaines,* Paris, Vuibert, 2003.
REBOTIER Julien, *La rencontre dans la comparaison : outils, approches et concepts*, Montréal, INRS-UCS, 2010.
Revue du MAUSS, n°24, Paris, La Découverte, 2004.
ROLAND Eric, *Bullying the Scandinavian tradition* in D. Lane, Stoke-on-Trent, Trentham, 1989.
RUF François, *Booms et crises du cacao : Les vertiges de l'or brun,* Ministère de la coopération, Paris, CIRAD-SAR et Karthala, 1995.
SARGE Marie-Noëlle, *Approche systémique de la marginalité sociale,* Communication au VIème Congrès de l'Union Européenne de Systémique, Paris, LADYSS, 2005.
SAVOIE-ZAJC Lorraine, « L'entrevue semi- dirigée », *Recherche sociale : de la problématique à la collecte des données,* Québec, Presse Universitaire du Québec, 2003.
SAWADOGO Elza Sandrine, *Conflit foncier à Soubré. Baoulé et Burkinabé veulent cohabiter dans la paix,* Burkina Faso, Fasozine/Yallafrica, 2012.
SELOSSE Jacques, *Adolescence, violences et déviances : 1952-1995,* Pain, Matrice, 1997.
SERHAN Nasser, *Le départ précipité des Libanais de Céchi (Côte d'Ivoire).*
SIMMEL Georg, *Les pauvres,* Paris, PUF, 1998.
SISSOKO, GOH, AGBADOU, *La traite et les pires formes de travail des enfants dans les plantations de café-cacao en Côte d'Ivoire. La situation dans les départements d'Abengourou et Oumé*, Abidjan, LITTE-GTZ, 2005.

SUTHERLAND Edwin, *Le voleur professionnel : déviance et criminalité*, Paris, Armand Colin, 1970.
SZABO Denis, « Les délits politiques et leur mode de répression législative », *Terrorisme et justice, entre la liberté et l'ordre : le crime politique*, Montréal, Les Editions, 1970.
VAILLANT P. Gérard Nicolas, *Des comportements criminels et de leur dissuasion : une analyse économique de la violence et de la ruse. Aspects théoriques et modélisation criminométrique à partir de données de panel françaises*, Reims, Université de Reims Champagne-Ardenne, 2004.
VIGOUR Cécile, *La comparaison dans les sciences sociales : pratiques et méthodes*, Paris, La Découverte, 2005.
WEMMERS Jo Anne, *Introduction à la victimologie*, Montréal, PUM, 2003.
Xénophobie, difficultés économiques ou autres motifs, Paris, L'Harmattan, 2003.
YAPI Affou et TANO Kouadio, « La boucle du cacao en Côte d'Ivoire : une situation migratoire inversée », *Migrations, changements sociaux et développement*, 1991, pp. 307-315.
ZAUBERMAN R, « Sources d'informations sur les victimes et problèmes méthodologiques dans ce domaine » *Recherches sur la victimisation*, Conseil de l'Europe, CESDIP, 1985.
ZIMA Pierre, *Manuel de sociocritique : Logiques sociales*, Paris, L'Harmattan, 2000.

DEUXIEME PARTIE

AMIRI Sid, GHELBER Xavier, *Etude-diagnostic des organisations et des procédures de la filière café-cacao de Côte d'Ivoire*, Bruxelles, European Consultants Organisation, 2006.
BABO Alfred, *L'étranger en Côte d'Ivoire. Crises et controverses autour d'une catégorie sociale*, Paris, L'Harmattan, 2013.
BANEGAS Richard, *Reconstruction post-conflit, violence et politique en Côte d'Ivoire*, Dossiers du CERES, 2012.
BOMO Ange, « Commercialisation frauduleuse du cacao ivoirien : le trafic illégal vers le Ghana s'est accentué », *L'Expression*, n°607 du 17/08/2011.
BONETON Marceline, « Vente du cacao au Ghana : la Côte d'Ivoire perd plus de dix milliards », *Notre Voie*, n°4003 du 08/12/2011.
BONJEAN Araujo, CHAMBAS Gérard, *Impact du mode d'organisation des filières agroalimentaires sur la pauvreté : la filière cacao en Côte d'Ivoire*, Paris, Clermont-Ferrand, 2001.
BORIS Jean Pierre, *Commerce inéquitable : le roman noir des matières premières*, Paris, Hachette, 2005.
COULIBALY Yacouba, *L'évaluation de programme au Ministère du Développement économique, de l'innovation et de l'exportation (MDEIE) : le cas des Centres collégiaux de transfert de technologie (CCTT).* Rapport de

stage présenté à I'ENAP, en vue de l'obtention de la Maîtrise en Administration publique. Option pour analyste (évaluation de programmes), École Nationale d'Administration Publique, Québec, 2011.
De SAVANNAH Tessières, *Enquête nationale sur les armes légères et de petit calibre en Côte d'Ivoire,* Genève, Institut universitaire de Hautes études internationales et du développement, 2012.
GOURDON Alain, *Etude-diagnostic des organisations et des procédures de la filière café-cacao de Côte d'Ivoire,* Bruxelles, Cabinet ECO, 2006.
GUILLAUMONT Patrick, PUECH Frédéric, *L'instabilité macroéconomique comme facteur de criminalité*, Paris, CERDI, 2005.
KISSY Joseph, « Côte d'Ivoire : le Moyen-Comoé, la région la plus infectée du pays : comment des professionnels du sexe opèrent dans la zone », *Trait d'Union* n°21du lundi 06/2012, p. 3.
KOUAME Euphrasie Ben, « Gestion de la filière café-cacao en Côte d'Ivoire, bilan et perspectives », *Les conditions économiques de l'indépendance à l'ère de la mondialisation, mythes et réalités en Afrique de l'Ouest,* Paris, L'Harmattan, 2011.
RUF François, AGKPO J., *Etude sur le revenu et les investissements des producteurs de café et de cacao en Côte d'Ivoire*, UE, Agrisystems Consortium, 2008.
TOURE Apalo Alexandre, *La criminalité liée à la traite du café-cacao dans la région du Moyen Comoé*, Université de Cocody, UFR Criminologie, 2008.
VIMARD Patrice, LEONARD Eric, *Crises et recompositions d'une agriculture pionnière en Côte d'Ivoire : dynamiques démographiques et changements économiques dans le Bas-Sassandra,* Paris, Karthala, 2005.

TROISIEME PARTIE

BACH Daniel C., « Intégration et régionalismes : le renouvellement des problématiques », *Intégration et régionalismes,* Talence, CEAN, 1994.
BANQUE MONDIALE, *L'Afrique subsaharienne : de la crise à une croissance durable,* Washington D.C, 1989.
BARIL Micheline, MORISSETTE Anne, *Les victimes et la prévention du vol à main armée,* Université de Montréal, Centre international de criminologie comparée, 1985.
BARIL Micheline, *L'envers du crime,* Paris, L'Harmattan, 2002.
BENNAFLA Karine, « La fin des territoires nationaux ? État et commerce frontalier en Afrique Centrale », *Politique africaine,* n°73, Paris, Karthala, 1999.
BLAIS Etienne, BEAUDOIN Isabelle, « Vers une théorie générale de la peine : un modèle conceptuel appliqué à la prévention de la conduite avec facultés affaiblies », *Actes du colloque,* Montréal, Centre international de criminologie comparée, 2007.

CHAUVEAU J-P, « Question foncière et construction nationale en Côte d'Ivoire : Les enjeux silencieux d'un coup d'État », in : Côte d'Ivoire, la tentation ethnonationaliste, *Politique africaine,* n°78, Paris, Karthala, 2000.
CUSSON, DUPONT, LEMIEUX, *Traité de sécurité intérieure,* Lausanne, Presses polytechniques et universitaires romandes, 2008.
DARLEY Aurélie Mathilde, *La lutte contre la traite des femmes en provenance d'Europe de l'Est. Constitution d'un enjeu international de politique publique et observation de la mise en œuvre dans les pays baltes,* Paris, Institut d'études politiques, 2004.
De TINGUY Anne, « Europe, ouvertures à l'Est », *La lutte contre la traite des femmes en provenance d'Europe de l'Est,* Paris, Institut d'études politiques.
DOYON B., BUSSIERES M., *Recherche sur la criminalité et la délinquance : une distinction selon le sexe*, Laval, Université de Laval, 1999.
EHRLICH Isaac," Participation in Illegitimate Activities: A Theoretical and Empirical Investigation", *Journal of Political Economy* n°3, 1973, pp. 521-565.
ESSO Lœss Jacques, « Dynamique des recettes du café et du cacao en Côte d'Ivoire ». *Bulletin de Politique Economique et Développement (BUPED),* Abidjan, CIRES, 2009.
FALL Abdou Salam, « Enjeux et défis de la migration internationale de travail ouest-africaine », *Cahiers de migrations internationales* n°62 Genève, Bureau international du Travail, 2003.
FELSON Marcus, van DIJK J-M, « La théorie des opportunités et l'erreur de généralisation », *Criminologie*, n°2, Montréal, PUM, 1993.
GOURDON A, *Etude-diagnostic des organisations et des procédures de la filière café-cacao de Côte d'Ivoire,* Bruxelles, Cabinet ECO, 2006.
GRELL P., « Le sentiment d'aliénation comme opérateur de mouvance : réflexion à partir d'expériences de vie de jeunes en situation précaire », *Sociologie et sociétés*, n°1, Montréal, PUM, 2002.
IGUE John O, SOULE B, *L'État-entrepôt au Bénin : Commerce informel ou solution à la crise,* Paris, Karthala, 1992.
IGUE John Ogunsola, *Le territoire et l'État en Afrique : Les dimensions spatiales du développement,* Paris, Karthala, 1995.
MICHEL Joubert ,*Trafic de drogues et modes de vie,* Paris, CNRS, 1994.
MUCCHIELI Laurent, « La déviance : normes et transgression, stigmatisation », *Approches sociologiques de la déviance*, Bruxelles, UFAPEC, 1999.
RICO José, « Notes introductives à l'étude de la criminalité des affaires », in *Criminologie,* n°1, Montréal, PUM, 1977.
SOLANO Catherine, de SUTTER Pascal, *La mécanique sexuelle des hommes : Petit traité du savoir éjaculer en plus de trente secondes et moins de deux heures,* Paris, Robert Laffont, 2011.

TENAERTS Marie-Noëlle, *Approches sociologiques de la déviance*, Bruxelles, UFAPEC, 2008.
YEBOUET Henry, « La Côte d'Ivoire au lendemain de la crise postélectorale : entre sortie de crise politique et défis sécuritaires », *Sécurité et stratégie : sécurité à l'international*, vol.3, n°7, 2011, pp 22-32.

ANNEXE : LISTE DES CARTES, TABLEAUX ET FIGURES

I. LISTE DES CARTES

II. LISTE DES TABLEAUX

III. LISTE DES FIGURES

TABLE DES MATIERES

Côte d'Ivoire aux éditions L'Harmattan

Dernières parutions

LE FORFAIT SANITAIRE AU SECOURS DE LA COUVERTURE MALADIE UNIVERSELLE EN CÔTE D'IVOIRE
Robé Donatien
Avec la contribution de Serge Blafond - Préface de René Hokou Légré
Ce livre traite de l'accès des Ivoiriens aux soins de santé. Il fait un inventaire de toutes les politiques de santé initiées en Côte d'Ivoire depuis l'indépendance en 1960 à ce jour, notamment le projet de couverture maladie universelle (CMU) en voie de mise en œuvre depuis l'accession au pouvoir d'Alassane Ouattara. L'auteur, critique vis-à-vis de ce projet, met en exergue ses failles techniques dans le mode de financement, la gestion du risque maladie et la maîtrise des dépenses, non sans pointer du doigt ses insuffisances sur le plan de l'équité, de l'égalité face à la maladie et de la solidarité nationale.
(Coll. Points de vue, 12.50 euros, 116 p.)
ISBN : 978-2-343-09723-7, ISBN EBOOK : 978-2-14-001515-1

LA CÔTE D'IVOIRE ET SES ÉTRANGERS
Viti Fabio
Cet ouvrage travaille sur la question de la présence et du rôle des étrangers en Côte d'Ivoire. Le discours public autour de cette question y est analysé, ce qui permet de dégager une typologie de l'État et de la société ivoirienne. Véritable «société de sociétés», où différents rapports aux figures plurielles d'étrangers coexistent, la Côte d'Ivoire nous est présentée sous un jour différent. Un ouvrage collectif qui affine et complexifie le regard.
(Coll. Études africaines, 28.00 euros, 278 p., Illustré en noir et blanc)
ISBN : 978-2-343-08366-7, ISBN EBOOK : 978-2-14-001437-6

LES MIGRANTS ENVIRONNEMENTAUX EN CÔTE D'IVOIRE
Quels droits, quelles protections ?
Gallon Kémonthé Marius-Jonas
Après un examen des instruments et mécanismes internationaux et régionaux, des politiques gouvernementales et des données factuelles recueillies sur le terrain, l'auteur propose une esquisse de solutions efficaces et durables pour une meilleure garantie des droits des migrants environnementaux.
(Coll. Afrique : politiques publiques, sécurité, défense, 18.50 euros, 178 p.)
ISBN : 978-2-343-09149-5, ISBN EBOOK : 978-2-14-001409-3

LA MODERNISATION DE L'ADMINISTRATION PUBLIQUE EN CÔTE D'IVOIRE
Politiques de réforme de la fonction publique (1957-2015)
Yao Wozanhou Benjamin - Préface de Dominique Bangoura
Cet ouvrage est une contribution au débat sur la modernisation de l'État en Afrique. L'auteur se demande si les réformes administratives menées en Côte d'Ivoire depuis près de six décennies y

ont contribué. Ce livre consiste à identifier les principes et les conditions de toute administration moderne et à relever les limites des réformes entreprises en Côte d'Ivoire.
(Coll. Afrique : politiques publiques, sécurité, défense, 18.00 euros, 174 p.)
ISBN : 978-2-343-09148-8, ISBN EBOOK : 978-2-14-001400-0

L'ALCOOL EN CÔTE D'IVOIRE
Histoire, usage et signification
Brou Konan Denis - Préface du Professeur Opadou Koudou
Avec l'indépendance de la Côte d'Ivoire en 1960, l'alcoolo-dépendance qui a pris naissance en 1946 semble gagner toutes les strates sociales. L'on assiste résolument à un alcoolisme de type moderne, occidental, dont les avatars se font de plus en plus sentir sur les rapports sociaux. Pour en atténuer l'acuité, l'auteur pense que l'on doit désormais considérer l'alcoolo-dépendance comme un problème de santé publique ; introduire l'enseignement de l'alcoologie à l'école ; instituer de façon formelle l'injonction thérapeutique ; veiller à la répartition équitable des richesses du pays.
(Harmattan Côte-d'Ivoire, 21.50 euros, 212 p.)
ISBN : 978-2-343-09700-8, ISBN EBOOK : 978-2-14-001583-0

LES PRIX DE TRANSFERT DANS L'INDUSTRIE DES MATIÈRES PREMIÈRES STRATÉGIQUES EN CÔTE D'IVOIRE
Aspects juridiques, fiscaux et économiques
Kouame Noel-Faustin - Postface de Abdourahmane Cissé
A partir de l'exemple du café et du cacao, secteur dans lequel la Côte d'Ivoire est leader mondial en termes d'exportations, ce livre vise à démontrer que l'arsenal fiscal ivoirien qui a fait florès hier semble devenu aujourd'hui obsolète, dépassé et incapable de répondre aux défis d'une économie désormais globalisée. L'analyse purement juridique des problématiques d'évaluation des échanges intragroupes devrait nécessairement céder le pas à une analyse économique du droit, moins dogmatique et plus pragmatique.
(39.00 euros, 422 p.)
ISBN : 978-2-343-07482-5, ISBN EBOOK : 978-2-14-001386-7

ANALYSES EN GRAMMAIRE FRANÇAISE
Pour une approche rénovée dans l'enseignement en Afrique
Adopo Achi Aimé - Préface de François Adopo Assi
L'auteur rappelle quelques méthodes et principes d'analyse en grammaire pour expliquer certaines vérités grammaticales et montre ainsi comment s'approprier ces méthodes et ces principes d'analyse pour identifier correctement les mots, groupes de mots et propositions, ainsi que leurs fonctions dans la phrase. Il remet par ailleurs en question certaines analyses grammaticales traditionnelles devenues des «vérités éternelles» et fait des propositions novatrices.
(Harmattan Côte-d'Ivoire, 22.50 euros, 218 p.)
ISBN : 978-2-343-07813-7, ISBN EBOOK : 978-2-14-001517-5

POLITIQUE OU GUERRE DES ESPRITS EN CÔTE D'IVOIRE
Gueu Denis
La dynamique politique et démocratique en Afrique noire, et en Côte d'Ivoire en particulier, se manifeste dans la passion, avec pour décor la violence, le fétichisme, la sorcellerie. Il s'agit d'un combat non démocratique caractérisé par la négation de l'adversaire par tous les moyens occultes. Cet ouvrage interpelle la conscience collective ivoirienne, en vue d'adhérer à une démocratie constructive avec des projets crédibles sans hypocrisie, en vue d'une cohésion sociale durable.
(Coll. Harmattan Côte-d'Ivoire, 11.00 euros, 72 p.)
ISBN : 978-2-343-07173-2, ISBN EBOOK : 978-2-336-39409-1

SI LA CÔTE D'IVOIRE RENONÇAIT AU MODÈLE DÉMOCRATIQUE FRANÇAIS
Zra-Bi Claude
Un refrain parcourt cette œuvre : renonçons en Côte d'Ivoire à la démocratie républicaine française. Que chaque groupe ethnique (ou région) choisisse son représentant. Et tous les représentants choisissent parmi eux un président pour un mandat de 5 ou 7 ans, non renouvelable

mais tournant. Et les représentants de chaque région siégeront comme des vice-présidents, attendant, chacun, son tour de gouverner. Cette politique préserve l'identité des ethnies évitant ainsi l'immixtion de prédateurs politiques ou économiques dans le débat politique interne. Utilisons ce modèle et non la République qui met au rebut le camp adverse.
(Coll. Harmattan Côte-d'Ivoire, 12.50 euros, 98 p.)
ISBN : 978-2-343-07793-2, ISBN EBOOK : 978-2-336-39706-1

CÔTE D'IVOIRE, ALASSANE OUATTARA ET LES DROITS DE L'HOMME
Diaby Moustapha Ben Ismaïla - Préface de Diaby Moussa Abdoul Kader
Les droits de l'Homme en Côte d'Ivoire et l'action d'Alassane Ouattara dans ce domaine constituent une question cruciale. Quelle orientation voudrait-on donner aux droits de l'Homme en Côte d'Ivoire aujourd'hui ? La construction d'un État démocratique devra être fondée sur la promotion des droits de l'Homme, cela à travers la recherche des objectifs de développement, qui ne vont pas sans le respect des droits fondamentaux de l'homme. Ce livre essaie d'analyser les avancées constatées dans la construction d'un espace démocratique et d'exercice des droits de l'Homme en Côte d'Ivoire.
(Coll. Harmattan Côte-d'Ivoire, 18.00 euros, 170 p.)
ISBN : 978-2-343-07044-5, ISBN EBOOK : 978-2-336-39443-5

IDÉOLOGIE, CONSCIENCE ET COMBAT POLITIQUE EN AFRIQUE
Koné Katinan Justin - Préface de Lazare Koffi Koffi
Faisant suite à son premier ouvrage *Côte d'Ivoire, L'audace de la rupture*, Justin Koné Katinan montre qu'il est un citoyen libre et qu'il a pleine conscience de l'histoire. Il s'inscrit à la suite des devanciers de la lutte, particulièrement du président Gbagbo, victime du néocolonialisme. Il appelle à un sursaut nationaliste et panafricaniste.
(Coll. Afrique liberté, 26.00 euros, 262 p.)
ISBN : 978-2-343-07691-1, ISBN EBOOK : 978-2-336-39507-4

CÔTE D'IVOIRE
Du chaos à la renaissance – Derniers assauts contre la souveraineté
Kouame Bibli Robert-Jonas - Préface de Lazare Koffi Koffi
En Côte d'Ivoire, s'oppose depuis des années les nostalgiques de la soumission à l'Occident et à la France et les défenseurs de la refondation du pouvoir et du combat pour les libertés. Entre les deux positions, le fossé reste abyssal. Mais, malgré les fractures, bouleversements et atteintes au respect de l'humanité, l'auteur reste optimiste quant à la restauration d'une République de Côte d' Ivoire, démocratique et jalouse de sa souveraineté.
(Coll. Afrique liberté, 25.00 euros, 248 p.)
ISBN : 978-2-343-07692-8, ISBN EBOOK : 978-2-336-39506-7

RÉFLEXIONS SUR LA CÔTE D'IVOIRE
Yahot Christophe - Préface de Gisèle Dutheuil
Réfléchir sur la Côte d'Ivoire d'aujourd'hui nous permet de présenter un certain nombre de réalités et de pratiques qui interpellent à la fois les politiques, les décideurs et la société civile. Les sujets abordés, d'ordre politique, social, culturel, économique, spirituel sont une invitation adressée à tous les citoyens, acteurs directs ou indirects de la construction d'une société moderne articulée autour de certains principes et valeurs, notamment républicains.
(Coll. Harmattan Côte-d'Ivoire, 26.00 euros, 258 p.)
ISBN : 978-2-343-07897-7, ISBN EBOOK : 978-2-336-39692-7

ONE REPUBLIC, TWO PRESIDENTS
My cry of heart for Côté d'Ivoire
Dandi Lou Amanan Hélène – Préface Georges Alula
This book features the testimony of a humanitarian worker who witnessed the aftermaths of war : Dandi Lou saw danger coming and tried to thwart it from exploding in Côté d'Ivoire, preaching peace to all the politicial leaders of her country and those who claimed to be heirs of late President Houphouet-Boigny. Yet, it did not save the country from burning since these

leaders found nothing better than make fun of her. Called «the cry baby», she decided to write this book to yearn for peace and a renewed and united country, land of opportunities and welfare for all the Ivorian people.
(Coll. Harmattan Côte-d'Ivoire, 30.00 euros, 294 p.)
ISBN : 978-2-343-07732-1, ISBN EBOOK : 978-2-336-39618-7

LA CÔTE D'IVOIRE DE NOTRE RÊVE
Comment peut-elle éclore ?
N'Guettia Kouassi René
Cet ouvrage aide à mieux appréhender l'essentiel des vertus cultivées et enseignées par Félix Houphouët-Boigny, qui a fait de la recherche permanente de la paix et de l'unité nationale, la clé de voûte de sa politique de développement. Ce livre offre donc aux Ivoiriens, et particulièrement à la classe politique, une boîte à outils dans laquelle elle peut puiser des ressources pour consolider le pacte républicain ou le contrat pour le «vivre ensemble», et servir d'aiguillon à la pratique de la bonne gouvernance politique et économique.
(Coll. Études africaines, 17.50 euros, 160 p.)
ISBN : 978-2-343-06634-9, ISBN EBOOK : 978-2-336-39300-1

POURQUOI FAUT-IL LIBÉRER LAURENT GBAGBO ?
Pour une vraie réconciliation en Côte d'Ivoire
Kouamé Séraphin Sky
Pour l'auteur, le maintien de Laurent Gbagbo en prison à la Haye ne peut servir à rien d'autre qu'à raviver les tensions et à retarder la réconciliation entre les Ivoiriens. Que l'on soit du côté du pouvoir, de celui de l'opposition ou de la société civile, cette situation interpelle tout le monde. C'est pourquoi l'auteur invite tous les Ivoiriens, tous les partis politiques et surtout les présidents Bédié et Ouattara à s'impliquer activement dans cette cause. Dans l'intérêt supérieur de la Côte d'Ivoire.
(Harmattan Côte-d'Ivoire, 8.00 euros, 48 p.)
ISBN : 978-2-343-07424-5, ISBN EBOOK : 978-2-336-39307-0

LE CHEF DE L'ÉTAT QUI A PERDU LE NORD DE LA CÔTE D'IVOIRE
Cla Charles
Ce livre est le récit des faits marquants parfois pathétiques qui ont jalonné la vie publique en Côte d'Ivoire durant plus d'une décennie; et il répond à la question : «Qu'est-ce qui a pu réellement se passer pendant cette dernière décennie en Côte d'Ivoire, dans ce pays autrefois paisible, pour conduire à la guerre et son chef d'État devant la Cour pénale internationale ?
(Harmattan Côte-d'Ivoire, 16.50 euros, 148 p.)
ISBN : 978-2-343-07196-1, ISBN EBOOK : 978-2-336-39332-2

LE MORONOU, TERRE MÉCONNUE DE CÔTE D'IVOIRE
Géographie, Agriculture et Sociétés
Ekanza Simon-Pierre
Le Moronou est un grand méconnu sur le territoire ivoirien. L'ouvrage est consacré à l'aspect physique, à la société et à l'économie du Moronou ancien, cette période de son histoire antérieure à l'intrusion européenne. Outre la nature et la qualité exceptionnelles du sol, le climat subtropical et la végétation qui y prévalent, les facteurs humains tiennent, dans l'ouvrage, une large place. En dégageant les grandes orientations et les tendances économiques du Moronou, l'ouvrage souligne les habitudes et les structures permanentes de cette région.
(Coll. Études africaines, 20.50 euros, 192 p.)
ISBN : 978-2-343-05105-5, ISBN EBOOK : 978-2-336-39353-7

Côte d'Ivoire aux éditions L'Harmattan

Dernières parutions

LE FORFAIT SANITAIRE AU SECOURS DE LA COUVERTURE MALADIE UNIVERSELLE EN CÔTE D'IVOIRE
Robé Donatien
Avec la contribution de Serge Blafond - Préface de René Hokou Légré
Ce livre traite de l'accès des Ivoiriens aux soins de santé. Il fait un inventaire de toutes les politiques de santé initiées en Côte d'Ivoire depuis l'indépendance en 1960 à ce jour, notamment le projet de couverture maladie universelle (CMU) en voie de mise en œuvre depuis l'accession au pouvoir d'Alassane Ouattara. L'auteur, critique vis-à-vis de ce projet, met en exergue ses failles techniques dans le mode de financement, la gestion du risque maladie et la maîtrise des dépenses, non sans pointer du doigt ses insuffisances sur le plan de l'équité, de l'égalité face à la maladie et de la solidarité nationale.
(Coll. Points de vue, 12.50 euros, 116 p.)
ISBN : 978-2-343-09723-7, ISBN EBOOK : 978-2-14-001515-1

LA CÔTE D'IVOIRE ET SES ÉTRANGERS
Viti Fabio
Cet ouvrage travaille sur la question de la présence et du rôle des étrangers en Côte d'Ivoire. Le discours public autour de cette question y est analysé, ce qui permet de dégager une typologie de l'État et de la société ivoirienne. Véritable «société de sociétés», où différents rapports aux figures plurielles d'étrangers coexistent, la Côte d'Ivoire nous est présentée sous un jour différent. Un ouvrage collectif qui affine et complexifie le regard.
(Coll. Études africaines, 28.00 euros, 278 p., Illustré en noir et blanc)
ISBN : 978-2-343-08366-7, ISBN EBOOK : 978-2-14-001437-6

LES MIGRANTS ENVIRONNEMENTAUX EN CÔTE D'IVOIRE
Quels droits, quelles protections ?
Gallon Kémonthé Marius-Jonas
Après un examen des instruments et mécanismes internationaux et régionaux, des politiques gouvernementales et des données factuelles recueillies sur le terrain, l'auteur propose une esquisse de solutions efficaces et durables pour une meilleure garantie des droits des migrants environnementaux.
(Coll. Afrique : politiques publiques, sécurité, défense, 18.50 euros, 178 p.)
ISBN : 978-2-343-09149-5, ISBN EBOOK : 978-2-14-001409-3

LA MODERNISATION DE L'ADMINISTRATION PUBLIQUE EN CÔTE D'IVOIRE
Politiques de réforme de la fonction publique (1957-2015)
Yao Wozanhou Benjamin - Préface de Dominique Bangoura
Cet ouvrage est une contribution au débat sur la modernisation de l'État en Afrique. L'auteur se demande si les réformes administratives menées en Côte d'Ivoire depuis près de six décennies y

ont contribué. Ce livre consiste à identifier les principes et les conditions de toute administration moderne et à relever les limites des réformes entreprises en Côte d'Ivoire.
(Coll. Afrique : politiques publiques, sécurité, défense, 18.00 euros, 174 p.)
ISBN : 978-2-343-09148-8, ISBN EBOOK : 978-2-14-001400-0

L'ALCOOL EN CÔTE D'IVOIRE
Histoire, usage et signification
Brou Konan Denis - Préface du Professeur Opadou Koudou
Avec l'indépendance de la Côte d'Ivoire en 1960, l'alcoolo-dépendance qui a pris naissance en 1946 semble gagner toutes les strates sociales. L'on assiste résolument à un alcoolisme de type moderne, occidental, dont les avatars se font de plus en plus sentir sur les rapports sociaux. Pour en atténuer l'acuité, l'auteur pense que l'on doit désormais considérer l'alcoolo-dépendance comme un problème de santé publique ; introduire l'enseignement de l'alcoologie à l'école ; instituer de façon formelle l'injonction thérapeutique ; veiller à la répartition équitable des richesses du pays.
(Harmattan Côte-d'Ivoire, 21.50 euros, 212 p.)
ISBN : 978-2-343-09700-8, ISBN EBOOK : 978-2-14-001583-0

LES PRIX DE TRANSFERT DANS L'INDUSTRIE DES MATIÈRES PREMIÈRES STRATÉGIQUES EN CÔTE D'IVOIRE
Aspects juridiques, fiscaux et économiques
Kouame Noel-Faustin - Postface de Abdourahmane Cissé
A partir de l'exemple du café et du cacao, secteur dans lequel la Côte d'Ivoire est leader mondial en termes d'exportations, ce livre vise à démontrer que l'arsenal fiscal ivoirien qui a fait florès hier semble devenu aujourd'hui obsolète, dépassé et incapable de répondre aux défis d'une économie désormais globalisée. L'analyse purement juridique des problématiques d'évaluation des échanges intragroupes devrait nécessairement céder le pas à une analyse économique du droit, moins dogmatique et plus pragmatique.
(39.00 euros, 422 p.)
ISBN : 978-2-343-07482-5, ISBN EBOOK : 978-2-14-001386-7

ANALYSES EN GRAMMAIRE FRANÇAISE
Pour une approche rénovée dans l'enseignement en Afrique
Adopo Achi Aimé - Préface de François Adopo Assi
L'auteur rappelle quelques méthodes et principes d'analyse en grammaire pour expliquer certaines vérités grammaticales et montre ainsi comment s'approprier ces méthodes et ces principes d'analyse pour identifier correctement les mots, groupes de mots et propositions, ainsi que leurs fonctions dans la phrase. Il remet par ailleurs en question certaines analyses grammaticales traditionnelles devenues des «vérités éternelles» et fait des propositions novatrices.
(Harmattan Côte-d'Ivoire, 22.50 euros, 218 p.)
ISBN : 978-2-343-07813-7, ISBN EBOOK : 978-2-14-001517-5

POLITIQUE OU GUERRE DES ESPRITS EN CÔTE D'IVOIRE
Gueu Denis
La dynamique politique et démocratique en Afrique noire, et en Côte d'Ivoire en particulier, se manifeste dans la passion, avec pour décor la violence, le fétichisme, la sorcellerie. Il s'agit d'un combat non démocratique caractérisé par la négation de l'adversaire par tous les moyens occultes. Cet ouvrage interpelle la conscience collective ivoirienne, en vue d'adhérer à une démocratie constructive avec des projets crédibles sans hypocrisie, en vue d'une cohésion sociale durable.
(Coll. Harmattan Côte-d'Ivoire, 11.00 euros, 72 p.)
ISBN : 978-2-343-07173-2, ISBN EBOOK : 978-2-336-39409-1

SI LA CÔTE D'IVOIRE RENONÇAIT AU MODÈLE DÉMOCRATIQUE FRANÇAIS
Zra-Bi Claude
Un refrain parcourt cette œuvre : renonçons en Côte d'Ivoire à la démocratie républicaine française. Que chaque groupe ethnique (ou région) choisisse son représentant. Et tous les représentants choisissent parmi eux un président pour un mandat de 5 ou 7 ans, non renouvelable

mais tournant. Et les représentants de chaque région siégeront comme des vice-présidents, attendant, chacun, son tour de gouverner. Cette politique préserve l'identité des ethnies évitant ainsi l'immixtion de prédateurs politiques ou économiques dans le débat politique interne. Utilisons ce modèle et non la République qui met au rebut le camp adverse.
(Coll. Harmattan Côte-d'Ivoire, 12.50 euros, 98 p.)
ISBN : 978-2-343-07793-2, ISBN EBOOK : 978-2-336-39706-1

CÔTE D'IVOIRE, ALASSANE OUATTARA ET LES DROITS DE L'HOMME
Diaby Moustapha Ben Ismaïla - Préface de Diaby Moussa Abdoul Kader
Les droits de l'Homme en Côte d'Ivoire et l'action d'Alassane Ouattara dans ce domaine constituent une question cruciale. Quelle orientation voudrait-on donner aux droits de l'Homme en Côte d'Ivoire aujourd'hui ? La construction d'un État démocratique devra être fondée sur la promotion des droits de l'Homme, cela à travers la recherche des objectifs de développement, qui ne vont pas sans le respect des droits fondamentaux de l'homme. Ce livre essaie d'analyser les avancées constatées dans la construction d'un espace démocratique et d'exercice des droits de l'Homme en Côte d'Ivoire.
(Coll. Harmattan Côte-d'Ivoire, 18.00 euros, 170 p.)
ISBN : 978-2-343-07044-5, ISBN EBOOK : 978-2-336-39443-5

IDÉOLOGIE, CONSCIENCE ET COMBAT POLITIQUE EN AFRIQUE
Koné Katinan Justin - Préface de Lazare Koffi Koffi
Faisant suite à son premier ouvrage *Côte d'Ivoire, L'audace de la rupture*, Justin Koné Katinan montre qu'il est un citoyen libre et qu'il a pleine conscience de l'histoire. Il s'inscrit à la suite des devanciers de la lutte, particulièrement du président Gbagbo, victime du néocolonialisme. Il appelle à un sursaut nationaliste et panafricaniste.
(Coll. Afrique liberté, 26.00 euros, 262 p.)
ISBN : 978-2-343-07691-1, ISBN EBOOK : 978-2-336-39507-4

CÔTE D'IVOIRE
Du chaos à la renaissance – Derniers assauts contre la souveraineté
Kouame Bibli Robert-Jonas - Préface de Lazare Koffi Koffi
En Côte d'Ivoire, s'oppose depuis des années les nostalgiques de la soumission à l'Occident et à la France et les défenseurs de la refondation du pouvoir et du combat pour les libertés. Entre les deux positions, le fossé reste abyssal. Mais, malgré les fractures, bouleversements et atteintes au respect de l'humanité, l'auteur reste optimiste quant à la restauration d'une République de Côte d' Ivoire, démocratique et jalouse de sa souveraineté.
(Coll. Afrique liberté, 25.00 euros, 248 p.)
ISBN : 978-2-343-07692-8, ISBN EBOOK : 978-2-336-39506-7

RÉFLEXIONS SUR LA CÔTE D'IVOIRE
Yahot Christophe - Préface de Gisèle Dutheuil
Réfléchir sur la Côte d'Ivoire d'aujourd'hui nous permet de présenter un certain nombre de réalités et de pratiques qui interpellent à la fois les politiques, les décideurs et la société civile. Les sujets abordés, d'ordre politique, social, culturel, économique, spirituel sont une invitation adressée à tous les citoyens, acteurs directs ou indirects de la construction d'une société moderne articulée autour de certains principes et valeurs, notamment républicains.
(Coll. Harmattan Côte-d'Ivoire, 26.00 euros, 258 p.)
ISBN : 978-2-343-07897-7, ISBN EBOOK : 978-2-336-39692-7

ONE REPUBLIC, TWO PRESIDENTS
My cry of heart for Côté d'Ivoire
Dandi Lou Amanan Hélène – Préface Georges Alula
This book features the testimony of a humanitarian worker who witnessed the aftermaths of war : Dandi Lou saw danger coming and tried to thwart it from exploding in Côté d'Ivoire, preaching peace to all the politicial leaders of her country and those who claimed to be heirs of late President Houphouet-Boigny. Yet, it did not save the country from burning since these

leaders found nothing better than make fun of her. Called «the cry baby», she decided to write this book to yearn for peace and a renewed and united country, land of opportunities and welfare for all the Ivorian people.
(Coll. Harmattan Côte-d'Ivoire, 30.00 euros, 294 p.)
ISBN : 978-2-343-07732-1, ISBN EBOOK : 978-2-336-39618-7

LA CÔTE D'IVOIRE DE NOTRE RÊVE
Comment peut-elle éclore ?
N'Guettia Kouassi René
Cet ouvrage aide à mieux appréhender l'essentiel des vertus cultivées et enseignées par Félix Houphouët-Boigny, qui a fait de la recherche permanente de la paix et de l'unité nationale, la clé de voûte de sa politique de développement. Ce livre offre donc aux Ivoiriens, et particulièrement à la classe politique, une boîte à outils dans laquelle elle peut puiser des ressources pour consolider le pacte républicain ou le contrat pour le «vivre ensemble», et servir d'aiguillon à la pratique de la bonne gouvernance politique et économique.
(Coll. Études africaines, 17.50 euros, 160 p.)
ISBN : 978-2-343-06634-9, ISBN EBOOK : 978-2-336-39300-1

POURQUOI FAUT-IL LIBÉRER LAURENT GBAGBO ?
Pour une vraie réconciliation en Côte d'Ivoire
Kouamé Séraphin Sky
Pour l'auteur, le maintien de Laurent Gbagbo en prison à la Haye ne peut servir à rien d'autre qu'à raviver les tensions et à retarder la réconciliation entre les Ivoiriens. Que l'on soit du côté du pouvoir, de celui de l'opposition ou de la société civile, cette situation interpelle tout le monde. C'est pourquoi l'auteur invite tous les Ivoiriens, tous les partis politiques et surtout les présidents Bédié et Ouattara à s'impliquer activement dans cette cause. Dans l'intérêt supérieur de la Côte d'Ivoire.
(Harmattan Côte-d'Ivoire, 8.00 euros, 48 p.)
ISBN : 978-2-343-07424-5, ISBN EBOOK : 978-2-336-39307-0

LE CHEF DE L'ÉTAT QUI A PERDU LE NORD DE LA CÔTE D'IVOIRE
Cla Charles
Ce livre est le récit des faits marquants parfois pathétiques qui ont jalonné la vie publique en Côte d'Ivoire durant plus d'une décennie; et il répond à la question : «Qu'est-ce qui a pu réellement se passer pendant cette dernière décennie en Côte d'Ivoire, dans ce pays autrefois paisible, pour conduire à la guerre et son chef d'État devant la Cour pénale internationale ?
(Harmattan Côte-d'Ivoire, 16.50 euros, 148 p.)
ISBN : 978-2-343-07196-1, ISBN EBOOK : 978-2-336-39332-2

LE MORONOU, TERRE MÉCONNUE DE CÔTE D'IVOIRE
Géographie, Agriculture et Sociétés
Ekanza Simon-Pierre
Le Moronou est un grand méconnu sur le territoire ivoirien. L'ouvrage est consacré à l'aspect physique, à la société et à l'économie du Moronou ancien, cette période de son histoire antérieure à l'intrusion européenne. Outre la nature et la qualité exceptionnelles du sol, le climat subtropical et la végétation qui y prévalent, les facteurs humains tiennent, dans l'ouvrage, une large place. En dégageant les grandes orientations et les tendances économiques du Moronou, l'ouvrage souligne les habitudes et les structures permanentes de cette région.
(Coll. Études africaines, 20.50 euros, 192 p.)
ISBN : 978-2-343-05105-5, ISBN EBOOK : 978-2-336-39353-7

L'HARMATTAN ITALIA
Via Degli Artisti 15; 10124 Torino
harmattan.italia@gmail.com

L'HARMATTAN HONGRIE
Könyvesbolt ; Kossuth L. u. 14-16
1053 Budapest

L'HARMATTAN KINSHASA
185, avenue Nyangwe
Commune de Lingwala
Kinshasa, R.D. Congo
(00243) 998697603 ou (00243) 999229662

L'HARMATTAN CONGO
67, av. E. P. Lumumba
Bât. – Congo Pharmacie (Bib. Nat.)
BP2874 Brazzaville
harmattan.congo@yahoo.fr

L'HARMATTAN GUINÉE
Almamya Rue KA 028, en face
du restaurant Le Cèdre
OKB agency BP 3470 Conakry
(00224) 657 20 85 08 / 664 28 91 96
harmattanguinee@yahoo.fr

L'HARMATTAN MALI
Rue 73, Porte 536, Niamakoro,
Cité Unicef, Bamako
Tél. 00 (223) 20205724 / +(223) 76378082
poudiougopaul@yahoo.fr
pp.harmattan@gmail.com

L'HARMATTAN CAMEROUN
TSINGA/FECAFOOT
BP 11486 Yaoundé
699198028/675441949
harmattancam@yahoo.com

L'HARMATTAN CÔTE D'IVOIRE
Résidence Karl / cité des arts
Abidjan-Cocody 03 BP 1588 Abidjan 03
(00225) 05 77 87 31
etien_nda@yahoo.fr

L'HARMATTAN BURKINA
Penou Achille Some
Ouagadougou
(+226) 70 26 88 27

L'HARMATTAN SÉNÉGAL
10 VDN en face Mermoz, après le pont de Fann
BP 45034 Dakar Fann
33 825 98 58 / 33 860 9858
senharmattan@gmail.com / senlibraire@gmail.com
www.harmattansenegal.com

Achevé d'imprimer par Corlet Numérique - 14110 Condé-sur-Noireau
N° d'Imprimeur : 136675 - Dépôt légal : mars 2017 - *Imprimé en France*

www.ingramcontent.com/pod-product-compliance
Lightning Source LLC
LaVergne TN
LVHW011308061026
849535LV00005B/1453
* 9 7 8 2 3 4 3 1 1 2 5 8 9 *